Lust aufs Land

Europas schönste Ferienhöfe

Natur erleben
Urlaub genießen

im Landschriften-Verlag

Lust aufs Land

Heu und Holz riechen
auf *Wiesenhänge* blicken
ein Fohlen streicheln
der Stille *lauschen*
einfach nur da sein

tief *durchatmen*
weit ausschreiten
Stallgeruch schnuppern
Enten füttern
eine neue Welt *entdecken*

© Landschriften-Verlag GmbH, Heerstraße 73, 53111 Bonn,
Telefon: 02 28/96 30 20, Telefax: 02 28/96 30 233
E-Mail: info@bauernhofurlaub.com

Impressum

Idee und Konzeption
Hermann Bimberg, Monika Baaken

Redaktion
Anita Brunsch, Gabriela Freitag-Ziegler

Gestaltung
Grafisches Atelier im Landwirtschaftsverlag GmbH, Münster

Abbildungen
Tourismusverband NRW, Rheinland-Pfalz, Hessen, Baden-Württemberg, Emsland, Niedersachsen, Michael Dickel, Martin Gabriel, Theo Haslbeck, Landschriften-Verlag u.a.

‚Alle Rechte vorbehalten, insbesondere des Nachdrucks, der fotomechanischen Wiedergabe und der Übersetzung. Ohne schriftliche Zustimmung des Verlages ist es auch nicht gestattet, aus diesem urheberrechtlich geschützten Werk Anschriften, einzelne Textabschnitte, Zeichnungen oder Bilder mittels aller Verfahren wie Speicherung, Übertragung auf Papier, Transparente, Filme, Bänder, Platten oder andere Medien zu verbreiten und zu vervielfältigen. Ausgenommen sind die in § 53 und § 54 URG genannten Sonderfälle.

Printed in Germany. ISBN 3-87457-158-0

Inhalt

LandSelection	4
Die Deutsche Bauernstraße	10
Hofübersicht	12
Übersichtskarte	13
Nord- und Ostsee: Zwischen Küste und Hosteinischer Schweiz	14
Durchs Ems- und Heideland	62
Münsterland und Teutoburger Wald	90
Vom Sauerland ins Fuldatal	110
Durch Eifel und Westerwald	128
Zwischen Mosel und Rhein	148
Vom Schwarzwald nach Oberbayern	162
Der Bayerische Wald	182
Von der Schwäbischen Alb zum Frankenwald	194
Vom Thüringer Wald zur Pommerschen Bucht	214
Österreich: Durch Berge und Seen	224
Niederlande, Dänemark, Polen, Italien, Frankreich, Spanien	256
Service	284
LandSelection-Shop	292
Zeichenerklärung	297

LandSelection – Urlaub für Anspruchsvolle

Das Landleben genießen, in der Natur erholen, deftig essen - das fällt Erwachsenen spontan zum Stichwort Bauernhof-Urlaub ein. Tiere füttern, Traktor fahren, im Heu toben - das macht den Bauernhof zum Kinderparadies. Kein Wunder, dass Ferien auf dem Bauernhof immer mehr große und kleine Freunde finden.

Den Glanzpunkt versprechen die in diesem Buch vorgestellten 89 LandSelection-Höfe, Europas schönste Ferienhöfe. LandSelection steht für ausgefallene Feriendomizile, die die traditionellen Vorzüge des Bauernhof-Urlaubs mit anspruchsvoller Ausstattung in allen Bereichen kombinieren: Landschaften, Ambiente, Küche, Freizeitmöglichkeiten. Vom Reiterhof an der See bis zum Wellness-Hof im Voralpenland, vom Weingut am Rhein bis zur spanischen Finca, stellt „Lust aufs Land" die unterschiedlichsten Varianten ländlicher Quartiere vor, die den Bauernhof-Urlaub zum Traumurlaub machen.

LandSelection-Höfe sind das ideale Reiseziel für Menschen mit Kindern, denn deren unterschiedliche Bedürfnisse nach Erholung und Aktion werden an kaum einem anderen Ort so gut erfüllt. Ideal aber auch für alle anderen Reiselustigen, die etwas ganz Besonderes für ihre wohlverdienten Ferien oder das verlängerte Wochenende suchen - und zwar zu jeder Jahreszeit.

„Gütesiegel" für Extraklasse

Mit dem Begriff „LandSelection" dürfen sich nur diejenigen Höfe schmücken, die eine Fülle von Anforderungen erfüllen. Dazu gehören unter anderem folgende Qualitätskriterien:

* Der Hof zeichnet sich durch eine besondere Atmosphäre aus und ist in ausgezeichnetem Zustand.
* Die Zimmer oder Ferienwohnungen haben 4- bis 5-Sterne-Komfort, sind hervorragend ausgestattet und geschmackvoll eingerichtet.
* Es gibt Liegewiesen, Spielwiesen und natürlich Wiesen für die vielen Tiere auf dem Hof.
* Die Gastgeber bieten einen Brötchenservice, oft aber auch ein komplettes Frühstück an.

* Werden außerdem Zimmer vermietet, kann mindestens Halbpension gebucht werden.
* Die angebotene Verpflegung stammt vorwiegend aus eigener landwirtschaftlicher bzw. regionaler Produktion.
* Gäste, die eine Ferienwohnung mieten, können den „Tischlein deck dich"-Service nutzen: Bei ihrer Ankunft finden sie einen nach ihren individuellen Wünschen mit einer „Start-Ration" gefüllten Kühlschrank vor.

Die Zentrale für den Landurlaub in Bonn überwacht die Einhaltung dieser und vieler weiterer Kriterien. So garantiert sie allen Urlaubern einen ungetrübten Urlaubsgenuss und besonderen Komfort. Sie steht außerdem als Ansprechpartner für Fragen und Anregungen zur Verfügung.

Wohin die Reise?

Wer genau weiß, in welche Ecke Deutschlands oder Europas die Reise gehen soll, findet in dem nach Ferienregionen sortierten Hauptteil schnell alle in Frage kommenden Gastgeber.

Wer unentschlossen ist, schmökert erst einmal gemütlich in den Beschreibungen der Regionen, wo sich die schönsten Ferienhöfe Europas tummeln. Denn LandSelection-Höfe sind nicht nur idyllisch gelegen, naturnah und ideal für eine Freizeitgestaltung auf dem Hof, sie eignen sich auch hervorragend als Ausgangsorte für ein abwechslungsreiches Ausflugsprogramm.

Wir machen es Ihnen leicht

An den Küsten locken schnell erreichbare Strände oder Badeseen, vorgelagerte Inseln und alte Hansestädte. Die Alpen laden zu Bergtouren oder Wintersport, zu Weißbier oder Trachtenumzügen ein.
Ideale Wanderbedingungen versprechen die deutschen Mittelgebirge, Rad fahren verbindet sich mit dem Münsterland. Dort warten auch noch über 100 Wasserburgen und Schlösser auf neugierige Touristen.

Nicht ganz so nah, aber mindestens so lohnend ist der Besuch eines LandSelection-Hofes in der europäischen Nachbarschaft. Dort gesellt sich zum Bauernhof-Ambiente der Reiz einer Auslandsreise.

Im Infoteil zu den jeweiligen Regionen finden sich viele Hinweise und nützliche Adressen zu lohnenden Ausflugszielen: Museen, Schlösser, National- und Tierparks, Bauerngärten sowie besondere Einkaufsmöglichkeiten.

Welcher Hof passt zu wem?

„Lust aufs Land" will nicht nur Urlaubslaune wecken, sondern liefert vor allem viele konkrete Informationen zu den einzelnen Ferienhöfen. So hat jeder die Chance, sich von zu Hause aus gezielt denjenigen Hof auszusuchen, der seinen Wünschen und Bedürfnissen am besten gerecht wird.

Damit diese Recherche nicht in mühsame Kleinarbeit ausartet,

* gibt es zu jeder Anlage eine übersichtliche Kurzauflistung des individuellen Angebots,
* verschaffen einfache Symbole einen schnellen Eindruck,
* lohnt sich ein Blick auf die Homepage des Hofes, der in die nähere Wahl kommt,
* geben alle Gastgeber gerne Auskunft am Telefon.

Beim Durchblättern und Lesen fällt schnell auf, wie vielfältig die LandSelection-Höfe sind. Zusätzlich zu den unzähligen Attraktionen vor Ort für Kinder gibt es zahlreiche Angebote für Erwachsene. So kommen auch diese voll auf ihre Kosten, ohne sich weit vom Hof entfernen zu müssen: Kulturprogramm und Kreativkurse, eigenes Jagdrevier und Segelboot, Sauna und Schwimmbad, Angeln, Reiten, Kutschfahrten, Weinprobe und Brotbacken. Jeder Hof hat sein eigenes Profil an Angeboten für aktive oder erholsame Ferien bzw. eine gelungene Mischung aus beidem.

Lust auf Bauernhof-Cafés und –

Ob Sightseeing in der Umgebung oder Entspannen auf dem Hof: gutes Essen gehört zu einem gelungenen Urlaub unbedingt dazu. Daher macht „Lust aufs Land" auch Lust auf hausgemachte Spezialitäten und regionaltypische Restaurants.

Auf gesonderten Seiten präsentieren sich ausgesuchte Bauernhof-Cafés und -Restaurants. Dort verbinden sich ländliche Gemütlichkeit in Dielen, Scheunen oder Gewölbekellern mit speziellen Gaumenfreuden zu einem unvergesslichen Charme. Traditionell macht deftige Hausmannskost die ländliche Küche

Restaurants

Die meisten Zutaten stammen aus heimischer, gelegentlich sogar biologischer Erzeugung. Dazu gehört viel frisches Obst und Gemüse, so dass sich der Genuss der ländlichen Küche zu Hause nicht auf der Waage niederschlagen muss.

aus. Schließlich ist Landarbeit harte Arbeit, und die verbrauchte Energie muss wieder zugeführt werden. Doch auch die Feriengäste werden sich über ihren gesunden Appetit wundern. Die gute Landluft macht eben hungrig und da kommt das reichhaltige Angebot gerade recht.

Die Deutsche Bauernstraße

Moin, moin oder grüß Gott, LandSelection-Höfe laden ein

Die Deutsche Bauernstraße

Alle deutschen LandSelection-Höfe liegen in unmittelbarer Nähe der deutschen Bauernstraße. Diese schlängelt sich mit einer Gesamtlänge von rund 1600 km von Nord nach Süd und wieder zurück. Sie führt durch zehn Regionen, die sich in

* Nord und Ostsee

* Ems- und Heideland

* Das Münsterland und der Teutoburger Wald

* Vom Sauerland ins Fuldatal

ihrer landschaftlichen und kulturellen Struktur sehr voneinander unterscheiden. Gemeinsam ist ihnen die Fülle an bäuerlich-ländlichen Reizen, die es (wieder) zu entdecken gilt - fernab von Massentourismus und Urlaubshektik. Und welche Region die Reizvollste ist, muss jeder für sich herausfinden.

* Durch Eifel und Westerwald

* Zwischen Mosel und Rhein

* Der Bayerische Wald

* Vom Schwarzwald nach Oberbayern

* Von der Schwäbischen Alb zum Frankenwald

* Vom Thüringer Wald zur Pommerschen Bucht

LandSelection-Höfe

1. Gut Oestergaard
2. Hof Bocksrüde
3. Gut Gaarz
4. Hof Augstfelde am See
5. Hof Damlos
6. Hof Radlandsichten
7. Hof Neversfelde
8. Ingenhof
9. Hof Schlossblick
10. Schoppenhof
11. Schwimmbadhaus Charlotte
12. Ferienhöfe Francksen
13. Ferienhof Onken
14. Kathrins Ferienhof
15. Traberhof
16. Erlebnishof Janssen
17. Groot Plaats/Osterwarf
18. Ferienhof Saathoff
19. Haus Landegge
20. Ferienhof Garbert
21. Hof am Kolk
22. Schloss Eggermühlen
23. Ferienhof Schmidt
24. Hof Frien
25. Drewes-Hof
26. Eichenhof
27. Ferienhof Knoop
28. Hof Holthöfer
29. Ferienhof Laurenz
30. Ponyhof Georgenbruch
31. Ferienhof Bettmann
32. Kaiser's Hof
33. Pension Wüllner
34. Rittergut Borgholz
35. Zur Hasenkammer
36. Landgasthof Leissetal
37. Landhotel Schneider
38. Gut Waldhof
39. Gutsherrnklause
40. Gestüt Pfauenhof
41. Hubertushof
42. Mayischhof
43. Nengshof
44. Gutshaus Rückerhof
45. Hofgut Alt Schwartenberg
46. Ferienhof Hardthöhe
47. Staffelter Hof
48. Lautersheimer Gutshof
49. Hanselehof
50. Gerbehof
51. Blaslhof
52. Fetznhof
53. Kleinrachlhof
54. Hagerhof
55. Landgut Tiefleiten
56. Jagdhaus „Zum Fürst'n"
57. Hof Seidl
58. Härtsfeldhof
59. Ferienhof Am Büchelberg
60. Landhotel Schwarzes Roß
61. Reiterhof Trunk
62. Elgersheimer Hof
63. Steffahof
64. Ponyhof Zilling
65. Hof Wollin

Die Deutsche Bauernstraße

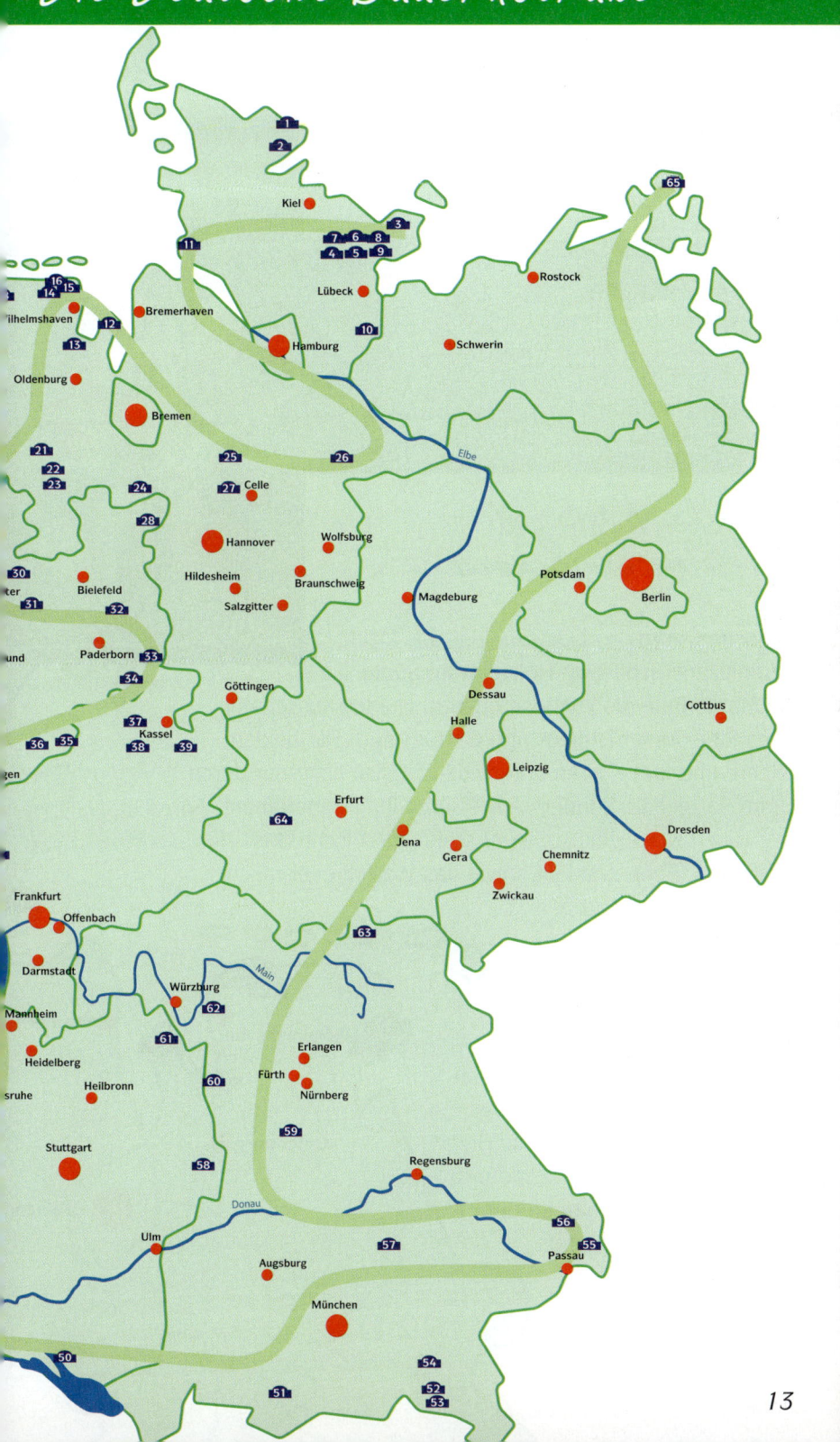

Nord- und Ostsee

Zwischen Küste und holsteinischer Schweiz

Zwischen Nord- und Ostsee liegt das kleine Bundesland Schleswig-Holstein. Im Süden bildet die Elbe die Landesgrenze zu Niedersachsen mit dem Elbe-Weser-Dreieck und Ostfriesland. Die beiden Meere und ihre Küsten unterscheiden sich nicht nur durch ihren Salzgehalt, sondern auch durch ihr Temperament. An der rauen Nordseeküste weht stets eine frische Brise. Ihr Reizklima, Ebbe und Flut sowie das Wattenmeer machen sie zu einer einzigartigen Naturlandschaft.

Was das Klima angeht präsentiert sich die Ostsee wesentlich milder. Dazu gesellen sich salzarmes Wasser und das Fehlen der Gezeiten - ideale Bedingungen für Wassersport und erholsame Badeaufenthalte an der mehr als 380 Kilometer langen Küste.

Ostseeküste und Schleswig-Holsteinisches Hügelland

Das Land zwischen den Meeren ist ein grünes Land. Im dünn besiedelten Binnenland fällt auf, dass Schleswig-Holstein immer noch vor allem ein Agrarland ist. Dort findet der Besucher Ursprünglichkeit und Beschaulichkeit, Ruhe und Entspannung. An den Küsten regen spektakuläre Naturschauspiele, lebhafte Badeorte und pulsierende Hafenstädte den Reisenden wohltuend an. Im Hinterland besänftigen liebliche Landschaften und ein ruhigeres Tempo. Zahlreiche feudale Herrenhäuser und Schlösser zeugen von der historischen Bedeutung und der Kultur des Landes.

Wer hier Urlaub auf einem LandSelection-Hof machen möchte, kann sich im Wesentlichen zwischen drei Gegenden entscheiden: Der nördlich der Schlei gelegenen Region Angeln und der Holsteinischen Schweiz im Süden – beide gehören zum Schleswig-Holsteinischen Hügelland. Alternativ bietet sich die ostfriesische Nordseeküste zwischen Dollart und Jadebusen an.

Von den LandSelection-Höfen in Angeln und der Holsteinischen Schweiz aus sind sowohl die Ziele an der Küste als auch im Binnenland schnell zu erreichen. Unzählige Attraktionen haben die Ostseeküste Schleswig-Holsteins zu einer der beliebtesten Ferienregionen Deutschlands gemacht. Von Flensburg bis Lübeck reihen sich bekannte Seebäder wie Perlen auf einer Kette – inklusive reichhaltigem Kulturangebot und Veranstaltungsprogramm. Allein in der feinsandigen Lübecker Bucht tummeln sich unzählige beliebte Ferienorte wie Travemünde, Timmendorfer Strand, Scharbeutz, Haffkrug, Sierksdorf, Neustadt und Grömnitz. Weiter nördlich locken ruhigere Abschnitte mit Steilküsten und Naturbadestränden.

Fünf fjordartige Buchten unterteilen das Land. Zu ihnen gehören backsteinerne Hafenstädte, die alle mindestens einen Besuch wert sind - allen voran **Lübeck**, die schönste und meistbesuchte Stadt Norddeutschlands. Die mittelalterliche "Königin der Hanse" hat ihr historisches Gesicht weitgehend bewahren können. Neben zahlreichen gotischen Kirchen, Rathaus und Holstentor mit benachbarten Salzspeichern trägt auch das berühmte Lübecker Marzipan zum guten Ruf der Stadt bei

Wer es herzhafter mag, begibt sich nach **Kiel** und genießt dort echte Kieler Sprotten. Aufgrund ihrer wichtigen Rolle als Kriegshafen wurde die Stadt im zweiten Weltkrieg und danach in weiten Teilen zerstört. Nicht nur zur Zeit der „Kieler Woche", der größten Segelsportveranstaltung der Welt, besticht die Landeshauptstadt jedoch durch ihr lebhaftes Wesen.

Südlich von Kiel erwartet die Bauernhof-Urlauber das Schleswig-Holsteinische Freilichtmuseum. Hier haben sie die Möglichkeit, einen Eindruck vom Landleben vergangener Zeiten zu gewinnen. Bauernhäuser, Katen, Scheunen, Mühlen, Speicher und Backhäuser aus allen Teilen Schleswig-Holsteins vermitteln ein buntes Bild von Vielfalt und Reichtum der bäuerlichen Kultur.

Die nördlichste Stadt Deutschlands ist **Flensburg**. Die Grenzstadt liegt wunderschön am Ende der gleichnamigen Förde und beeindruckt durch ihr mittelalterliches Ortsbild mit ehrwürdigen Bürgerhäusern. Lohnend ist ein Abstecher zur nahen Glücksburg, einem massigen Wasserschloss der Renaissance, das über dem Wasser zu schweben scheint.

Zwischen Flensburger Förde und Kieler Bucht liegt die **Schlei**. Und hier, in der malerischen Hügellandschaft Angelns, liegen auch Deutschlands nördlichste LandSelection-Höfe. Wasser, Wald, Knicks und Felder wechseln sich ab und laden zum Baden, Angeln und Wandern ein. Sehr gut erschließt sich die Gegend durch eine Schifffahrt von **Schleswig** nach Schleimünde. Schleswig selbst, am inneren Ende der Schlei, ist die älteste Stadt des gesamten Ostseeraums. Sie ist nicht zuletzt aufgrund der benachbarten Wikingersied-

lung Haithabu aus dem Jahre 800 einen eigenen Besuch wert. Weiterer Anziehungspunkt ist das auf einer Insel in der abgetrennten Schlei thronende Schloss **Gottorf**, der größte und bedeutendste Profanbau Schleswig-Holsteins.

Weiter südlich erstreckt sich der **Naturpark Holsteinische Schweiz**, die wohl schönste und lieblichste Region im östlichen Hügelland. An die 100 große und kleine Seen sind ein Paradies für Wassersportler und Naturfreunde. Sie ergänzen Schleswig-Holsteins reichhaltige Küche zusätzlich zu den Meeresfrüchten der Nord- und Ostsee auch noch um Karpfen, Forellen und andere Süßwasserfische. Wer hier auf einem LandSelection-Hof Urlaub macht, hat es nicht weit nach **Plön**, dem Eldorado der Binnensegler, nach **Eutin** mit Sommerspielen und Schloss oder dem 168 Meter hohen **Bungsberg**, Schleswig-Holsteins höchster Erhebung.
Eine weitere Seenlandschaft ist der **Naturpark Lauenburgische Seen** südlich von Lübeck. Sie vereint Seen, Land und Städte in einer idyllischen Parklandschaft. Naturfreunde zieht es zum Vogelparadies **Schaalsee**, Liebhaber historischer Bauten besichtigen **Ratzeburg**. Von hier ist es nicht mehr weit nach Hamburg, wo auch Großstadt-Fans auf ihre Kosten kommen.

Ostfriesland

Die Einen denken bei Ostfriesland zuerst an den Zeitgenossen Otto, die Anderen an den im 14. Jahrhundert lebenden Claus Störtebecker. „Dat Otto Hus" ist in Emden zu besichtigen, die Spuren des sagenumwobenen Piraten verlaufen durch ganz Ostfriesland. Es gibt sogar eine landschaftlich reizvolle Störtebecker-Straße, die von Leer an der Küste entlang über Emden nach Hamburg verläuft.

Jeder denkt jedoch beim Stichwort Ostfriesland sofort an Deiche und Dünen, Wind und Watt. Sie laden Urlauber zu Sonnenbädern an langen Sandstränden, ausgedehnten Wanderungen oder Radtouren auf den Deichen, interessanten Führungen durch das Watt und Schiffsfahrten zu den Seehundsbänken ein.

Schon etwa 1000 n. Chr. begannen die Menschen, in Ostfriesland Deiche zu bauen und so dem Meer fruchtbares Land, die Marschen, abzugewinnen. Durch schwere Sturmfluten wurden sie immer wieder zurückgeworfen, Dämme brachen und zahlreiche Buchten entstanden. Die größten im Westen sind der Dollart und die Leybucht, im Osten ist es der Jadebusen. **Jever**, **Wittmund** und **Norden** waren ursprünglich Hafenstädte, die Marschenlandschaft Butjadingen eine Insel.

Damit sind schon die Namen einiger interessanter Ausflugsziele genannt, die von den LandSelection-Höfen an der Nordseeküste angesteuert werden können. In Jever lockt zum Beispiel neben einem Brauhaus-Museum eine hübsche Altstadt und ein vierflügeliges Schloss. Weitere städtische Highlights sind die Hafenstadt **Emden** und das beschauliche Aurich. Emden ist das wirtschaftliche und kulturelle Zentrum Ostfrieslands mit sehenswertem

Stadtbild und geschäftigem Hafen. Eine Besonderheit ist die neue Kunsthalle, die Werke deutscher Expressionisten und zeitgenössischer Künstler ausstellt.

Zwischen den bekannten Küstenorten Greetsiel, Norddeich, Dornumersiel, Bensersiel, Neuharlingersiel, Carolinensiel und Hooksiel verteilen sich die LandSelection-Höfe in bester Lage zur See. Die Sielorte sind teils Fischerdörfer, teils Badeorte und bieten rund ums Jahr vielfältige Möglichkeiten der Urlaubsgestaltung. Dazu gehört natürlich auch das Genießen von echtem Ostfriesentee oder fangfrischer Seezunge mit Krabben.

Zugleich starten hier die Fähren zu den sieben vorgelagerten ostfriesischen Inseln. Sie sind Bestandteil des Nationalparks Niedersächsisches Wattenmeer und bis auf Borkum und Norderney autofrei. Jede Insel hat ihren eigenen, unverwechselbaren Charakter und Charme. Alle haben jedoch wunderschöne Strände und bieten Natur pur. Auffällig sind die vielen Veranstaltungen und Einrichtungen für Kinder, was für einen Familienausflug ideal ist.

Nord- und Ostsee

1 Gut Oestergaard

Hoch im Norden Schleswig-Holsteins, eingebettet in die malerische Landschaft „Angeln" liegt der über Generationen bewirtschaftete Gutshof an der Ostsee. Umgeben von Hausgraben, Bäumen, Büschen und großzügig angelegten Rasen- und Hofflächen findet der Gast Ruhe und Entspannung, während der hauseigene Mühlenteich mit Seeterrasse zum Angeln oder Ruderboot fahren einlädt.

Das stattliche Herrenhaus mit eisernen Freitreppen, das „Kutscherhaus" und die romantische „Alte Wassermühle" beherbergen stilvolle, hell und freundlich eingerichtete Ferienwohnungen, die mit allem Komfort ausgestattet sind.

Die 1870 erbaute Kornscheune wird heute als Kulturscheune genutzt für einen Pfingstmarkt sowie Jazz- und Klassikkonzerte.

Land Selection
EUROPAS SCHÖNSTE FERIENHÖFE

Familie Lempelius
Gut Oestergaard
24972 Steinberg
Tel.: 0 46 32 - 72 49
Fax: 0 46 32 - 8 73 09
www.gut-oestergaard.de
info@gut-oestergaard.de

Vollbewirtschaftetes Gut in Einzellage direkt an der Ostsee

- historisches Ambiente
- parkähnlicher Garten mit Liegestühlen und Seeterrasse
- Kulturscheune (Programm s. Homepage)
- Café im Herrenhaus und Garten (Wochenende Mai – Sept.)
- Naturstrand in 1 km
- hauseigener See mit Ruderboot und Angelmöglichkeit
- Gastpferdeboxen
- Ausritte am Naturstrand mit eig. Pferd (Nebensaison)
- Jagdmöglichkeit
- Ponys, Spielplatz, Streicheltiere
- Ab-Hof-Verkauf von Eiern und Marmelade
- **Tischlein deck' dich**
- **Ziegenpeterservice**
- Reise-Regen-Bonus

Die malerische Umgebung mit ihren prächtigen Getreide- und Rapsfeldern, sowie die nahegelegenen Naturstrände (1 km) empfehlen sich für ausgedehnte Spaziergänge und Fahrradtouren, denn die Weite der Landschaft und das milde Reizklima der Ostsee sind eine Wohltat für Leib und Seele.

Preise ab EUR	
Wohneinheit	**FeWo**
Ü	35–125
qm	50–150

Gesamtzahl der Gästebetten: 36

Nord- und Ostsee

2 Hof Bocksrüde

Ganz oben im Norden Deutschlands zieht sich die Schlei viele Kilometer *als Fjord von der Ostsee aus landeinwärts, vorbei an malerischen Dörfern* und ansehnlichen Gehöften. Hier, wo sich Felder, Wiesen und Knicks in die sanften Hügel der Landschaft schmiegen, liegt der Hof Bocksrüde. Neben der Ferienwohnung im Haupthaus beherbergt der historische Dreiseithof der Familie Siemes im ehemaligen Getreidespeicher stilvolle, großzügige Ferienwohnungen, die von der Südseite über große Holztreppen zu erreichen sind. Nicht nur die Labradorhündinnen Ronja, Nanne und Biene, die Minipferde Lissy und Charmeur oder die Pfauen Cäsar und Cleo freuen sich auf kleine Gäste: Viel mehr noch freut sich Herr Siemes auf Unterstützung, wenn er morgens auf Eiersuche geht. Anschließend lässt es sich im Hofcafé lecker frühstücken, allerdings gibt's den selbst gebackenen Kuchen erst am Nachmittag. Bei Kursen in der

Europas schönste Ferienhöfe

Heinrich-Ferdinand
und Maria Siemes
Hof Bocksrüde
24398 Winnemark
Tel.: 0 46 44 - 3 51
Fax: 0 46 44 - 10 51
www.bocksruede.de
info@bocksruede.de

Vollbewirtschafteter Bauernhof

- Hofcafé
- Spiel- und Werkraum
- Kurse in Seidenmalerei, Brotbacken
- Kräutergarten für Gäste
- Spielplatz
- Kinderfuhrpark
- Volleyball
- Tischtennis
- einige Streicheltiere
- kleine Gästebibliothek
- gemeinsame Grillabende
- Vermittlung von Leihfahrrädern
- Angelmöglichkeit
- **Ziegenpeterservice**
- **Tischlein deck' dich**
- Getränkekühlschrank
- Ab-Hof-Verkauf von Marmelade, Kuchen, Brot und Rheinhessen-Wein
- Ostsee in 7 km, Schlei in 2 km
- Reise-Regen-Bonus

Hobbywerkstatt mag so mancher Große oder Kleine seine schlummernden kreativen Talente entdecken; Wasserratten kommen an der Schlei oder an der Ostsee voll auf ihre Kosten. Und natürlich sollte man auch für die Heringstage in Kappeln, das Drachenfest in Damp und die zahlreichen Ausflugsziele der Gegend genügend Zeit einplanen.

Preise ab EUR		
Wohneinheit	**FeWo**	
Ü	45–95	
qm	50–100	

Gesamtzahl der Gästebetten: 49

25

Nord- und Ostsee

3 Gut Gaarz

Der Oldenburger Graben auf der nördlichen Halbinsel zwischen Lübecker und Kieler Bucht ist ein Naturschutzgebiet von eigenwilliger Schönheit: *urwüchsige Wälder und weite Ebenen bestimmen das Bild der Landschaft;* das milde, gesunde Klima verdankt sie ihrer Nähe zur Ostsee. Und hier und da zeugen noch die romantischen Holsteinischen Herrenhäuser von Glanz und Reichtum vergangener Zeiten.

In dieser Tradition steht auch das Gut Gaarz, ein großzügiges Anwesen inmitten einer weitläufigen, naturbelassenen Parkanlage. Auf dem Hof erwarten den Gast individuelle Ferienwohnungen für jeden Geschmack: von einfach und schlicht bis sehr komfortabel – wie es sich für ein Landgut gehört –, ein vielseiti-

Land Selection
EUROPAS SCHÖNSTE FERIENHÖFE

Christa Struckmann
Gut Gaarz
23758 Oldenburg/Holstein
Tel.: 0 43 65 - 72 44
Fax: 0 43 65 - 84 64
www.gaarz.de
info@gaarz.de

Vollbewirtschafteter Gutshof in Einzellage mit Mutterkühen, Pferden und Ponys

- eigene Jagd
- Parkanlage
- Gelände- und Strandritte
- gemütliche Gästeabende, Gestaltung je nach Jahreszeit
- jede Wohnung mit mind. zwei Schlafräumen
- Tiere zum Anfassen
- Sauna, Solarium, Fitnessraum
- Kutschfahrten
- Spiel- und Aufenthaltsraum
- Abenteuerspielplatz
- Kindergeburtstagsfeiern möglich
- Tennis • Minigolf • Angeln
- Luftgewehrstand
- **Ziegenpeterservice**
- **Tischlein deck' dich**
- Ab-Hof-Verkauf von frischen Brötchen, Eiern, Milch, heimischen Wurstsorten, Holsteiner Katenrauchschinken, Marmelade und Rapshonig

ges Freizeitangebot und ein großes Herz für kleine Leute. Ob man auf den Pferderücken die Umgebung erkunden, mit dem Auto die mondänen Badeorte an der Ostseeküste besuchen oder einfach Abspannen und zur Ruhe kommen will: Auf Gut Gaarz kommt jeder Gast ganz nach seinem Geschmack auf seine Kosten.

Preise ab EUR

Wohneinheit	FeWo
Ü	35–70
qm	45–100

Gesamtzahl der Gästebetten: 80

Nord- und Ostsee

4 Hof Augstfelde am See

Fünf Seen, darunter der Plöner See - Vierersee, liegen inmitten des Naturparks Holsteinische Schweiz. Schwimmen, Segeln, Surfen, Angeln, in stillen Buchten der Natur lauschen und bei Paddeltouren die idyllischen Verbindungsarme zwischen den Seen entdecken, – hier schlagen die Herzen von kleinen und großen Wasserratten höher. Der Hof Augstfelde liegt direkt am See mit hofeigenem Badestrand. Ruderboote und Kanus stehen für Gäste bereit. Auch wenn der eigene Badestrand immer wieder ein ganz besonderer Anziehungspunkt ist, bieten doch auch der Bauernhof und seine Umgebung eine Unmenge von Möglichkeiten, den Tag zu gestalten. Spielplatz, Trampolin, Tretmobile, verschiedene Ballspiele, Tischtennis,

Land Selection
EUROPAS SCHÖNSTE FERIENHÖFE

Maria Siemen-Westphal
Hof Augstfelde am See
24306 Bösdorf-Plön
Tel.: 0 45 22 - 94 84
Fax: 0 45 22 - 80 02 00
www.Hof-Augstfelde.de
info@hof-augstfelde.de

Vollbewirtschafteter Bauernhof in Einzellage mit Ackerbau und Rindern

- eigener Badestrand
- Angeln im See
- Ruderboot und Kanufahren
- Sauna
- Solarium
- Stockbrot grillen
- Spielplatz
- Trampolin
- Streicheltiere
- Spielraum im Eingangsbereich des Gästehauses
- **Ziegenpeterservice**
- **Tischlein deck' dich**
- Brötchenshop am Hof
- Golfplatz Waldshagen 200 m

Wanderungen, Fahrradtouren, Golfen und Ausflüge nach Plön, Kiel oder an die Ostsee sind nur eine bescheidene Auswahl. Zurück auf dem Hof wollen die Kinder dann noch die Ponys streicheln und kurz vor dem Schlafengehen doch einmal gucken, ob der See noch da ist, oder ob die Hühner wieder Eier gelegt haben, und was die Kaninchen machen, und, und, und …

Preise ab EUR

Wohneinheit	FeWo
Ü	45
qm	40–65

Gesamtzahl der Gästebetten: 25

Nord- und Ostsee

5 Ferienhof Damlos

Eingebettet zwischen Keller- und Ukleisee, im heilklimatischen Urlaubsort Sielbeck in der Holsteinischen Schweiz, hat die Familie Damlos aus ihrem Hof ein wahres Naturparadies für Kinder gemacht. Da wird die Hausaufgabe nach den Ferien – Mein schönstes Ferienerlebnis.... – zum Kinderspiel, denn hier gibt es Abenteuer satt: es warten Katzen, Hasen oder Meerschweinchen auf ihre Streicheleinheiten, Schafe, Ferkel und Kälbchen freuen sich auf ihr Futter, Ponys wollen geritten oder frisch gelegte Eier gesucht werden und obendrein gibt es auch noch zwei altersmäßig getrennte Spielplätze. Im toll angelegten Garten laden die Liegewiese zum Faulenzen und der Duft frisch gebackener Waffeln zum Genießen ein. Die Ostsee ist eine viertel Stunde entfernt und ein Badesee liegt direkt vor der Haustür. Die historischen Wirtschaftsgebäude beherbergen heute moderne

Malte und Katja Damlos
Ferienhof Damlos
Eutiner Str. 10
23701 Eutin-Sielbeck
Tel.:   0 45 21 - 77 69 40
Fax: 0 45 21 - 77 69 50
www.Ferienhof-Damlos.de
Ferienhof-Damlos@
t-online.de

Vollbewirtschafteter Bauernhof mit vielen Tieren

- historische Wirtschaftsgebäude
- schön angelegter Garten
- zwei Spielplätze
- Strohspielscheune
- viele verschiedene Streicheltiere
- Babysitterdienst möglich
- Bolzplatz
- geführte Wanderungen
- Betriebsführungen
- eigene Jagd
- gemeinsame Grillabende mit Stockbrotbacken
- Ponyreiten
- Traktor fahren
- direkt am Kellersee
- viele Ausflugsziele in der Nähe
- Übernachtung im Heu
- **Ziegenpeterservice**
- **Tischlein deck' dich**
- ab-Hof-Verkauf von Eiern, Honig und Wildfleisch

und behutsam renovierte Ferienwohnungen, in denen selbstverständlich alles vorhanden ist, was junge Familien mit kleinen Kindern zum Wohlfühlen brauchen. Und während die Großen abends noch im Klönschnack mit den Gastgebern allerlei über Natur und Landwirtschaft erfahren, liegen die Kleinen glücklich und erschöpft in den Betten, um für die Erlebnisse des nächsten Tages gerüstet zu sein.

Preise ab EUR

Wohneinheit	FeWo
Ü	45–75
qm	65-90

Gesamtzahl der Gästebetten: 28

Nord- und Ostsee

6 Hof Radlandsichten

„Es gibt ohne Zweifel Landschaften von auffallenderer Wirkung … aber keine, die gewinnender zum Herzen spricht als unsere." So beschrieb im 18. Jahrhundert der Dichter Johann Heinrich Voß die Holsteinische Schweiz mit ihren sanft ansteigenden Waldhügeln, malerischen Seen und Wolkengebilden von

faszinierender Schönheit. Der Ferienhof Radlandsichten ist ein für diese Gegend ganz typischer Bauernhof, der fernab von der nächsten Straße liegt und wo die Landwirtschaft noch von der Liebe zur Natur beseelt ist. Große wie kleine Tiere laufen hier frei herum, Stalltüren stehen weit offen, und sogar Damwild ist in einem Gehege zu bewundern. Wer Lust hat, kann im Stall oder auf der Weide mit anpacken; Kinder dürfen die Ställe und den Heuboden ausgiebig erkunden, und ein großer Park lädt zum Faulenzen und Sonnenbaden ein.

Wer seinen Urlaub auf Hof Radlandsichten verbringt, wird angesteckt von der freundlichen Gelassenheit seiner Gastgeber und nimmt vielleicht etwas davon mit nach Hause.

Land Selection
EUROPAS SCHÖNSTE FERIENHÖFE

Ingrid Schumacher
Hof Radlandsichten
23714 Bad Malente-
　　　Gremsmühlen
Tel.: 0 45 23 - 16 22
Fax: 0 45 23 - 75 89
www.radlandsichten.de
ferienhof.radlandsichten@t-online.de

Vollbewirtschafteter Bauernhof in Einzellage mit Rindern

- Aussichtspunkt • weitläufiger Park • Kutschfahrten
- Hochseilgarten am Hof
- Nordic Walking-Startplatz
- Bolzplatz
- großes Trampolin + Hüpfkissen
- viele Tiere zum Anfassen von der Kuh bis zum Kaninchen
- Klavier in den Aufenthaltsräumen • Klönabende am Kamin
- Gruppenraum für Tagungen und Seminare
- Bauernstübchen-Café mit selbst gebackenem Kuchen
- **Ziegenpeterservice**
- **Tischlein deck' dich**
- Ab-Hof-Verkauf von Brötchen, Eiern, Konfitüre, Gelee, Honig, Wurst, Wein aus dem Kraichgau
- Ostsee in 20 km
- Badesee in 3 km
- Reise-Regen-Bonus

Preise ab EUR		
Wohneinheit	FeWo	Zimmer
Ü	60–68	20–25
qm	40–60	16–35
Gesamtzahl der Gästebetten: 25		

Nord- und Ostsee

7 Hof Neversfelde

Inmitten der *Holsteinischen Schweiz, jener anmutigen Landschaft im Osten Holsteins,* liegt abseits der Straße auch der Hof Neversfelde, auf dem man genau das Gegenteil von dem tut, was im Alltag stets getan werden muss. Schmuckstück des Gemischtbetriebes ist das reetgedeckte Bauernhaus aus dem Jahre 1722. Vom Garten gelangt man in jede der behaglichen Ferienwohnungen im Gästehaus. Anregung und Abwechslung für einen gelungenen Bauernhofurlaub bieten die verschiedenen Eckchen und Fleckchen auf dem großen, parkähnlichen Hofgelände und das Leben und die Arbeit auf dem Hof in Hülle und Fülle. Schnell finden große und kleine

Erika und Nanno Lenz
Hof Neversfelde
23714 Bad Malente
Tel.: 0 45 23 - 43 58
Fax: 0 45 23 - 88 06 45
www.HOFNEVERSFELDE.de
HofNeversfelde@t-online.de

Ferienhof am Ortsrand mit Rinderhaltung und Ackerbau

- Aufenthaltsraum
- Sauna
- gemeinsame Grillabende
- Lagerfeuer mit Stockbrot
- Streicheltiere
- Spielplatz
- Kinderfahrzeuge
- Angelmöglichkeit
- Ausritte
- Reitplatz
- **Ziegenpeterservice**
- **Tischlein deck' dich**
- Ab-Hof-Verkauf von Eiern, Konfitüre und Wild
- Ostsee in 15 km
- Badesee in 2 km

Gäste echte „Bauernhoffreunde" unter den Rindern, Hühnern, Gänsen und anderen Tieren, die auf dem Bauernhof leben. Und beim Frühstück im Garten muss man schon mal damit rechnen, dass sich Katzen und Dackel oder auch die genügsamen Haflinger auf der Koppel bemerkbar machen, um sich ihre wohlverdienten Streicheleinheiten von den Gästen abzuholen.

Preise ab EUR

Wohneinheit	FeWo	
Ü	40–70	
qm	40–70	

Gesamtzahl der Gästebetten: 24

Nord- und Ostsee

8 Ingenhof

Saftiges *Grün von Wiesen und Wäldern, klares Blau von Wasser und Himmel, warmes Rot von schmucken Backsteinbauten und strahlendes Gelb zur Zeit der Rapsblüte:* Das sind die Farben, die das Landschaftsbild der Holsteinischen Schweiz bestimmen.

Von erhabenen alten Bäumen umgeben bietet der Ingenhof viel Platz zum Spielen und lauschige Ecken zum Träumen. Neben dem klassizistischen Haupthaus aus dem Jahre 1860 sind im ehemaligen Wirtschaftsgebäude die Ferienwohnungen untergebracht. Weil man sich hier in gesunden Räumen erholen soll, wurden beim Umbau konsequent umweltfreundliche Materialien verarbeitet.

Auf dem Ingenhof ist ein Einblick in die Arbeitswelt eines modernen Bauernhofs ganz natürlich und bei einem Spaziergang durch das Erdbeerfeld am Hof muss man die ein oder

Land Selection
EUROPAS SCHÖNSTE FERIENHÖFE

Renate und Wolfgang Engel
Ingenhof
Dorfstr. 19
23714 Bad Malente-Malkwitz
Tel.: 0 45 23 - 23 06
Fax: 0 45 23 - 14 15
www.ingenhof.de
ingenhof@gmx.de

Bauernhof am Ortsrand mit Ackerbau, Schweinehaltung und Erdbeeranbau

- jede Ferienwohnung ist für Allergiker geeignet und hat eine eigene Sonnenterrasse und Geschirrspüler
- Angelgewässer mit Boot
- Sauna, Solarium
- Grillhaus mit Feuerstelle
- Oster- und Kartoffelfeuer
- frische Erdbeeren naschen im Juni/Juli • Kräuterservice
- Spielplatz • diverse Kinderfahrzeuge • Basketballkorb
- großes Trampolin • Nordic Walking • Tiere zum Anfassen, Ponyreiten • geführte Fahrradtouren • Segelausflug auf dem Dicksee • **Ziegenpeterservice**
- Ab-Hof-Verkauf von Erdbeeren, Kartoffeln und Eiern
- Badesee in 2 km
- Ostsee in 15 km

Preise ab EUR

Wohneinheit	FeWo
Ü	45–80
qm	70–80

Gesamtzahl der Gästebetten: 25

andere aromatische Erdbeere naschen. Nach einem erlebnisreichen Tag kann ein Grillabend dann schon mal bis spät in die Nacht dauern, wenn man beim Schein des Lagerfeuers mit den Gastgebern über Land und Leute plaudert.

Nord- und Ostsee

9 Hof Schlossblick

Hof Schlossblick – der Vielfalt wegen

Mitten im Naturpark „Holsteinische Schweiz" auf einem Höhenzug gelegen, befindet sich die Ferienanlage als Teil der kleinen Ortschaft Pfingstberg.

Dort angekommen schweift der Blick durch das „Ruhlandstal" und weiter über die dort typische Eiszeit geprägte Landschaft bis hin zum Plöner Schloss, welches stolz und erhaben die Nähe Plöns bekundet.

Abwechslungsreich und vielseitig wie Landschaft und Wetter präsentiert sich die Ferienhofanlage dem Betrachter. Familien sowie kleine als auch größere Gruppen finden hier viele Angebote für einen gelungenen Urlaub.

Fitness und Wellness stehen hoch im Kurs, nach Tischtennis, Beachvolleyball oder Ackergliding laden Sauna, Solarium

Bernd Rothfos
Hof Schlossblick
Alte Salzstr. 8
24306 Pfingstberg
Tel.:   0 45 22 - 97 38
Fax: 0 45 22 - 65 88
www.hof-schlossblick.de
schlossblick@t-online.de

Ackerbaubetrieb mit Pferden

- Gäste-Aufenthaltsraum (100 qm)
- Freizeitraum mit Tischtennis und Tischfußball
- Fitnessraum mit Hantelbank
- Hallenbad (ca. 60 qm, 30-35°)
- Sauna und Solarium
- Wintergarten
- Quellgespeister Bade- und Angelteich (Forellen)
- Abenteuerspielplatz
- Kinder-Wasserrutsche
- Viele Streicheltiere im Gehege
- Fahrradverleih, kostenfrei
- Ponyreiten, kostenfrei
- Ackergliding
- Trikes, Kettcars, Trettrecker
- Open-Air-Schach
- Beachvolleyball
- Gemeinsame Grillabende
- Brötchenservice
- Fahrdienst
- Betriebsführungen auf Anfrage
- Ab-Hof-Verkauf von Eiern, Fisch und Marmelade

oder das eigene Schwimmbad zur Entspannung ein.
Während die einen sich geistig beim Open-Air-Schach messen, üben sich andere in Geduld und Ausdauer bein Angeln am hofeigenen Teich. Die reizvolle Umgebung lädt zu ausgedehnten Fahrradtouren ein und die Gastgeber zu zünftigen Feiern mit den Gästen - im Sommer beim Grillen und Spanferkelessen, im Winter in der „Bauernstube" mit Ausschank und Tanz.

Preise ab EUR

Wohneinheit	FeWo
Ü	30-74
qm	30-90

Gesamtzahl der Gästebetten: 40

Nord- und Ostsee

10 Schoppenhof

In einem beschaulichen Bauerndorf, in einer *von der Eiszeit geprägten Seen- und Hügellandschaft in Schleswig-Holstein an der Grenze zu Mecklenburg,* liegt der Schoppenhof, nahe dem stillen Ufer des Schaalsees. Bei allem Komfort wurde der bäuerliche Charakter des Hauses bewahrt. Schönstes Beispiel ist das Herzstück des Schoppenhofes: die ehemalige Wirtschaftsdiele, wo an kühlen Abenden ein prasselnder Kamin zum Verweilen einlädt.

Wo einst Heu und Stroh gelagert wurden, finden Gäste heute eine charmante, kuschelige Herberge. Überall ist die angenehme Atmosphäre und Liebe zum Detail spürbar. Im neuen Koppelhus gegenüber gibt es seit 2003 extra große Ferienwohnungen mit bis zu vier Schlafzimmern, Terrasse und Kaminofen. Von hier aus hat man einen schönen Blick auf die angrenzenden Weiden, auf denen Tiere grasen.

Ausflüge in die abwechslungsreiche Landschaft des Naturparks – einem Paradies für Naturliebhaber – oder seine sehenswerten, romantischen Städte bieten sich ebenso an wie das Schwimmen, Angeln oder Boot fahren im Schaalsee.

Land Selection
EUROPAS SCHÖNSTE FERIENHÖFE

Erich-Johann Schoppenhauer
Schoppenhof
Schaalseeufer 1
23883 Dargow
Tel.: 0 45 45 - 13 77
und 0170 - 2 93 68 19
Fax: 0 45 45 - 13 37
www.schoppenhof.de
info@schoppenhof.de

Landleben mit allem Komfort

- Schwimmen und Angeln im Schaalsee
- eigenes Kanu, Ruder- und Segelboot
- kreative Kurse
- Sauna, Solarium, Soft-Dampfbad
- Lagerfeuerabende
- große Diele mit Kamin, in der Nebensaison für Seminare und Gruppen geeignet
- Bett and Bike
- Brötchenservice
- Reiten
- Ponys, Pferd, Ziegen
- Frühstücksmöglichkeit im Dorf
- Restaurants in der Umgebung
- Verpflegung für Gruppen in der Nebensaison möglich
- ab-Hof-Verkauf von Highland-Beef
- Tagungsmöglichkeit
- Frühstücksmöglichkeit im Dorf

Preise ab EUR

Wohneinheit	FeWo
Ü	40–140
qm	23–118

Gesamtzahl der Gästebetten: 35

Urlaub auf dem Schoppenhof ist „Frischluft für die Seele" – hier lässt sich der Alltag vergessen, weil man sich von Anfang an wohl fühlt!

Nord- und Ostsee

11 Schwimmbadhaus Charlotte

Im Südwesten Dithmarschens, nur eine Autostunde von Hamburg entfernt, ragt *das Nordseebad Friedrichskoog wie eine Halbinsel zehn Kilometer ins Meer hinein. Rundherum nichts als Natur:* Man befindet sich in dem einzigartigen „Nationalpark Schleswig-Holsteinisches Wattenmeer". Vom Strand in Friedrichskoog Spitze ist der Ortskern – mit der zauberhaften Hochzeitsmühle, der einzigen Seehundstation Schleswig-Holsteins und dem malerischen Kutterhafen – etwa 5 Kilometer entfernt.

Das Schwimmbadhaus Charlotte bietet sowohl Einzelreisenden als auch Paaren und Familien gemütlich eingerichtete Appartements und Ferienwohnungen. Im hauseigenen Schwimmbad haben Groß und Klein jede Menge Spaß, garantiert bei jedem Wetter. Besonders während der kalten Jahreszeit relaxen die Gäste im Römischen

Land Selection
EUROPAS SCHÖNSTE FERIENHÖFE

Maren und Fred Duncker
Hafenstraße 42 + 118
25718 Nordseebad
　　　　　Friedrichskoog
Tel.: 0 48 54 - 9 02 01
Fax: 0 48 54 -16 91
www.wellness-nordsee.de
www.tjarkshof.de
info@nordseeferien.de

Appartementhaus

- Sauna, Dampfbad und Erlebnisdusche
- versch. Aqua-Fitness-Kurse
- weitere Wellness-Angebote im Kurmittelhaus „Fontamar"
- Babyschwimmen (ab 4 Mon.)
- Kinderschwimmkurse mit „Fred Frosch"

auf dem Tjarkshof, ca. 900 m entfernt:
- Kinderanimation und Familienangeln
- Kindernachmittag mit Spaghettiessen
- großes Räucherfischbuffet
- wöchentliche Fahrradtour in den Speicherkoog
- kostenloses Ponyreiten für Kinder
- Reitstunden
- Kutschfahrten mit Opa Klaus
- Nordsee-Badestrand in 5 km
- Kuren im Ort möglich
- Reise-Regen-Bonus

Dampfbad, genießen die Sauna und die Erlebnisdusche.

Der grüne Garten ist für die Erholung ideal. In windgeschützten Ecken lässt sich jeder Sonnenstrahl genießen und der Blick schweift über das Rugenorter Fleet, saftige Wiesen und bunte Felder und die endlose Weite der Landschaft.

Preise ab EUR

Wohneinheit	FeWo
Ü/2 Pers. Frühst. u. HP	ab 15 zubuchbar!
qm	ca. 30

Gesamtzahl der Gästebetten: 20

Nord- und Ostsee

12 Ferienhöfe Francksen

Inmitten der weiten grünen Marschenlandschaft Butjadingens liegen umgeben von Wiesen und alten Bäumen die Ferienhöfe Francksen, *zwei denkmalgeschützte, liebevoll restaurierte Niedersachsenhöfe,* die zu den ältesten Bauernhöfen der Nordseehalbinsel gehören. Allein das Ambiente ihrer Ferienwohnungen mit den großen lichtdurchfluteten Räumen und der stilvollen Einrichtung ist eine Reise wert. Doch die Ferienhöfe Francksen haben noch mehr zu bieten: Auf dem Hof in Ruhwarden warten Pferde, Ponys und viele andere Tiere auf neugierige Gäste. Im eigenen Badeteich können auch Angler ihr Glück versuchen, und wer sich den Tag über als Freizeitbauer versucht hat, kann anschließend in

Land Selection
EUROPAS SCHÖNSTE FERIENHÖFE

Tammo Francksen
Ferienhöfe Francksen
Butjadinger Str. 82
26969 Butjadingen
Tel.: 0 47 33 - 4 32
Fax: 0 47 33 - 16 20
www.0700Francksen.de
Ferienhof.Tammo.Francksen@t-online.de

Ferienhof in Einzellage mit Rinderhaltung

- Sauna
- Badeteich mit Boot
- Angeln im eigenen Fischteich
- Reitplatz
- riesige Freizeithalle (1.000 qm) mit Möglichkeiten zum Tennis und Badminton spielen
- Grillabend
- Streicheltiere
- Spielplatz
- Kinderfahrzeuge
- im Winter: Schlittschuh laufen
- **Ziegenpeterservice**
- **Tischlein deck' dich**
- Strand in 1 km
- Kuren im Ort möglich

der Sauna entspannen. In der riesigen Freizeitscheune trifft man sich abends zum gemütlichen Umtrunk, wenn man nicht gerade auf dem Grillplatz verabredet ist. Und all das steht natürlich auch den Gästen offen, die auf dem Hof im nahe gelegenen Burhave wohnen. Und dann gilt es auch noch Butjadingen zu entdecken: bei einer Wattwanderung, einem Besuch des Hafens oder des verträumten Fischerdorfes Fedderwardersiel, oder an einem erholsamen Tag am nahen Nordseestrand – fehlt da etwa noch was zu einem rundum gelungenen Urlaub?

Preise ab EUR

Wohneinheit	FeWo	
Ü	36–110	
qm	40–150	

Gesamtzahl der Gästebetten: 27

Nord- und Ostsee

13 Ferienhof Onken

In der friesischen Wehde, dem Hinterland der „Grünen Küste" am Jadebusen, verstummt der Trubel der mondänen Badeorte, und der *Besucher taucht ein in die Stille einer urwüchsigen Moor-, Geest- und Marschlandschaft.* Nahe bei Varel, zwischen dem Grün der Wiesen und Wälder und dem Blau des Meeres, liegt der Ferienhof Onken. Das reetgedeckte Bauernhaus mit den dicken, efeubewachsenen Mauern ist von einem großen Garten mit Spielwiese und Fischteich umgeben; ein Badesee mit Sandstrand liegt ganz in der Nähe. Die Ferienwohnungen, von denen eine sogar über zwei Bäder verfügt, liegen alle unter dem Dach; sie sind hell und freundlich im nordischen Stil eingerichtet und mit allem Komfort ausgestattet. Für Kinder ist der Hof mit seinen vielen Tieren und der großen Spielwiese ein einziges Paradies. Bei schönem Wetter sollte man sich

Land Selection
EUROPAS SCHÖNSTE FERIENHÖFE

Elisabeth und Renke Onken
Ferienhof Onken
Astede 59
26340 Neuenburg
Tel.: 0 44 52 - 9 11 90
Fax: 0 44 52 - 91 19 11
www.onkenshof.de
info@onkenshof.de

Vollbewirtschafteter Bauernhof

- Jagdmöglichkeit im eigenen Revier
- Sammeln der Frühstückseier im Hühnerhaus
- Brötchenservice
- Kräuter aus dem Gemüsegarten
- Großer Bauerngarten
- Fahrdienst
- Reiten für Kinder
- Tiere zum Anfassen
- Fischteich
- Spielplatz
- Bolzplatz
- Kettcars
- Grillhaus
- Lagerfeuer
- Tourenvorschläge für Wanderungen
- Moor- und Wattwanderungen
- Ab-Hof-Verkauf von Geflügel
- Eier - soviel Sie wollen - gratis
- Naturbadesee in 3 km

eine Moorwanderung oder einen Ausflug zum Wattenmeer nicht entgehen lassen; Golfer finden in der Nähe gleich vier Golfplätze; das Schlossmuseum, die Alte Mühle und das Seewasseraquarium sorgen an Regentagen für Abwechslung. Und eines steht fest: Langweilig wird es auf dem Ferienhof bei Onkens jedenfalls nie!

Preise ab EUR	
Wohneinheit	FeWo
Ü	40–70
qm	39–56

Gesamtzahl der Gästebetten: 15

Nord- und Ostsee

14 Katrin's Ferienhof

Wangerland ist eine fruchtbare, von Stürmen und Gezeiten geformte Marschlandschaft an der ostfriesischen Nordseeküste. Die wechselvolle Geschichte des Landes lebt weiter in den Katen und Häfen, in Steingräbern und Wehrkirchen – und in jenen alten, flutgeschützten Dörfern, die im Laufe der Jahrhunderte auf Warften und Wurten gegründet wurden.

Am Rande eines solchen Wurtendorfes nahe bei der historischen Stadt Jever liegt Katrin's Ferienhof, ein typisch friesischer Bauernhof. Die Stallungen wurden zu modernen und freundlichen Ferienwohnungen umgebaut. Sie sind von einem großen Garten umgeben und laden zu jeder Jahreszeit zu einem Urlaub oder kombinierten Kuraufenthalt ein. Auf die Kinder warten eine große Spielhalle und allehand Tiere. Neben Ponyreiten und Kutsche fahren gibt es viele Möglichkeiten für die Klei

Land Selection
EUROPAS SCHÖNSTE FERIENHÖFE

Katrin Hobbie
Katrin's Ferienhof
Bei Wüppels 1
26434 Hooksiel
Tel.: 0 44 25 - 8 13 64
Fax: 0 44 25 - 8 13 64
www.katrins-ferienhof.de
katrinhobbie@aol.com

Ackerbaubetrieb in Einzellage

- viele Tiere zum Anfassen
- großer Garten
- Familienhängematte
- Aufenthaltsraum mit kleiner Bibliothek und Gesellschaftsspielen
- große Spielhalle
- Go-Karts u.a. Kinderfahrzeuge
- Lagerfeuer/Stockbrot
- Spielen im Heu
- Kutschfahrten
- Kanu
- Angeln
- Bolzplatz
- Kuren in Horumersiel möglich
- Ab-Hof-Verkauf von Eiern
- Nordsee in 5 km
- Reise-Regen-Bonus

nen zum Spielen und Toben. In kaum fünf Autominuten erreicht man die Nordsee, wo sich zahlreiche Sport- und Freizeitmöglichkeiten rund ums Wasser anbieten. Und wenn sich das große Wasser für ein paar Stunden zurückzieht: wer wollte sich da das unvergessliche Erlebnis einer Wattwanderung entgehen lassen?

Preise ab EUR

Wohneinheit	FeWo
Ü	50–75
qm	50

Gesamtzahl der Gästebetten: 16

Nord- und Ostsee

15 Traberhof

Tausende Vögel, das Kreischen der Möwen am Strand, Watt und noch viel Meer, dazu das Wiehern der Pferde und die Weite der Landschaft im Nationalpark Nieders. Wattenmeer. Berauschend – Einzigartig!

Jetzt tief Luft holen und die Gastfreundschaft der Friesen erleben und genießen. Nur wenige hundert Meter hinter dem Deich, inmitten von Wiesen und Weiden, liegt der Traberhof, ein typischer friesischer Bauernhof. Die liebevoll und komfortabel eingerichteten Ferienwohnungen laden zum Wohlfühlen ein. Mit Leidenschaft widmen sich die Gastgeber der Zucht, der Ausbildung und dem Training von Trabrennpferden. Aber auch Ponyreiter und Freunde

Land Selection
EUROPAS SCHÖNSTE FERIENHÖFE

Remmer Müller
Traberhof
26434 Hooksiel
Tel.: 0 44 25 - 4 43
Fax: 0 44 25 - 17 81
www.traberhof.net
info@traberhof.net

Ferienhof in Einzellage mit Traberzucht und Ackerbau

- **Kneipp-Gesundheitshof**
- 4-Sterne-Ferienwohnungen
- Sauna, Solarium
- Gastpferdeboxen
- Angelmöglichkeit
- Kanuverleih
- Tretboot fahren auf den Tiefs
- großer Streichelzoo
- Aufenthaltsraum mit Büchern und Spielen
- Fahrradkarten und Tourenvorschläge
- Kutschfahrten
- Kräutergarten und Seminare
- Sektfrühstück in der Nebensaison mögl.
- großes Osterfeuer
- Abholung von der Bahn möglich
- Brötchenservice
- Golfplatz 10 km
- Nordsee in 2 km Entfernung
- Segeln
- Hochseeangeln
- Kuren möglich

Preise ab EUR

Wohneinheit	FeWo	Zimmer
Ü	25–80	27
qm	30–75	

Gesamtzahl der Gästebetten: 60

großer Reitpferde können hier auf dem Rücken der Pferde ihr Glück suchen.
Der große Garten mit traumhaften Rosen lädt zum Entspannen mit einem guten Buch ein. Für ausgedehnte Touren stehen Fahrräder vor der Tür und auch ein Tretboot kann benutzt werden. Abends treffen sich die Gäste am Grill oder in der Sauna. Im Umland gibt es viel zu endecken: das historische Jever, die Marinestadt Wilhelmshaven, Helgoland, die ostfriesischen Inseln oder ein vielfältiges Kulturprogramm mit Konzerten, Ausstellungen und Museen.

Nord- und Ostsee

16 Ferien- und Erlebnishof Janssen

In direkter Nachbarschaft zum Nordseeheilbad Horumersiel liegt der Ferien- und Erlebnishof Janssen.
Fernab von überfüllten Strandflächen und touristischem Trubel bieten sich gerade für Kinder herrliche Spieloasen.
Auch für die Allerkleinsten gibt es ausreichend Spielgeräte. Die große Tarzanschaukel, eine Seilbahn und natürlich das Ponyreiten erfreut sich größter Beliebtheit.
Auf der großen Streichelwiese können Kinder viele Tiere hautnah erleben und kennen lernen. Während im Sommer die Kleinen durch das Hanflabyrinth des Hofes jagen, halten die Eltern bei Kaffee und Kuchen einen gemütlichen Klatsch im Hofcafé.
Die modern eingerichteten Wohnungen liegen im Haupthaus und im umgebauten Stall. Im Stallkeller wurden Themenstraßen für die Gäste eingerichtet: Heimische Wildtiere, Weihnachtsstraße, Spaßlabyrinth und

Land Selection
EUROPAS SCHÖNSTE FERIENHÖFE

Annemargret Janssen
Ferien- und Erlebnishof
Wiardergroden 20
26434 Horumersiel
Tel.: 0 44 26 - 3 05
Fax: 0 44 26 - 17 85
www.Ferienhof-Janssen.de
Janssens-Ferienhof@t-online.de

Bauernhof in Einzellage mit Kühen, Kälbern und Schweinen

- Hauscafé • Kindergeburtstage
- 3- und 4-Sterne-Wohnungen
- Baby- und Kleinkindergerecht
- Vermittlung von Babysittern
- f. Hausstauballergiker geeignet
- 7 Ponies • Reitplatz • Ponyreiten kostenlos • Streicheltiere
- Solarium • Fittnessraum
- Osterfeuer
- Basketball und Fußball
- Spielplatz
- Spielscheune, 800 qm
- Kettcarbahn • Trampolin
- Tischtennis
- Hofbesichtigungen
- Hanflabyrinth
- Treckerfahrten
- wöchentliche gem. Grillabende
- Fahrdienst a. Anfrage
- **Tischlein deck dich**
- ab-Hof-Verkauf von Eiern
- Kuren im Ort möglich

Preise ab EUR

Wohneinheit	FeWo	Häuser
Ü	25-70	46-80
qm	40-60	80

Gesamtzahl der Gästebetten: 46

ein landwirtschaftliches Museum.
Drei Ferienhäuser liegen in unmittelbarer Nähe hinter dem Deich ca. 2 km vom Hof.

Nord- und Ostsee

17 Groot Plaats/Osterwarf

Vor dem Deich oder hinter dem Deich? Hoch oben an der Nordseeküste hat man die Wahl. Direkt an der Küste Ostfrieslands auf einer flachen Warf liegt der Ferienhof Osterwarf. Der Hof wurde unter Verwendung alter Baumaterialien von Grund auf saniert, renoviert und durch Neubauten aufgewertet. In herrlicher Natur ist hier ein Feriendomizil von ganz besonderem Reiz entstanden. Umgeben von urwüchsiger Natur- und Marschlandschaft bieten sich Familien zu jeder Jahreszeit und bei jedem Wetter Urlaubsmöglichkeiten vom Feinsten. Im nahe gelegenen Groot Plaats eröffnet sich hinter dem Deich ein zusätzliches Feriendomizil in völliger Abgeschiedenheit. In den großen hellen und modern eingerichteten Ferienwohnungen lebt man das typisch ostfriesische Flair. Deiche, Felder und Wiesen laden zu ausgedehnten Spaziergängen in gesunder klarer Luft ein. Die Kinder tummeln sich auf dem großen Spielplatz oder lassen im Herbstwind auf dem Deich die Drachen steigen.

Land Selection
EUROPAS SCHÖNSTE FERIENHÖFE

Edith Martens
Groot Plaats/Osterwarf
Deichstr. 31
26506 Norden
Tel.: 0 49 31 - 86 39
Fax: 0 49 31 - 8 19 33
www.groot-plaats.de
groot-plaats@t-online.de

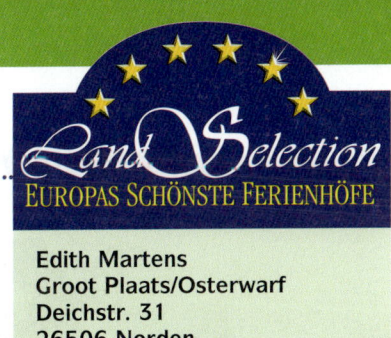

Bauernhöfe direkt am Seedeich mit Ackerbaubetrieb

- eine Ferienwohnung behindertengerecht
- Kutschfahrten für Kinder
- gemeinsame Grillabende
- Traditionelles Teetrinken
- Babysitterdienst
- Kinderblockhaus
- Gartenhaus zum Spielen
- Spielplatz
- Tischtennis
- Streicheltiere
- Reiten, Reitplatz
- Kindergeburtstagsfeiern mögl.
- Fahrradverleih

Ausgedehnte Fahrradtouren durch die reizvolle und flache ostfriesische Landschaft machen der ganzen Familie viel Spaß. Die blühende Natur im Frühling mit ihren gelben Rapsfeldern, der goldene Herbst und die Ruhe im Winter mit den erstarrten Gräben und Kanälen - das ist Ostfriesland, dann ist es Zeit für ein traditionelles Teetrinken oder Bohnje Soop.

Preise ab EUR

Wohneinheit	FeWo	Zimmer
Ü	38-80	
qm	45-90	

Gesamtzahl der Gastebetten 24

Nord- und Ostsee

18 Ferienhof Saathoff

Eine historische Burganlage mit Wassergräben und Resten von Wallanlagen prägt den ostfriesischen Ort Middelstewehr.
Ein Teil der Anlage bildet heute das Hofgelände und den Bauerngarten. Milchkühe, Pferde, Rinder und Hühner stehen in den Stallungen. Auf den umliegenden Feldern wachsen Getreide, Mais und Rüben. Hier erlebt man moderne Landwirtschaft und wohnt in den alten Gemäuern des Gulfhofes. Die Gartenanlage mit uraltem Baumbestand, historischen Rosen, Klematis und vielen kleinen Details, umgeben von einer Graft lädt zur Besichtigung ein. Gerne führen die engagierten Gastgeber auch ihre Gäste durch den Obstgarten, ein Laubengang und eine Grotte laden zum Verweilen ein. Auf dem anerkannten Kneipp-Gesundheitshof wird Wellness fachkundig praktiziert. Nach dem morgendlichen Wassertreten freut man sich richtig auf ein vollwertiges Bauernfrühstück. Sportlich aktive finden einen Sandreitplatz und einen hofeige-

Land Selection
EUROPAS SCHÖNSTE FERIENHÖFE

Diane Saathoff
Ferienhof Saathoff
Greetsieler Str. 22 + 24
26736 Krummhörn
Tel.:   0 49 26 - 91 20 33
Fax: 0 49 26 - 91 20 34
www.ferienhof-saathoff.de
diane.saathoff@t-online.de

Bauernhof mit Kühen, Rindern und Pferden

- **Kneipp-Gesundheitshof**
- Mitglied der Gartenkulturroute
- Frühstücks- und Aufenthaltsraum
- Spielboden, Tischtennis und Tischfußball
- wöchentliche Gartenführungen
- gemeinsame Grillabende
- Lagerfeuer
- Nachtwanderungen
- Spielhaus
- Streicheltiere
- **Tischlein deck' dich**
- **Ziegenpeterservice**
- ab-Hof-Verkauf von Milch. Eiern, Marmelade
- Nordsee in 2 km
- Kuren im Ort möglich

Preise ab EUR

Wohneinheit	FeWo
Ü/2 Pers.	39-80
Frühstück	5 - 7
qm	40-100

Gesamtzahl der Gästebetten: 21

nen Bootsanleger mit einem Ruderboot vor. Die Mithilfe beim Füttern – natürlich mit Gummistiefeln – oder das Einholen der Kühe ist beliebt bei Kindern und Erwachsenen.

Bauernhof-Cafés

☕ **Café Gut Oestergard**
Oestergard 2, 24972 Steinberg,
Tel. 0 46 32/79 49, Fax 0 46 32/8 73 09,
Öffnungszeiten Juni bis Ende Sept.,
Sa u. So., Gruppen nach Vereinbarung

☕ **Landcafé Bocksrüde**
24398 Winnemark,
Tel. 0 46 44/351, Fax 0 46 44/10 51,
Öffnungszeiten April bis Okt. täglich
14 bis 18 Uhr, Nov. bis März Sa. u. So.
14 bis 18 Uhr

☕ **Hofcafé Bisdorf**
(Vollwert-Café), Bisdorf 15,
23769 Landkirchen,
Tel. 0 43 71/14 03,
Fax 0 43 71/8 71 86,
Öffnungszeiten 1. April bis
31. Okt., 14 bis 18 Uhr,
Mo. Ruhetag, Streicheltiere für Kinder

☕ **Hein und Bea's Scheune**
Dorfstraße 15,
23769 Dänschendorf/Fehmarn,
Tel. 0 43 72/3 97, Fax 0 43 72/15 26,
Öffnungszeiten April bis Oktober
11 bis 21 Uhr, Mi. Ruhetag,
auch vegetarische Küche, Kunstgalerie

☕ **Café am Mühlenteich**
Tel. 0 59 45/99 56 56, Museumsmühle
auf dem Gelände

☕ **„Bauernstübchen"**
Hof Radlandsichten
23714 Bad Malente,
Tel. 0 45 23/16 22, Fax 0 45 23/75 89,
Öffnungszeiten April bis Ende Okt.
Täglich 14 bis 18 Uhr, So 12 bis 18 Uhr,
Bauernladen, Waldspaziergang, Hof-
führung

☕ **Stockseehof**
23758 Weissenhaus
Tel. 0 43 82/3 51

☕ **Schloss Weissenhaus**
23758 Weissenhaus, Tel. 0 43 82/3 50
u. 3 52, Fax 0 43 82/12 33, Öffnungszeiten 1. Juni bis 30. Sept. täglich,
17. März bis 31. Dez. Di. bis So. 14 bis
18 Uhr, Cafégarten-Konzerte, Schloss-
führung

☕ **Plantagencafé**
Langenredder 66, 23743 Lenste/Grö-
mitz, Tel. 0 45 62/4 76,
Fax 0 45 62/36 92, Öffnungszeiten Juni
bis August täglich ab 14 Uhr

☕ **Eggers Hofcafé**
Tel. 0 51 95/1 42 97, Buchweizentorte

☕ **Café Wiekens**
Tel. 0 51 95/1 84, Torten u. Kartoffel-
gerichte

Kulturdenkmäler

**▦ Naturschutzgebiet
Geltinger Blick**
Tel. 04 61/6 21 12

▦ Habermisser Moor
Tel. 0 46 43/18 94 74

▦ Schwansener See Schleimündung, Führungen durch Naturschutzbund SH, Ortsgruppe Nordschwansen, Tel. 0 48 44/74 87

▦ Naturschutzgebiet Wallnau
Wasservogelreservoir mit Führungen,
Tel. 0 43 72/14 45

▦ Bräutigamseiche
Dodau bei 23701 Eutin, Briefkasten im Baumloch, wird täglich geleert

▦ Schloss Eutin
Eutiner Schloss-Festspiele, 5-Seen-Fahrt, Tel. 0 45 21/8 00 10,
Fax 0 45 21/30 01

▦ Ewiges Meer (Eversmar)

▦ Nationalpark niedersächsisches Wattenmeer
Ausstellungen, Aquarium,
Tel. 0 44 29/90 47 00

**▦ Naturschutzgebiet
Lüneburger Heide**
Ahlftener Flatt, Soltau
Klöster der Lüneburger Heide

▦ Vogelpark Walsrode
29664 Walsrode

Freilichtmuseen

**⌂ Landschaftsmuseum
Unewatt** Unewatter Str. 1,
24977 Langballig, Tel. 0 46 36/10 21,
Fax. 0 46 36/82 26

⌂ Flächendenkmal Dorf Sieseby
Reetgedeckte Häuser an der Schlei
Schleswig-Fischersiedlung Holm
Wikinger Museum

⌂ Mühlen- und Landwirtschaftsmuseum Lemkenhagen (Fehmarn),
Tel. 0 43 72/18 94

⌂ Freilichtmuseum Molfsee
Hamburger Landstraße 97,
24113 Molfsee, Tel. 04 31/6 55 55,
Alte Gehöfte und Werkstätten,
Öffnungszeiten: 1. April bis 15. Nov.
täglich außer montags 9 bis 17 Uhr,
sonn- u. feiertags 10 bis 18 Uhr

⌂ Museumsdorf Lensahn
Prienfeldhof, 23738 Lensahn,
Tel. 0 43 63/91 22, Fax 0 43 63/91 44,
alte Geräte, Garten Café, Öffnungszeiten: Frühjahr bis Herbst täglich
10 bis 18 Uhr, montags geschlossen

**⌂ Schleswig-Holsteinisches
Landesmuseum**
mit volkskundlichen Sammlungen,
Schloss Gottorf, 24837 Schleswig,
Tel. 0 46 21/96 76-0, Fax. 0 64 21/81 30,
Öffnungszeiten: täglich von 9 bis 17 Uhr,
1. Nov. bis 31. März von 9.30 bis 16 Uhr

🏠 **Freilichtmuseum „Dat ole Hus"**
Museum für Volkskunde, 24613 Aukrug-Bünzen, Tel. 0 48 73/6 03,
Öffnungszeiten: samstags, sonntags und an Feiertagen 14 bis 18 Uhr und nach Vereinbarung

🏠 **Landwirtschaftsmuseum und Dithmarscher Landesmuseum**
Jungfernstieg 2–4, 25704 Meldorf, Tel. 0 48 32/33 80,
Öffnungszeiten: täglich außer montags

🏠 **Seehundstation Friedrichskoog**
Aufzucht und Forschung, An der Seeschleuse 4, 25718 Friedrichskoog, Tel. 0 48 54/13 72, Fax 0 48 54/92-31,
Öffnungszeiten: März bis Oktober 9 bis 18 Uhr, Nov. bis Februar 10 bis 17.30 Uhr

🏠 **Multimar Wattforum Tönning**
Am Robbenberg, 25832 Tönning, Tel. 0 48 61/96 20-0, Fax 0 48 61/96 20-10,
Öffnungszeiten: ganzjährig, 1. Mai bis 30. September 9 bis 19 Uhr, 1. Oktober bis 30. April 10 bis 18 Uhr

🏠 **Freilichtmuseum am Kiekeberg**
Ehestorf, 21224 Rosengarten, Tel. 0 40/7 90 76 62,
Öffnungszeiten:
1.3. bis 31.10. dienstags bis freitags 9 bis 17 Uhr, samstags u. sonntags 10 bis 18 Uhr,
1.11. bis 28.2. dienstags bis sonntags 10 bis 18 Uhr

🏠 **Freilichtmuseum „Freisdorfer Brink"**
27616 Freisdorf, Tel. 0 47 49/16 98,
Öffnungszeiten: 1. Mai bis 15. Oktober nach Voranmeldung

🏠 **Husum: Nordfriesisches Museum**
Freilichtmuseum Osterfelder Bauernhaus

🏠 **Tews-Kate**
23714 Malente, Bauernkate mit antiken Möbeln und Geräten, Bauernmarkt im September

🏠 **Brauereibesichtigung Menne**

🏠 **Wildpark Lüneburger Heide**
21271 Hanstedt-Nindorf, Tel. 0 41 84/89 39-0,
Öffnungszeiten: Sommer 8 bis 17.30 Uhr, Winter 9 bis 16.30 Uhr

🏠 **Historisches Brauereimuseum**
Friesisches Brauhaus zu Jever, 26441 Jever, Tel. 04461/1 37 11, Fax. 0 44 61/1 37 02,
Öffnungszeiten: montags bis freitags 9 bis 12.30 Uhr und 13.30 bis 18 Uhr, samstags 9 bis13 Uhr (langer Samstag bis 16 Uhr)

🏠 **Schlossmuseum Jever**

🏠 **Landwirtschaftsmuseum Lüneburger Heide, Museumsdorf Hösseringen**
Am Landtagsplatz, 29556 Suderburg, Tel. 0 58 26/17 74 und 75 93 (Gasthaus), Fax 0 58 26/83 92,
Öffnungszeiten: sonn- u. feiertags ganztägig vom 15.3. bis 31.10. Von 10.30 bis 17.30 Uhr, werktags außer montags vom 15. 3. bis 14.5. von 14 bis 17.30 Uhr, 15.5. bis 31.10. Von 10.30 bis 17.30 Uhr, 1.11 bis 14.3. geschlossen

🏠 **Sieben-Stein-Häuser**
29683 Fallingbostel

🏠 **Landwirtschaftsmuseum Lüneburger Heide**
29525 Suerburg (Uelzen)

🏠 **Krummhörn – Museum für Landwirtschaft**
Campen (nördlich von Emden),
Tel. 0 49 23/14 77

🏠 **Niedersächsische Milchstraße**
13 Milchviehbetriebe im Kreis Stade mit vier Rundtouren
(Internet: www.niedersaechsischemilchstrasse.de)

Plattdeutsch der Köge von Schleswig-Holstein:
„Pulen", d.h. ablösen, abpellen, zum Beispiel Nordsee-Krabben oder Pell-Kartoffeln (Kantüffel) von ihrer Schale befreien.

Bauerngärten

🌼 **Holländerhof**
alte Rosenzüchtungen,
Tel. 04641/22 92
Barockgarten Schleswig Gottorf
Rosarium Schloss Glücksburg

🌼 **Rosengarten Schloss Weissenhaus**

🌼 **Landhausgarten Brootshof**

🌼 **Schlosspark Eutin**
alter Baumbestand, Lindenallee

🌼 **Dunker-Kate in Bosau**

🌼 **Thomsen-Kate**
Bad Malente,
Blumen und Gemüse,
Markt 10, 23174 Bad Malente, regelm. Kunstausstellungen

🌼 **Jadepark**
Jaderberg, Tel. 0 44 54/91 13-0

🌼 **Celler Heidepflanzengarten**
Tel. 0514/55 07 14

🌼 **Französischer Garten**
Tel. 0 51 41/9 05 03 40

🌼 **Heide-Park Soltau**
29614 Soltau

61

Durchs Ems- und Heideland

Etwa 350 Kilometer beträgt Niedersachsens breiteste Ausdehnung von West nach Ost. Entsprechend verteilen sich die LandSelection-Höfe in diesem Streifen Deutschlands auf zwei - streng genommen drei – Landschaftsregionen: Emsland und Lüneburger Heide sowie Altmark/Wendland. Jede hat ihre speziellen Reize, alle bestechen durch die Möglichkeit zur naturnahen Erholung.

Lübeck
mshaven
Bremerhaven
Hamburg
Schweri...
...enburg
Bremen
Elbe
21
22   25   26
23   24 27 Celle
      28
           Hannover   Wolfsburg
Bielefeld
      Hildesheim   Braunschweig
           Salzgitter   Magdeburg

Das Emsland

Ganz im Westen zwischen Ems und Weser erstreckt sich das Emsland. Früher ein Geheimtipp hat sich dieses Fleckchen Erde heute dank seiner vielen Vorzüge zu einer beliebten Urlaubsregion entwickelt. Beschaulichkeit und sanfter Tourismus sind jdoch nach wie vor Trumpf. Das bringt schon die landschaftliche Mischung aus Flüssen, Mooren, Wäldern und Heideflächen mit sich.

Am besten erschließt sich die Natur mit ihrer reichen Vogelwelt bei gemütlichen Fahrrad- oder Flußwanderungen. Als Highlight stößt man dabei in der Gegend des sagenumwobenen **Hümmling** auf etliche Hünengräber und Totenhügel aus der Stein- und Bronzezeit. Kontrastprogramm inmitten dieser wundervollen Wildnis ist das Jagdschloss **Clemenswerth**, eine märchenhafte Rokokoanlage des Kurfürsten Clemens August.

Für mehr Abwechslung sorgen Badeseen, Tier- und Freizeitparks, Angelkurse und Golfplätze und natürlich Dampferfahrten oder Segeln auf der Ems. Die Ems ist zwar Deutschlands kleinster Strom, hat aber eine lange Schifffahrtstradition. Deutlich spürbar wird dies in den von Wasser geprägten Hafenstädten wie **Meppen**, das neben einer sehenswerten Altstadt eine große Schleusenanlage bereit hält, oder dem Schifferort **Haren**. In der alten Moorkolonie **Papenburg**, dem nördlichsten Hafen des Emslandes, durchziehen kilometerlange, reizvolle Kanäle die Stadt.

Mittelpunkt des Landes ist **Cloppenburg**. Hier erwartet den Bauernhof-Touri sten eines der größten Freilichtmuseen Deutschlands: Auf 15 Hektar ist ein komplettes niederdeutsches Dorf aus dem 16. Jahrhundert aufgebaut. Wer seinen Wasserbedarf an der Ems nicht gedeckt hat, reist von Cloppenburg aus nach Norden oder Süden. Bei Friesoythe liegt inmitten einer waldreichen Umgebung die **Thülsfelder Talsperre**. Sie ist teils Naturschutzgebiet, teils Erholungsgebiet mit vielfältigem Freizeitangebot. Gleiches gilt für den südlich gelegenen **Dümmer**. Der nach dem Steinhuder Meer zweitgrößte Binnensee Niedersachsens ist beliebtes Segelrevier, bietet aber auch einer bunten Vogelwelt wertvolle Nist- und Rastplätze.

Die Lüneburger Heide

Zwischen Mitte August und Ende September ist Hochsaison in der Lüneburger Heide. Dann entfaltet sie sich in ihrer ganzen farbigen Pracht: violette Heide, dunkelgrüner Wacholder, weißstämmige Birken und schwarze Flachmoore. Dazwischen gelegentlich die grauen und gehörnten Heidschnucken, die wichtig für den Bestand der Heide sind, denn sie verbeißen die Birkenschößlinge. Zu Fuß oder per Kutsche geht der Weg durch die Landschaft rund um den Wilseder Berg - auf Sandwegen, vorbei an versteckten Heidjerhöfen und Hünengräbern.

Die Naturschutzgebiete der Lüneburger Heide sind übrigens keine Reste einer ursprünglichen Landschaft, sondern von Menschenhand gemacht. Noch im Mittelalter war hier ein großes Waldgebiet. Doch das Holz von Eichen, Kiefern und Birken brauchten die Lüneburger Salzsieder für die Feuer unter ihren Pfannen.

Bispingen und Salzhausen, Winsen an der Luhe und Buchholz, Schneverdingen, Soltau und Walsrode sind nur einige der sehenswerten Orte rund um den Naturschutzpark Lüneburger Heide. In **Walsrode** befindet sich der größte und vielleicht schönste Vogelpark der Welt. Über 5000 Vögel aller Kontinente und Klimazonen leben in der 22 Hektar großen Parklandschaft.

Damit sind wir bei der Salzstadt **Lüneburg**, die zu jeder Jahreszeit ein lohnendes Ausflugsziel ist. Durch das Salz, das in ihrem Boden ruhte, kam die Stadt zu Macht und Reichtum. Heute zählt Lüneburg zu den schönsten mittelalterlichen Städten: wunderschöne Backsteinhäuser aus Gotik, Renaissance und Barock und vor allem das Rathaus prägen das prächtige Bild der Stadt.

Am Südrand der Lüneburger Heide liegt die Herzogenstadt **Celle**, die mit ihren knapp 500 restaurierten Fachwerkbauten zu den schönsten niedersächsischen Städten gehört. Von hier aus lohnt sich unbedingt ein Abstecher zum **Kloster Wienhausen**, einem der bedeutendsten mittelalterlichen Bauwerke Norddeutschlands.

Außer mittelalterlicher Kultur und romantischer Natur bietet auch die eher trockene Heidelandschaft Erfrischung in vielen kleinen Badeseen. Mit einer ganz anderen Attraktion wartet das Städtchen **Verden** an der deutschen Märchenstraße auf. Hier steht das deutsche Pferdemuseum und es werden jährlich Spring- und Galopp-Turniere ausgetragen.

Durchs Ems- und Heideland

19 Haus Landegge

Im Emsland, unweit der Schifferstadt Haren, trifft man auf das *Haus Landegge, ein liebevoll restaurierter Herrensitz aus dem 17. Jahrhundert.* Noch heute kann man des Nachts schon mal der Weißen Frau begegnen, die als gutmütiges Schlossgespenst ihr Unwesen im ehemaligen Rittergut mit seinen großzügigen Ferienwohnungen treibt. Auf Haus Landegge stehen die kleinen Gäste und das Reiten im Mittelpunkt. Dabei heißt es aber nicht nur Ausreiten, denn die kleinen und großen Ponys wollen auch gehegt und gepflegt werden oder man tummelt sich in der neuen großen Reithalle (40x60). Und wenn die Vierbeiner dann nach getaner Arbeit Pause haben, laden verschiedene Sportangebote zu Aktivitäten ein. Oder der Nachwuchs holt frische Milch beim Nachbarn, sammelt Holz für den Grillabend, tummelt sich bei Tischtennis und Ballspielen, macht das weitläufige Hofgelände per Fahrrad unsicher oder schließt Freundschaft mit den Streicheltieren. Derweil können die Eltern mit einem guten Buch im Innenhof relaxen, ihr Glück als Petri-Jünger im Burggraben versuchen, Museen und Schlösser besuchen oder auch einen Ausflug ins nahe Holland machen. Bei Familie Hiebing finden große und kleine Erholungsuchende das ganze Jahr über ein Refugium nach ihrem Geschmack.

Land Selection
EUROPAS SCHÖNSTE FERIENHÖFE

Marianne Hiebing
Haus Landegge
Dorf 5
49733 Haren
Tel.: 0 59 32 - 12 21
Fax: 0 59 32 - 12 47
www.HausLandegge.de
info@haus-landegge.de

Herrensitz in Einzellage mit Pferdehaltung und Geflügel

- 50 Ponys, 4 Pferde • Reitunterricht, Ausritte, Gastpferdeboxen
- eigene Jagd • Angeln und Bootfahren im Burggraben • geführte Wanderung • Grillabende
- gemeinsames Kaffeetrinken
- Brotbacken • Kinder werden auch ohne Eltern aufgenommen
- Kinderbetreuung möglich
- Spielplatz • Streicheltiere
- Kettcars • Aufenthalts- und Speiseraum mit antikem Mobiliar, auch für Tagungen geeignet
- regionale Küche, vegetarisch, Vollwert, Diät- und Schonkost möglich • Fahrdienste möglich
- Ab-Hof-Verkauf von Eiern, Wurst, Kuchen, Brot und Marmelade
- 18- Loch Golfplatz 5 km • Badesee Schloss Dankern 4 km

Preise ab EUR

Wohneinheit	FeWo
Ü	73,50–125
F	+ 6,50
HP	+ 15
VP	+ 18,50

Gesamtzahl der Gästebetten: 100

Durchs Ems- und Heideland

20 Hof Garbert

Von ihrer schönsten Seite zeigt sich die *Heidelandschaft der niedersächsischen Grafschaft Bentheim sicher zur Zeit der Heideblüte.* Aber auch sonst gibt es hier manches zu entdecken. Nicht nur die zahlreichen Wind- und Wassermühlen lassen die Nähe zur holländischen Grenze erkennen: Die Chroniken der historischen Ortschaften, die zum Teil bis ins zwölfte Jahrhundert zurückreichen, sind voll von Schmugglergeschichten, und die beliebtesten Wanderrouten ignorieren geflissentlich alle nationalen Schranken. Ein Netz ausgeschilderter Radwanderwege führt direkt am Landferienhof Garbert vorbei und selbst kleinere Radler bewältigen die Strecken durch die flache oder leicht hügelige Landschaft spielend. Das liebevoll restaurierte Bauernhaus beherbergt geräumige, komfortable Ferienwohnungen und ist von einem parkähnlichen

Land Selection
EUROPAS SCHÖNSTE FERIENHÖFE

Anni und Warse Garbert
Am Fertenbach 3
49849 Wilsum
Tel.: 05945-678
Fax: 05945-670
www.ferienhof.com
garbert@ferienhof.com

Bauernhof in Einzellage mit Pferden und Ponys

- Kinderbauernhof mit vielen Tieren zum Anfassen
- Sport- und Spielplatz
- Riesensandkasten (100 qm)
- Kinderfahrzeuge
- Traktorfahren mit dem Bauern
- Kutschfahrten
- Heu-Tobe-Scheune
- Kindergeburtstagsfeiern möglich
- Kinderbetreuung stundenweise
- Land-Café mit Frühstücksbuffet, Kaffeetafel, Aktionsabende wie Pfannkuchenessen
- Stockbrotbacken am Lagerfeuer
- Gastpferdeboxen
- **Tischlein deck' dich**
- **Ziegenpeterservice**
- Ab-Hof-Verkauf von Eiern und Milch
- Badesee 500 m
- Reise-Regen-Bonus
- Pauschalangebote auf Anfrage

Hofgelände umgeben, in dem etliche Eichen schon stolze 300 Jahre alt sind. Wer einen ruhigen, erholsamen Urlaub verbringen will, wird sich hier wohl fühlen. Allenfalls das Schnattern der Gänse und Hühner stört hier die Stille – und vielleicht das Indianergeschrei der Kinder, die sich endlich einmal so richtig austoben können!

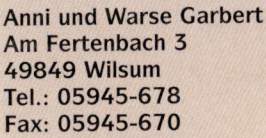

Preise ab EUR

Wohneinheit	FeWo
Ü	50–68
F/P	7
qm	80

Gesamtzahl der Gästebetten: 38

Durchs Ems- und Heideland

21 Hof am Kolk

Die Hase, ein Nebenfluss der Ems, hat im Oldenburger Münsterland im Laufe der Jahre ein abwechslungsreiches Landschaftsbild geschaffen. Auf Rad- und Wanderwegen zeigen sich die Altarme in den Niederungen der Hase, Wiesen und Weiden, intensiv bewirtschaftete Äcker und brachliegende Flächen, kleine Bauernwäldchen und große Forstgebiete.
Direkt im Urstromtal ist der von erhabenen Eichen umgebene, denkmalgeschützte Hof am Kolk zu finden. Die Ferienwohnungen haben ihren ganz eigenen Charme: Versetzte Ebenen, romantische Himmelbetten, moderne Accessoires und alte Bauernmöbel wurden geschickt kombiniert und verbreiten eine stilvolle Atmosphäre.
Die Regenbogenscheune ist nicht nur an grauen Tagen ein beliebter Spielplatz. Ponys

Land Selection
EUROPAS SCHÖNSTE FERIENHÖFE

Wilhelm Meyer
Gänhauk 22
49624 Löningen-Angelbeck
Tel.: 0 54 32 - 47 40
   oder 5 85 25
Fax: 0 54 32 - 5 85 45
www.hofamkolk.hasetal.de
hofamkolk@hasetal.de

Vollbewirtschafteter Bauernhof

- gemeinsame Moorwanderung
- gemeinsame Fahrradtouren
- Frühstück im roten Salon
- Kurse: Blaudruck, Specksteinbearbeiten
- Brotbacken
- Übernachten im Heu
- Seminarraum
- einige Streicheltiere
- Spielscheune „Regenbogenscheune"
- Spielplatz
- Billard, Trampolin
- Kutschfahrten
- Fahrdienst für ältere Menschen möglich
- Teich, auch zum Baden
- Angeln
- im Winter: Schlittschuhlaufen
- **Tischlein deck' dich**
- Reise-Regen-Bonus

Preise ab EUR

Wohneinheit	FeWo
Ü	33–73
qm	35–80

Gesamtzahl der Gästebetten: 28

gibt's, und eine Reitlehrerin, die darauf achtet, dass nichts passiert. Im Kreativstübchen erklärt Frau Meyer Blaudruck-Techniken und Speckstein-Bearbeitung. Im Bauerngarten oder an einem lauschigen Plätzchen am Weiher lässt sich in aller Ruhe mal wieder ein gutes Buch lesen.
Wenn morgens verschiedenste Vögel mit ihrem Gesang den beginnenden Tag ankündigen, taucht man fernab vom Alltag ein in das gute Gefühl von Ruhe und Gelassenheit.

Durchs Ems- und Heideland

22 Schloss Eggermühlen

In den *hügeligen Ausläufern des Wiehengebirges im Osnabrücker Land liegt das aus dem 13. Jahrhundert stammende Rittergut* Eggermühlen am Wasserlauf der Egger. Wie es sich für ein barockes Schloss gehört, steht es inmitten einer riesigen gepflegten Parkanlage und bietet mitsamt seiner Schlosskapelle und den historischen Vorgebäuden eine Fülle kultureller Geheimnisse, die es zu entdecken gilt. Auf und um Schloss Eggermühlen gibt es einfach alles, was das Herz begehrt: viele frei laufende Kleintiere zum Anfassen und Ponys zum Reiten, ein Abenteuerwald zum Budenbauen und Versteckenspielen. Spielplatz, Wiesen und Gärten zum Toben, Ballspielen und Ausgelassensein, alle möglichen Spiele für gutes und schlechtes Wetter, ein Schlossteich zum Angeln, schöne Wege zum Wandern und Radfahren und ruhige Plätzchen

Land Selection
EUROPAS SCHÖNSTE FERIENHÖFE

Familie Christoph Freiherr von Boeselager
Schloss Eggermühlen
49577 Eggermühlen
Tel.: 0 54 62 - 74 21 0
Fax: 0 54 62 - 74 21 10
www.bauernhofurlaub.com/
hoefe/schloss-egger
muehlen.htm
SchlossEggermuehlen@t-online.de

Vollbewirtschaftetes Gut mit Ackerbau

- große Schlossanlage mit Park
- gemeinsame Lagerfeuerabende
- Wildbeobachtung • Spieleabende • Fahrradtourenvorschläge
- Gastpferdeboxen, Reitplatz, Ausrittgelände • Jagdmöglichkeit im eigenen Revier • Angeln
- Vermittlung von Malkursen und Kunstgewerbehandwerk
- eigener Bus für Fahrdienste
- viele Streicheltiere
- Abenteuerspielplatz
- Kinderbetreuung möglich
- Kutschfahrten vermittelbar
- im Winter: Schlittschuhlaufen
- **Ziegenpeterservice • Tischlein deck' dich** • Ab-Hof-Verkauf von Milch, Eiern, Marmelade, Honig • Badesee in 14 km
- Reise-Regen-Bonus

Preise ab EUR

Wohneinheit	FeWo	Zimmer
Ü	50–100	40–70
qm	45–100	
Haus	190–250	
qm	160	

Gesamtzahl der Gästebetten: 57

im Schlosspark zum Ausspannen. Wenn es die Zeit erlaubt, geht es mit dem Hausherrn auf die Pirsch, um scheue Waldtiere zu beobachten oder auf eine Tour durch Wald und Flur. Wenn die Ernte ansteht, kann jeder helfen, solange er Lust hat und abends sorgt ein zünftiges Lagerfeuer oder ein lebhafter Spieleabend oft genug für den fröhlichen Ausklang eines erlebnisreichen Tages.

Durchs Ems- und Heideland

23 Ferienhof Schmidt

Mischwälder, Berge und heilkräftige Quellen sind die Merkmale des Ferienlandes rund um Osnabrück. Auf einstigen Heeres- und Handelsstraßen kann heute der Urlauber das Land von Porta Westfalica bis Holland, von den Mittelgebirgen bis zur Nordsee durchwandern. Der Ferienhof Schmidt liegt hier, mitten im Osnabrücker Land. Der historische Teil des Niedersachsenhofes wurde 1757 erbaut. Die freundlichen, mit handbemalten Bauernmöbeln ausgestatteten Ferienwohnungen und Appartements sind im angrenzenden Fachwerkhaus untergebracht. Bis zum Waldrand erstreckt sich ein wunderschöner, liebevoll gepflegter Bauerngarten mit den unterschiedlichsten Sitzecken, in dem

Land Selection
EUROPAS SCHÖNSTE FERIENHÖFE

Maria und Martin Schmidt
Ferienhof Schmidt
Tütingen 8
49577 Ankum
Tel.: 0 54 62 - 16 01
Fax: 0 54 62 - 94 75
www.ferienhofschmidt.de
info@ferienhofschmidt.de

Vollbewirtschafteter Bauernhof, Einzellage

- großer Garten mit prächtigen Blumen • Gastpferdeboxen mit Auslauf, Reitunterricht, Reithalle
- Tagungsräume • Getränkeservice • Grill oder Pizzaabende
- 2 Abenteuerspielplätze, neues Spiellabyrinth in der Scheune m. verschiedenen Spielmöglichkeiten wie Rutsche, Feuerwehrstange • Basketball, Volleyball
- Tiere zum Anfassen • Bibliothek • Kutschfahrten • Familienfeiern möglich • Kurse für Kartoffeldruck, Sträuße und Kränze aus Trockenblumen, Bastelarbeiten • **Ziegenpeterservice** • **Tischlein deck' dich** • Ab-Hof-Verkauf von Milch, Eiern, Kartoffeln, Marmelade, Brötchen, Trockenblumensträußen und -kränzen • Alfsee in 12 km, Baden, Segeln, Wasserski, Kartbahn, Kinderautoland • Tennis und Golf in der Nähe

Preise ab EUR

Wohneinheit	FeWo	App.
Ü	68–80	
Ü/1–2 P		44
qm	30–60	20–22

Gesamtzahl der Gästebetten: 30

eine vielköpfige Katzenfamilie ihr Unwesen treibt. Ein großer Teil der Blumenpracht, die hier so üppig gedeiht, wird später getrocknet und zu phantasievollen Kränzen und Gestecken verarbeitet. Wer Lust hat, kann diese Kunst hier erlernen, und auch sonst bietet der mit Kühen, Kälbern und Schweinen vollbewirtschaftete Ferienbauernhof Schmidt abwechslungsreiche Ferien bei jedem Wetter.

Durchs Ems- und Heideland

24 Hof Frien

In der Umgebung des großen Uchter Moores *an der Mittelweser liegt der Hof Frien am Ortseingang von Höfen, einem kleinen, gemütlichen Bauerndorf.* Die geschlossene Hofanlage verfügt über einen üppigen Baumbestand, der das niedersächsische Bauernhaus und das neu gebaute Gästehaus umgibt. Die überaus geräumigen Ferienwohnungen erstrecken sich über zwei Etagen; ihre Einrichtung mit massiven Landhausmöbeln vermittelt direkt ein behagliches Gefühl. Überall erkennt man hier viel Geschmack und Liebe zum Detail.

Land Selection
EUROPAS SCHÖNSTE FERIENHÖFE

Im Mittelpunkt steht allerdings die Deele im Haupthaus, die die Familie samt Terrasse in ein romantisches Bauerncafé verwandelt hat. Hier demonstriert Frau Mayland-Quellhorst ihre Back- und Kochkunst: Leckere Kuchen und schmackhafte Torten finden stets begeisterte Anhänger. Deftige Kohl- und Pinkelessen und vor allem die Variationen rund um den Spargel, der im Frühjahr gestochen und erntefrisch serviert wird, darf sich kein Feinschmecker entgehen lassen. Und während die Eltern noch das Essen genießen oder einen Plausch mit den Gastgebern halten, toben die Kinder schon längst wieder mit Takko, dem Hund, oder suchen die Katzen oder füttern die Kaninchen oder besuchen das Pony, oder, oder, oder... .

Karl-Wilhelm
Mayland-Quellhorst
Hof Frien
Höfen 13
31600 Uchte
Tel.: 0 57 63 - 15 90
Fax: 0 57 63 - 9 31 72
www.hoffrien.de
info@hoffrien.de

Bauernhof und Bauerncafé

- große Bauerndiele als Bauerncafé, am Wochenende auch als Seminarraum geeignet
- gemeinsame Wanderungen, Fahrradtouren, Grillabende
- Kindergeburtstagsfeiern möglich • Spielplatz • Streicheltiere
- Planschbecken • Fahrdienst für ältere Menschen möglich
- Kutschfahrten • Kurse für Gruppen: Töpfern, Porzellanpuppen, Strümpfestricken, Häkeln
- rustikales Kaminzimmer
- Kunst- und Handwerkerausstellung im November
- **Tischlein deck' dich** • **Ziegenpeterservice** • Ab-Hof-Verkauf von Spargel, Marmelade, Kartoffeln, Wurst, Hähnchen, Rindfleisch • Reise-Regen-Bonus

Preise ab EUR

Wohneinheit	FeWo
Ü	30–85
qm	95
F, HP + VP	möglich

Gesamtzahl der Gästebetten: 16

Durchs Ems- und Heideland

25 Drewes-Hof

Inmitten der *Lüneburger Heide mit ihrer eigenwilligen Landschaft liegt ganz ruhig unter stattlichen alten Eichen der Heidehof* von Familie Dayen am Stadtrand von Soltau.
Auf dem Grundriss eines Heidjerhofes steht das Haus, in dem sich die gemütlichen und komfortablen Ferienwohnungen befinden, in denen sich der Gast wie zu Hause fühlt.
Nach Lust und Laune verbringen Jung und Alt ihren wohlverdienten Urlaub: Rad- und Wanderwege führen direkt über das weitläufige Hofgelände. Infos über viele weitere Ideen für interessante Ausflüge zwischen Hamburg und Hannover liegen in den Ferienwohnungen bereit. Die Kinder können auf dem Spielplatz toben oder Pony, Hunde, Katzen, Kaninchen und Heidschnucken mit Streicheleinheiten versorgen, während die

Land Selection
EUROPAS SCHÖNSTE FERIENHÖFE

Hilke und Aloys Dayen
Drewes-Hof
Im Dorfe 6
29614 Soltau-Tetendorf
Tel.: 0 51 91 - 38 38
Fax: 0 51 91 - 98 33 49
www.drewes-hof-soltau.de
drewes.Hof@t-online.de

Vollbewirtschafteter Ackerbaubetrieb am Ortsrand

- parkähnliche Hofanlage
- Rad- und Wanderkarten
- wöchentlicher Gästeabend mit hausgemachter „Heidjerkost" auf der Terrasse oder in urig eingerichteten Galtäumen
- Getränkeservice
- Ponyreiten, Streicheltiere
- Aktivitäten je nach Jahreszeit: z.B. Lagerfeuer, Laternenlauf
- reichliche Kleinkinderausstattung
- Spielraum
- Spiel- und Bolzplatz
- überdachte Tischtennisplatte
- Fahrradgaragen
- kleine Leihbücherei
- **Tischlein deck' dich**
- Ab-Hof-Verkauf von Heukränzen
- Kuren möglich
- Reise-Regen-Bonus
- besondere Angebote für die Vor- u. Nachsaison

Preise ab EUR

Wohneinheit	FeWo
Ü	39–79
qm	35–90

Gesamtzahl der Gästebetten: 40

Großen vielleicht einfach nur im Schatten der Bäume faulenzen. Und nebenbei ergeben sich immer wieder Hofgespräche, die oft genug mit schallendem Gelächter enden. Typische Heidjerkost gibt es beim wöchentlichen Gästeabend, wo auch das geschmackvolle Geheimnis um den Knipp gelüftet wird. Doch den Heidegeist lernt man erst kennen, wenn beim Klönschnack alle eng zusammengerückt sind.

Durchs Ems- und Heideland

26 Eichenhof

Eine Ahnung von „heiler Welt" kann einen schon beschleichen, wenn man den Eichenhof so beschaulich in seinem Wiesenbett ruhen sieht, beschützt von den mächtigen Kronen alter Bäume. Liebevoll gepflegte Gartenanlagen umgeben den schmucken Niedersachsenhof im Uelzener Hügelland, der in seinen komfortablen Gästezimmern und Appartements bis zu 60 Urlaubsgäste beherbergen kann und trotzdem noch genügend Rückzugsmöglichkeiten bietet. Draußen breitet sich die große Spiel- und Liegewiese aus; Minischwein Paula sorgt für Unterhaltung, Ponys und Kleintiere warten auf Streicheleinheiten, in den hofeigenen Teichen darf geangelt werden, und wer Petri Heil auf seiner Seite hat, kann seinen Fang abends stolz auf dem Grillfest präsentieren. Im Sommer wird frisch gebackener Kuchen im Garten serviert. Im Restaurant gibt es neben einer kleinen Vesperkarte täglich wechselnde Stammgerichte, und wenn Frau Braesel-Behn Kulinarisches aus der Riesenpfanne zaubert, sollte man sich auf jeden Fall eine Portion sichern. Auch bei Regen braucht man auf dem Eichenhof übrigens nicht zu verzweifeln: In der Sauna und im Solarium merkt man ohnehin nichts davon, die Tischtennisplatte ist überdacht, und im Kaminraum und in der Bar findet man jederzeit in geselliger Runde Trost und Zuspruch. Den braucht man, wenn die Heimreise naht!

Antje Braesel-Behn
Eichenhof
Eichenhof Nr. 2
29584 Himbergen
Tel.: 05828 - 8 80
Fax: 05828 - 8 81 35
www.hotel-pension-eichenhof.de
info@hotel-pension-eichenhof.de

Bauernhof in der Lüneburger Heide

- Kaffeegarten
- Bauernstuben
- Kaminzimmer mit Bar
- Essen aus der Riesenpfanne oder Grillen auf dem Hof
- Sauna, med. Massage im Haus
- Solarium
- Angelteich
- Ponyreiten
- Streicheltiere
- Fahrradverleih
- Baby und Kleinkinderausstattung
- Tischtennis
- Spielwiese
- **Ziegenpeterservice**
- **Tischlein deck' dich**
- **Gummistiefelverleih**
- Ab-Hof-Verkauf von Wurst und Eiern • Reise-Regen-Bonus

Preise ab EUR		
Wohneinheit	**App**	**Zimmer**
Ü	47–54	
Ü/F		33–58
HP	+ 21,50	+ 12,00

Gesamtzahl der Gästebetten: 60

Durchs Ems- und Heideland

27 Ferienhof Knoop

Gemütlichkeit und Komfort finden Urlauber direkt am Stadtrand von Celle. *Auf dem 1. Kneipp-Gesundheitshof im Celler Land können es sich große und kleine Gäste rundherum gut gehen lassen.* Der moderne Milchviehbetrieb der Familie Knoop weckt alle Sehnsüchte nach dem Leben auf dem Land. Kälber, Schweine, Hühner, Kaninchen gibt es zum Streicheln. Die Kinder reiten auf den Ponys oder der Norwegerstute Rena. Zum Spielen und Toben laden eine Schaukel, die große Sandkiste und ein bäuerliches Kinderhaus ein. Ballspiele und Fahrräder gibt es zum Ausleihen. Im historischen Gewölbekeller aus dem Jahr 1848 verbringen Genießer einen Teil ihres Champagner-Wochenendes, während die Gesundheitsbewussten am Schnupper-Kneippen teilnehmen. Für den Kurzurlaub am Wochenende bieten die Gastgeber immer wieder neue Attraktionen, sei es das Kultur- oder Erntewochenende, das Kräuterseminar oder das Einmal-Gar-Nichts-Tun-

Land Selection
EUROPAS SCHÖNSTE FERIENHÖFE

Ingrid und Jürgen Knoop
Ferienhof Knoop
Lachtehäuser Str. 28
29223 Celle-Altenhagen
Tel.: 0 51 41 - 93 04 00
Fax: 0 51 41 - 93 04 02
www.ferienhof-knoop.de
info@ferienhof-knoop.de

Ackerbau- und Grünlandbetrieb mit Milchkühen und Kälberaufzucht

- alter Eichenbestand
- Niedersachsenhaus mit hist. Gewölbekeller von 1848
- Bauern- Blumen- und Spielgarten
- ab 2004 Sauna- und Wellnessbereich,
- **Kneipp-Gesundheitshof**
- Fitnessgeräte
- Betriebsbesichtigungen
- gemeinsame Grillabende nach Absprache
- Wellness-Wochenende
- **Tischlein deck' dich**
- **Happy Birthday**
- **Ziegenpeterservice**
- ab-Hof-Verkauf von Kräuter- Körner- und Erbsenkissen, Marmelade und Wurst, Milch kostenlos
- Reise-Regen-Bonus

Wochenende. Terrassen, Kräuterecken mit Ruhebänken und der große Bauerngarten laden zum Erholen ein. Für kneippsche Anwendungen stehen Armbecken und Fußtretbecken zur Verfügung. Wem das Erlebnis auf dem Bauernhof nicht ausreicht, der findet in der Umgebung vielfältige Freizeitmöglichkeiten. Vom Angeln und Golfen bis zum Stadtbesuch von Celle.

Preise ab Euro

Wohneinheit	FeWo	Zimmer
Ü Frühstück	50-65 6	
Ü/F		25-30

Gesamtzahl der Gästebetten: 12

Durchs Ems- und Heideland

28 Hof Holthöfer

Mühlen prägen die Landschaft im nördlichen Teil des Kreises Minden-Lübbecke. *41 Wind-, Wasser-, Ross-, und sogar eine Schiffsmühle – einmalig in Deutschland – sind dort unter Denkmalschutz gestellt und restauriert und rekonstruiert worden.* Sie bilden miteinander die Westfälische Mühlenstraße. Dort liegt das kleine Dörfchen Hävern, das im Jahre 1198 erstmals urkundlich erwähnt wurde. Es zählt heute zu den am besten erhaltenen Bauerndörfern des Kreises. Dort – abseits vom Durchgangsverkehr und in direkter Nähe zur Weser – liegt der Hof der Familie Holthöfer unmittelbar am Naturschutzgebiet Weseraue. Mit viel Liebe wurden die ehemaligen Wirtschaftsgebäude in eine komfortable Ferienwohnung und ein Ferienhaus umgewandelt und mit rustikalen Landhausmöbeln eingerichtet. Hier genießen die Erwachsenen Ruhe und Erholung und die Kinder haben Platz zum Spielen und Toben. Das Wohlbefinden ihrer Gäste ist der Familie Holthöfer sehr wichtig. Sie organisiert gern gemeinsame Grill-

Land Selection
EUROPAS SCHÖNSTE FERIENHÖFE

Familie Holthöfer
Hof Holthöfer
Häverner Ring 15
32469 Petershagen
Tel.: 0 57 07 - 9 58 36
Fax: 0 57 07 - 9 58 37
www.holthoefer-haevern.de
hofholthoefer@t-online.de

Bauernhof mit Pferden und alten Haustierrassen

Silbermedaille im Landeswettbewerb „Unser Dorf hat Zukunft 2003"

- Gastpferdeboxen
- Fahrradverleih
- Tischtennis
- Angeln
- Spielplatz
- Streicheltiere
- geführte Wanderungen auf Wunsch
- Planwagenfahrten
- Kanufahren auf der Weser
- auf Wunsch Grillabende
- ideal für Radwanderungen
- viele Sehenswürdigkeiten in der Nähe
- Ab-Hof-Verkauf von Eiern
- Badesee in 1,5 km

abende oder auch geführte Wanderungen und Planwagenfahrten. Die Landschaft um Hävern mit ihren vielen Baggerseen lädt zu ausgedehnten Radwanderungen und die nahe Weser zu Kanufahrten ein. Die Gastgeber sind ehrenamtliche Fährleute der ab 2003 bestehenden Fährverbindung für Radfahrer zwischen Hävern und Windheim. Im Rahmen eines Dorfprojektes erfolgt die Umstellung des Hofes zum „Arche-Hof" für vom Aussterben bedrohte Haustierrassen.

Preise ab EUR

Wohneinheit	FeHs	Fewo
Ü/Woche	400	290-330
qm	75	70-87

Gesamtzahl der Gästebetten: 14

Bauernhof-Cafés

☕ Café „Moorblick"
Tungerstraße, 26629 Großefehn,
Tel. 0 49 43/9 12 0 91
Öffnungszeiten: Di. bis Sa. ab 14.30 Uhr,
sonntags ab 10 Uhr, Ostfriesischer Tee
auf Stövchen

☕ Landcafé Neumann
Wiefelssteder Straße 12,
26160 Bad Zwischenahn,
Tel. 0 44 03/5 96 79,
Öffnungszeiten: täglich ab 9.30 Uhr,
sonntags ab 10 Uhr, Stuten nach
Urgroßmutters Rezept

☕ Bauernhofcafé Janßen
Pantienweg 6, 26180 Rastede,
Tel. 0 44 02/8 38 70,
Öffnungszeiten: täglich 14 bis 19 Uhr
(im Winter bis 18 Uhr, montags Ruhetag)

☕ „Unter den Eichen"
Hauptstraße 85, 26689 Apen-Tange,
Tel. 0 44 99/17 75,
Öffnungszeiten: täglich 14 bis 18 Uhr,
Schwarzbrot aus eigener Herstellung

☕ „In't Hürhus"
Mehringen 19 a, 48488 Emsbüren,
Tel. 0 59 03/24 96,
Öffnungszeiten: Do bis Sa 14 bis 19 Uhr
und nach Vereinbarung, Speisekarte in
Plattdeutsch

☕ Meulsteg Hebel
Hebel 28, 49733 Haren/Ems,
Tel. 0 59 32/24 96,
Öffnungszeiten: 15 bis 22 Uhr,
Do: Ruhetag, Gruppen auf
Anmeldung

☕ Hiebing
Haus Landegge,
49733 Haren

☕ Imelda's Stubencafé
Dalinghausen 112, 49401 Damme,
Tel. 0 54 91/78 10,
Öffnungszeiten: Di u. Mi ab 14 Uhr, Sa
u. So ab 14 Uhr u. nach Vereinbarung

☕ Elbings Backhaus Café
Vehser Straße 7, 49635 Badbergen,
Tel. 0 54 33/2 79,
Öffnungszeiten: Mi bis So 14 bis
18 Uhr, Gruppen nach Vereinbarung,
Backhaus mit altem Backofen

☕ Hof Uffenbeck
Borgholzhausener Straße 170,
49326 Melle-Küingdorf,
Tel. 0 54 28/12 47,
Öffnungszeiten: freitags 18 bis 22 Uhr,
samstags 14.30 bis 22 Uhr, sonn- u.
feiertags 10 bis 22 Uhr, wochentags auf
Anmeldung, Frütücksbüffet

☕ Sitter Landcafé
Sitter Weg 3-5, 49593 Ahausen-Sitter,
Tel. 0 54 62/19 01,
Öffnungszeiten: Mi u. Do, Sa u. So
14 bis18 Uhr

☕ Höfener Bauerncafé
Höfen 13, 31600 Uchte
Tel. 0 57 63/15 90
Öffnungszeiten: Do bis So 14 bis 18 Uhr
und nach Vereinbarung
www.hoffrien.de
info@hoffrien.de

---

*Die **Pferdeköpfe als Giebelkreuze** auf den Niedersachsenhäusern sind Schutz- und Wahrzeichen mit dem Sinn, dass Unglück vom Haus und der Bauernfamilie abgewendet wird.*

„Moin, moin" – *das ist der auf dem Lande im nordwestdeutschen Raum übliche Gruß, der zu allen Tages- und Nachtzeiten gilt.*

Kulturdenkmäler

🏰 **1000-jährige Eiche**
Heed-Emstal

🏰 **Bourtanger Moor**
Festung in den Niederlanden

🏰 **Hünensteine**
4 000 Jahre alte germanische Grabanlage, 49577 Eggermühlen

🏰 **Hahnenmoor**
in Renaturierung befindliches Moorgebiet

🏰 **Großes Uchter Moor**

Freilichtmuseen

🏠 **Mühlen-Agrarmuseum**

🏠 **Museum und Park Kalkriese**
Venner Str. 69, 49565 Bramsche, Tel. 0 54 68/9 20 40, Fax. 0 54 68/9 20 45

🏠 **Emsland-Moormuseum**
Groß Hesepe, Gestmoor 6, 49744 Geeste, Tel. 05937/18 66, Öffnungszeiten: täglich außer montags 9 bis 18 Uhr

🏠 **Museumsdorf Cloppenburg**
Niedersächsisches Freilichtmuseum 49661 Cloppenburg, Tel. 04471/25 04, Öffnungszeiten: 1. März bis 31. Okt. werktags 8 bis 18 Uhr, sonn- und feiertags 9 bis 18 Uhr; 1. Nov. bis 28. Februar werktags 8 bis 17 Uhr, sonn- u. feiertags 10 bis 17 Uhr. Auf 15 Hektar ist hier ein komplettes niederdeutsches Dorf aus dem 16. Jahrhundert aufgebaut, eines der wohl größten deutschen Freilichtmuseen mit Bauernhäusern, Speichern, Windmühlen und Scheunen

🏠 **Traktoren- und Landmaschinenmuseum**
Melle-Buer, Tel. 0 54 27/16 36, Öffnungszeiten: jeden 1. Sonntag im Monat von 10 bis 16 Uhr

🏠 **Heimatmühle a. d. Egger**
Tel. 0 54 62/7 42 11

Bauerngärten

🌼 **Museumsdorf Cloppenburg**
historische Bauerngärten nach überlieferten Vorbildern,
Tel. 04471/1-52 56

🌼 **Schloss Altenkamp**
Aschendorf-Hümmling

🌼 **Jagdschloss Clemenswerth**
Klostergarten

🌼 **Ter Apel. Niederlande**
Klostergarten

🌼 **Landhausgarten Brootshof**
(privat, mit Anmeldung)

🌼 **Freie Kunstakademie Maiburg**

🌼 **Schloss Ippenburg Bad Essen**

🌼 **Schlosspark Bückeburg**

Das Münsterland und der Teutoburger Wald

Das Münsterland

Zwischen Teutoburger Wald, Niederlande und Ruhrgebiet liegt das Münsterland, eine grüne parkartige Landschaft, die auf besondere Weise zur Erholung einlädt. Hier sind es weder Berge noch Meer oder Seen, die den Urlaubswert ausmachen. Landschaftlich reizvoll und erholsam für die Seele ist gerade die flache Ausdehnung von Wiesen, Feldern und Äckern, von Wäldern, Heideflächen und Mooren. Hinter Windschutzhecken und Baumgruppen lockern behäbige Höfe das Bild auf.

Dieses dünn besiedelte Bauernland ist ein Paradies für Radfahrer. Auf 8000 Kilometern bestens ausgeschilderten Haupt- und Nebenwegen, den sogenannten Pättkes, kann das Mün-

		29				**Hannover**
			30			**Hildesheim**
			Münster	Bielefeld		Salzgitter
			31	**32**		
	Gelsen-kirchen	Recklinghausen				
Duisburg	Essen	Bochum	Dortmund		Paderborn	**33**
Krefeld	Mülhm. Düsseldorf		Hagen			**34**	Göttingen
		Wuppertal Solingen				
	Leverkusen				Kassel	
	Köln					

sterland durchradelt werden. Neben der Entdeckung der Natur sind die über 180 Burgen und Wasserschlösser lohnende Etappenziele und für viele der Inbegriff des Münsterlandes.

Dazu gehören touristische Highlights wie das **Schloss Nordkirchen**, das größte und bedeutendste Wasserschloss Westfalens. Es wird nicht zuletzt aufgrund seiner prächtigen Parkanlage oft als „Westfälisches Versailles" bezeichnet. Als Pendant dazu präsentiert sich im benachbarten Lüdinghausen die **Burg Vischering**, eine Vorzeigeburg mit Ausstellungen, Konzerten und Museumsfest.

Viele Schlösser und Burgen liegen in sehenswerten Städten, so dass sich die Reise dorthin doppelt lohnt, so zum Beispiel in **Ahaus**, **Drenssteinfurt**, **Steinfurt** oder **Senden**. Einblicke in das Leben der Annette von Droste-Hülshoff geben das **Schloss Hülshoff** in Havixbeck bei Münster und der Gutshof **Haus Rüschhaus** bei Nienberge. Im Schloss Hülshoff wurde die berühmte westfälische Dichterin 1797 geboren, das Rüschhaus war ihr späterer Wohnsitz.

In **Dülmen** gesellt sich zum obligatorischen Schloss ein weiteres Aushängeschild des Münsterlandes, die Pferdebegeisterung. Hier lebt die letzte Wildpferde-Herde Europas. Die Hochburg für Pferdezucht und Pferdesport ist **Warendorf**, Zentrum der Springreiterei und Schauplatz alljährlicher Hengstparaden im Herbst. Wer selbst Spaß an der Reiterei hat, findet auf jedem Hof Pferde.

Manche LandSelection-Höfe bieten sogar Reitunterricht für Groß und Klein an. Weniger sportlich und in gemütlichem Tempo lässt sich die Gegend bei einer Planwagen- oder Kutschenfahrt erleben.

Ganz gleich, welcher Hof als Urlaubsdomizil ausgewählt wurde, das im Zentrum der Region liegende **Münster** ist von allen Seiten schnell erreicht. Die Bischofs- und Universitätsstadt am Aasee ist eine der schönsten Städte Deutschlands: Mittelalterliche Kirchen, allen voran der Dom aus dem 12. Jahrhundert, Bürgerhäuser und Adelshöfe sowie der Prinzipalmarkt mit dem berühmten Rathaus haben ihren Anteil daran. Auch in Münster gehören Fahrräder und Radwege zum Stadtbild. So hat der Besucher die einmalige Möglichkeit, die Sehenswürdigkeiten einer Stadt gemütlich per Rad zu erkunden.

Der Teutoburger Wald

Wem das Münsterland zu platt ist, der nimmt ein wenig weiter östlich Quartier: von Osnabrück über Bielefeld, Detmold bis hinter Paderborn erstrecken sich die Bergketten des Teutoburger Waldes. Im Süden gehen sie in das Eggegebirge über. Mäßige Steigungen und viele hundert Kilometer gekennzeichneter Wanderwege machen das Gebiet zu einer idealen Wanderlandschaft. Zahlreiche Heilquellen und günstige klimatische Bedingungen sind der Grund für die Anhäufung von Kurorten wie **Bad Oeynhausen**, **Bad Salzuflen** und **Bad Lippspringe**.

Spektakuläre Landschaftsformationen und Erinnerungen an die römisch-germanische Geschichte sind einzigartige Ausflugsziele dieser Gegend. So locken die **Externsteine** bei Horn-Bad Meinberg, eine knapp 40 Meter hohe, malerische Felsengruppe, jährlich viele Besucher an. Gleiches gilt für das monumentale **Hermannsdenkmal** in der Nähe von Detmold. Es ruft die siegreiche Schlacht der Germanen gegen die Römer im Jahre 9 n. Chr. ins Gedächtnis. Außerdem ermöglicht der über 50 Meter hohe Koloss einen atemberaubenden Blick auf die waldreiche Umgebung.

Zu den reizvollsten Städten dieser Gegend gehören **Lemgo** und Detmold. Lemgo, die älteste Stadt des Lipper Landes, zeichnet sich durch ein wunderschönes, größtenteils von der Renaissance geprägtes Stadtbild mit vielen außergewöhnlichen Gebäuden und Fassaden aus. Im Museum der Weserrenaissance im benachbarten **Schloss Brake** kann man auf anschauliche Weise lernen, was es mit dieser Stilepoche auf sich hat.

Die alte Residenzstadt **Detmold** ist die ehemalige Hauptstadt des Fürstentums Lippe. Vor allem ihre Altstadt und das ehemalige fürstliche Schloss laden zu einem gemütlichen Rundgang ein. Südlich von Detmold befindet sich das **Westfälische Freilichtmuseum**. Es ist das größte seiner Art in Deutschland, zeigt voll eingerichtete Bauernhäuser verschiedener westfälischer Landschaften und sogar ein ganzes Paderborner Dorf. Im Ortsteil **Berlebeck** wartet ein weiterer Superlativ, die gleichnamige Adlerwarte. Sie ist die größte und älteste Greifvogelwarte Europas mit über 80 Greifvögeln aus aller Welt.

Das Münsterland und der Teutobur

29 Ferienhof Laurenz

Berühmte Wasserburgen und -schlösser und verträumte Dörfer und Städtchen mit alten Kirchen kennzeichnen das Münsterland. Ganz im Westen, dicht an der Grenze zu den Niederlanden, liegt der Ferienbauernhof der Familie Laurenz. Im ehemaligen Stallgebäude liegen die rustikal ausgestatteten Ferienwohnungen, die – passend zur Lage am Waldrand – „Eiche", „Buche", „Ahorn", „Kastanie" „Lärche" und „Fichte" heißen. Aber ein besonderes Ambiente für den sanften Schlaf bietet das Heuhotel: Oben sauberes, herrlich duftendes Heu und unten die sanitären Anlagen und ein großer Aufenthaltsraum. Noch aufregender als eine Nacht im Heu sind für die Kinder höchstens noch die Ponys. Im Bauerncafé wird ein köstliches Frühstück serviert: Das Brot ist selbst gebacken, die Eier von den Hühnern frisch gelegt und das saftige Obst

ger Wald

Land Selection
EUROPAS SCHÖNSTE FERIENHÖFE

Margret Laurenz
Bauernhofcafé und
Margrets Bauernlädchen
Am Fürstenbusch 20
48599 Gronau
Tel.: 0 25 62 - 31 00
Fax: 0 25 62 - 9 72 64
www.ferienhof-laurenz.de
info@ferienhof-laurenz.de

Ferienhof mit Heuhotel in Einzellage mit Kühen, Pferden, Schweinen und Kleintieren

kommt direkt aus dem Bauerngarten auf den Tisch. Und wenn abends nach einer Radtour oder einem Ausritt der große Hunger kommt, gibt es eine deftige Schinkenplatte. Und bevor man wieder heimfährt, sollte man sich in Margrets Bauernlädchen unbedingt mit Marmeladen, Hausmacher-Wurst, Eiern und vielen weiteren Leckerbissen eindecken. Auf dem Ferienhof Laurenz gibt's keine Hektik und keine Hetze, dafür aber viel Ruhe für die wohlverdiente Erholung vom Alltag. Ferienwohnungen 4, Zimmer 3 Sterne.

- Bauernhofcafé • Heuhotel
- münsterländische Küche mit vielen selbst erzeugten Produkten • Brotbacken
- gemeinsame Fahrradtouren
- Grillabende
- Gastpferdeboxen
- Kutschfahrten
- Kindergeburtstagsfeiern möglich
- Spielplatz • Streicheltiere
- Aufenthaltsraum
- **Ziegenpeterservice**
- Ab-Hof-Verkauf diverser Produkte in Margrets Bauernlädchen
- Badesee in 2 km

Preise ab EUR		
Wohneinheit	FeWo	Zimmer
Ü	46–64	23
qm	56–63	

Schlafen im Heu 13 inkl. Frühst.
Kinder Ermäßigung ab 8,50
Gesamtzahl der Gästebetten: 28

Das Münsterland und der Teutobur

30 Ponyhof Georgenbruch

Welches Kind träumt nicht davon, *die Eltern endlich einmal zu Hause zu lassen, die Schule für eine Weile zu vergessen* und die Ferien auf dem Pferderücken zu verbringen?

Der Ponyhof Georgenbruch im münsterländischen Kreis Warendorf macht's möglich. 90 Ponys und andere Tiere warten hier auf die jungen Gäste.
Für die Dauer seiner Ferien hat jedes Kind ein eigenes Pony, das geritten und gestreichelt, aber auch gefüttert und gepflegt werden will. Jeden Tag gibt es zwei Stunden Reitunterricht oder es geht ab durch die Wälder, über Wiesen und Felder. Auch Sportsfreunde kommen auf ihre Kosten und Märchenstunden, Spielenachmittage und tolle Feten lassen an Schlechtwettertagen keine Langeweile aufkommen, und sicher ist auch einmal Zeit für einen Besuch im Abenteuerbad.
Mag auch anfangs manchmal Heimweh aufkommen: Am Ende sind die Ferien auf dem Ponyhof Georgenbruch dann doch immer viel zu kurz.

ger Wald

Land Selection
EUROPAS SCHÖNSTE FERIENHÖFE

Micaela und Clemens-August
Schulze-Zurmussen
Ponyhof Georgenbruch
Müssingen 25
48351 Everswinkel
Tel.: 0 25 82 - 12 16
Fax: 0 25 82 - 90 25 85
www.Ponyhof-
Georgenbruch.de
info@Ponyhof-
Georgenbruch.de

Ponyhof in Einzellage – Nur für Kinder! –

- Ponyferien für 7- bis 14-jährige Kinder und Jugendliche
- 90 Ponys und Kleinpferde
- Reithalle und -platz je 20 x 40, Springplatz 55 x 65 m
- Reiterspiele • kleine Turniere
- Geländeritte • Reitunterricht
- Märchenstunden
- Wanderungen • gemeinsame Ausflüge • Spielenachmittage
- Feten (z.B. Silvesterparty)
- Lagerfeuer • im Winter: Schlittschuhlaufen auf eigenem See
- Tiere zum Anfassen
- weitläufiges Hofgelände
- geeignet auch für behinderte Kinder
- für ungefähr 6 Kinder steht eine Betreuungsperson zur Verfügung
- vegetarische Verpflegung möglich

Preise ab EUR

Wohneinheit	Zimmer
VP (4 Mahlzeiten, 2 Reitstunden, Betreuung inkl.)	55

Gesamtzahl der Gästebetten: 55

Das Münsterland und der Teutobur

31 Ferienhof Bettmann

Das Münsterland ist eine der ältesten Kulturlandschaften Deutschlands. *Weite Getreideflächen und bewaldetes Hügelland bestimmen das Bild und prägen die Menschen, die hier leben.* Immer noch liegen Bauernhöfe und Herrenhäuser weit verstreut im grünen Meer der Wiesen und Wälder, immer noch gehen die Bauern mit ruhiger, ausdauernder Zielstrebigkeit ihrer Arbeit nach.
Auf dem Ferienhof Bettmann inmitten der schönsten münsterländischen Parklandschaft können Sie dieser besonderen Lebensart auf die Spur kommen. Die Gästezimmer mit ihren Deckenbalken aus Eichenholz und den schönen alten Möbeln verströmen Wärme und Gemütlichkeit. Die Küche bietet aus dem großen Gemüsegarten und aus der eigenen Hausschlachtung westfälische Spezialitäten und deftige, abwechslungsreiche Haus-

ger Wald

Land Selection
EUROPAS SCHÖNSTE FERIENHÖFE

Familie Bettmann
Ferienhof Bettmann
Beesen Nr. 4
59320 Ennigerloh
Tel.: 0 25 24 - 21 40
Fax: 0 25 24 - 46 61
www.Ferienhof-Bettmann.de
Ferienhof.Bettmann@t-online.de

Vollbewirtschafteter Bauernhof in Einzellage mit Rindern und Schweinen

mannskost nach alten und neuen Rezepten. Auch Diätwünsche werden bei Bettmanns gerne erfüllt.
Im Garten kann man unter Schatten spendenden Bäumen die Ruhe genießen und sich Stallgeruch um die Nase wehen lassen, während die Kinder das Hofgelände erkunden. Und die gelassene, natürliche Freundlichkeit der Gastgeber sorgt dafür, dass man sich wie zu Hause fühlt.

- großzügige Hof- und Gartenanlage
- Stoffdruck, Kränze binden, Kerzen herstellen
- westfälische Spezialitäten mit vielen eigenen Produkten, Schonkost möglich
- Kaminabende
- Kindergeburtstagsfeiern möglich • Kutschfahrten • Reiten
- Go-Cart-Rennen
- Bolzplatz • Planschbecken
- Spielplatz • Spielzimmer
- Büchersammlung • Radwanderkarte • viele Tiere zum Anfassen
- Kaninchen füttern
- Kinderbetreuung stundenweise möglich
- Badesee in 17 km
- Reise-Regen-Bonus

Preise ab EUR

Wohneinheit	Zimmer	qm
ÜF/P	24	15-20
HP/P	29,80	
VP/P	34	
Kinderpreise		

Gesamtzahl der Gästebetten: 30

Das Münsterland und der Teutobur

32 Kaiser's Hof

„Die schönste Sackgasse von Lippe", so nennt sich stolz das kleine *Dorf Bellenberg, das sich am Ende eines Tals an die waldigen Hügel des Lippischen Berglandes schmiegt.*
Hier liegt Kaiser's Hof mit seinen geräumigen, stilvollen Ferienwohnungen. Weit und einladend öffnet sich die Hofanlage aus dem vorigen Jahrhundert dem Blick des Besuchers. Die herzliche Art von Familie Kaiser, die persönliche Atmosphäre und nicht zuletzt der üppige Garten und die Holzbank unter der riesigen alten Linde verheißen beschauliche Urlaubstage – auch wenn gerade einer der kleinen Gäste mit dem Kett-Car über den Hof rattert und in durchaus friedlicher Absicht ein aufgeschrecktes Huhn verfolgt. Es könnte schwierig werden, die Kinder von den vielen Tieren und Spielsachen je wieder fortzulocken.
Trotzdem: Wenn man schon mal hier in der Gegend ist, sollte man sich auch die Externsteine, die Adlerwarte, das Hermannsdenkmal und viele weitere Ausflugsziele nicht entgehen lassen. Und egal, wie das Rennen zwischen dem Huhn und dem Dreikäsehoch ausgeht: Auf Kaiser's Hof findet jeder sein Lieblingsplätzchen, zu dem er schließlich gerne zurückkehrt.

ger Wald

Land Selection
EUROPAS SCHÖNSTE FERIENHÖFE

Martina und Manfred Kaiser
Kaiser's Hof
Bellenberg – Tiefer Weg 2
32805 Horn-Bad Meinberg
Tel.: 0 52 34 - 58 75
Fax: 0 52 34 - 6 94 39
www.kaisers-hof.de
fewokaisershof@t-online.de

Ferienhof im Ort mit Rinder- u. Schweinehaltung

- Bauerngarten
- Grill- und Lagerfeuerabende
- große Spieltenne
- gemeinsame Wanderungen
- Streicheltiere
- Kinderfahrzeuge
- Spielplatz
- Kinderbetreuung möglich
- **Tischlein deck' dich**
- Ab-Hof-Verkauf von diversen Nahrungsmitteln aus eigener Produktion im Hofladen

Preise ab EUR

Wohneinheit	FeWo
Ü	42–95
qm	38–80

Gesamtzahl der Gästebetten: 14

103

Das Münsterland und der Teutobur

33 Bauernhof-Pension Wüllner

Im Tal der Nethe, eingebettet in die *grüne Wald-, Hügel- und Auenlandschaft des Weserberglandes,* liegt die historische Ortschaft Amelunxen, die stolz auf eine mehr als tausendjährige Geschichte zurückblickt. Aus nicht ganz so grauer Vorzeit, doch immerhin aus dem Jahre 1767 stammt das ursprüngliche Bauernhaus der Familie Wüllner in Amelunxen. In den 60er Jahren wurde es abgebaut und im Freilichtmuseum Detmold Stein für Stein wieder aufgebaut. An seiner Stelle wurde ein neues Bauernhaus am Ortsrand errichtet, das heute moderne Gästezimmer beherbergt. Die Anlegestellen der Weser-Ausflugsdampfer liegen fast vor der Tür, Hermannsdenkmal und Externsteine sind lohnende Ziele für einen Tagesausflug. Bei der

ger Wald

Land Selection
EUROPAS SCHÖNSTE FERIENHÖFE

Arnim Wüllner
Bauernhof-Pension Wüllner
Am Bastenberg 1
37688 Beverungen-Amelunxen
Tel.: 0 52 75 - 6 64
Fax: 0 52 75 - 85 79
www.bauernhof-wuellner.de
info@bauernhof-wuellner.de

Bauernhof am Ortsrand mit Mutterkühen, Schweinen und Federvieh

• zwei gemütliche Aufenthaltsräume mit Bar • bürgerliche Küche mit eigenen Erzeugnissen, auch für die Gäste der Ferienwohnung • Glühweinabende und gemeinsames Kaffeetrinken • Sauna • viele Tiere zum Anfassen • Spielplatz mit großem Sandsee und Kletterhaus • Spielzimmer • Weideniglu • Kutschfahrten • Treckerfahrten • Fahrradtourenvorschläge • Gastpferdebox • gem. Spaziergänge m. Pferd • Grillabend m. Stockbrot backen • **Ziegenpeterservice** • **Tischlein deck' dich** • Ab-Hof-Verkauf von Dosenwurst, Eiern und Fleisch aus der eigenen Zucht • Freizeitsee in 3 km • Reise-Regen-Bonus • Wassertretbecken u. Lebensgarten im Ort

Preise ab EUR

Wohneinheit	FeWo	Zimmer
Ü	37–52	24,5–32,5
Kinderermäßigung, bis 3 J. frei		
qm	40–65	15–25

Gesamtzahl der Gästebetten: 20

Verpflegung darf sich der Gast auf gutbürgerliche oder vegetarische Menüs freuen, die Herr Wüllner größtenteils selbst zubereitet und für die er natürlich auch Köstlichkeiten aus dem eigenen Garten und der Landwirtschaft verwendet. Drei Generationen leben auf dem Bauernhof und lassen sich auch gerne mal bei ihrem Alltag zuschauen – und die Kinder der Familie Wüllner freuen sich schon jetzt auf neue Freunde.

Das Münsterland und der Teutobur

34 Rittergut Burg Borgholz

Im waldreichen Oberwälder Land im Osten Westfalens liegt das Hofgut Burg Borgholz. Die Atmosphäre ist von der alten Burganlage geprägt, in der sich auch die großzügigen Ferienwohnungen befinden. In der weitläufigen geschlossenen Anlage können Kinder sich gefahrlos austoben und den Geheimnissen der Ritter nachspüren, und auch die Eltern finden hier jederzeit ein ruhiges Plätzchen unter alten Kastanien. Wie es sich für eine Ritterburg gehört, leben am Hof außer einer Vielzahl von Streicheltieren natürlich auch Pferde und Ponys, und Reitunterricht gibt's

ger Wald

Land Selection
EUROPAS SCHÖNSTE FERIENHÖFE

Margret und Heinrich Möltgen
Rittergut Burg Borgholz
34434 Borgentreich/
    Borgholz
Tel.: 0 56 45 - 2 13
Fax: 0 56 45 - 2 48
www.bauernhofurlaub.com/
hoefe/burg-borgholz.htm

Rittergut in Einzellage mit Ackerbau, Wald und Pferden

- Reitunterricht
- Geländeritte
- Reithalle
- Gastpferdeboxen
- Hippotherapie
- Praxis für Physiotherapie
- Sauna
- Angeln
- Wildbeobachtung
- Spielscheune und -platz
- Planschbecken
- Streicheltiere
- **Ziegenpeterservice**
- **Tischlein deck' dich**
- Ab-Hof-Verkauf von Himbeeren, Erdbeeren und Spargel

in der Reithalle und auf dem Platz. Ritterliche Tugenden wie Sportlichkeit und Fairness lassen sich außerdem auf den angrenzenden Tennisplätzen erproben. Bei schönem Wetter kann man Rehwild, Füchse und Waschbären in den zum Hofgut gehörenden Wäldern beobachten oder das nahe gelegene mittelalterliche Städtchen Warburg besichtigen. Und dank der interessanten Museen der Gegend, dank der großen Spielscheune für Kinder, der Sauna im Keller der Burg und der hauseigenen Praxis für Physiotherapie mag manchem Urlauber auch der eine oder andere Regentag vielleicht nicht ganz ungelegen kommen.

Preise ab EUR	
Wohneinheit	**FeWo**
Ü	35–59
qm	60–110
Gesamtzahl der Gästebetten: 36	

Bauernhof-Cafés

☕ **Bauerncafé Dieckmann**
Isendorf 49, 48282 Emsdetten,
Tel. 0 25 72/76 92,
Öffnungszeiten: täglich ab 15 Uhr,
sonntags ab 10.30 Uhr, Ruhetag Mo/Di
(im Jan./Febr. geschlossen)

☕ **Holtkamp's Deele**
Bocketaler Straße 158,
49479 Ibbenbüren, Tel. 0 54 51/8 88 11
Öffnungszeiten: täglich 14.30 bis 20 Uhr,
Sa. 14 bis 20 Uhr, So. 10 bis 20 Uhr,
Ruhetag Montag/Freitag (23.12. bis
21.1. geschlossen)

☕ **Café Haus-Waldfrieden**
Tanneweg 30,
49525 Lengerich, Tel. 0 54 84/2 68,
Öffnungszeiten: täglich mit Voranmeldung, Samstag 14.30 bis 18.30 und
Sonntag 14 bis 18.30 Uhr

☕ **Dillman's Speichercafé**
Kirchbauerschaft 18, 48356 Nordwalde, Tel. 0 25 73/6 45, Öffnungszeiten:
täglich 14 bis 18 Uhr, Sa/So 10 bis 18
Uhr, Ruhetag Mo/Di, Hofladen

☕ **Bauernkunststube
Haus Veltrup**
Uhlandstraße 19, 48565 Steinfurt,
Tel. 0 25 51/54 30,
Öffnungszeiten: täglich ganztägig
(Mo/Di Ruhetag), Dichterlesungen

☕ **Bauernhof-Café Laurenz**
Am Fürstenbusch 20, 48599 Gronau,
Tel. 0 25 62/31 00, Fax. 0 25 62/9 72 64,
Öffnungszeiten 14 bis 19 Uhr, jeden
Sonntag Frühstück von 10 bis 12 Uhr,
Hofladen

☕ **Mia's Backhaus**
Büren 20, 48712 Gescher,
Tel. 0 25 42/15 08,
Öffnungszeiten: täglich 10 bis 19 Uhr
(Montag Ruhetag), Pfannkuchen,
rustikale Büffets, Hofladen

☕ **Bauernhofcafé Tacke**
Bökenholt 1, 46359 Heiden,
Tel. 0 28 67/85 07,
Öffnungszeiten: täglich 14 bis
18.30 Uhr, Sa/So 11 bis 18.30 Uhr
(Ruhetag Montag)

☕ **Vennekenhof**
Vennekenweg 29, 46348 Raesfeld,
Tel. 0 28 65/4 47,
Öffnungszeiten: 14 bis 19.30 Uhr,
Sa/So 11 bis 19.30 Uhr (Januar geschlossen), Hofladen

☕ **Café – Gute Stube**
Fischediek 123, 46342 Velen,
Tel. 0 28 63/9 28 90, Öffnungszeiten:
täglich 14 bis 21 Uhr, Sa 11 bis 21
und So 10 bis 21 Uhr, Hofladen

☕ **Nostalgie-Café**
Große Hellmann, Brock 7,
48308 Bösensell, Tel. 0 25 36/54 11 40,
Fax 0 25 36/34 11 41,
Öffnungszeiten: samstags, sonn- und
feiertags 15 bis 18 Uhr

☕ **Bauernhofcafé
Barenbrügge-Richter**
Hegerort 48, 45721 Rosendahl-
Holtwick, Tel. 0 25 66/16 39,
Öffnungszeiten: täglich 14 bis 19 Uhr,
Sa/So 10 bis 19 Uhr (Ruhetag Donnerstag), Kindergeburtstage auf dem Bauernhof

☕ **Bauernhofcafé Schulze-Relau**
Heidegrund 81, 48159 Münster,
Tel. 02 51/21 37 33,
Öffnungszeiten: täglich 13.30 bis
18 Uhr (Mo/Di Ruhetag), Biergarten

„Guot goahn" sagt der Münsterländer auf dem platten Lande, was soviel heißt wie „Es möge Ihnen (Dir) gut gehen!" – familiär, gesundheitlich und beruflich.

Kulturdenkmäler

Naturschutzgebiet
Lehr- und Erlebnispfad Emsdettener Venn, 48282 Emsdetten,
Tel. 0 25 72/9 30 70 oder 8 82 14

Vogelpark Metelener Heide
48629 Metelen, Tel. 0 25 56/89 22

Wildpferdegehege im Merfelder Bruch
(rund 300 Wildpferde im Bestand), 48249 Dülmen, Tel. 0 25 94/96 30 oder 0 28 61/93 92 52,
Öffnungszeiten: 1. März bis 1. November an Wochenenden und Feiertagen 10 bis 18 Uhr

Naturschutzgebiet Kranenmeer
46359 Heiden, Tel. 0 28 67/97 73 12

Freilichtmuseen

Freilichtmuseen
Falkenhofmuseum, 48431 Rheine,
Tel. 0 59 71/92 06-0,
Fax 0 59 71/92 06-14

Mühlenhof-Freilichtmusem Münster-Aasee
Sentruper Höhe, Münster,
Tel. 02 51/8 20 74,
Öffnungszeiten: 15.3. bis 30.11. täglich 9 bis 17 Uhr, 1.12. bis 14.3. werktags 13.30 bis 16.30 Uhr, sonn- u. feiertags 11 bis 16.30 Uhr

Hamalandmuseum
Vreden

Torfmuseum/Kutschenwagen und Westfälisch-Niederländisches Imkermuseum
48712 Gescher, Tel. 0 25 42/9 80 11

Traktorenmuseum in Westerkappeln Lotter Str. 20, Westerkappeln, Tel. 0 54 04/17 85, Öffnungszeiten: Mai bis September, 14 bis 19 Uhr, samstags, sonn- und feiertags 9 bis 12 und 14 bis 19 Uhr

Westfälisches Freilichtmuseum
Detmold (80 ha Freigelände),
Tel. 0 52 31/70 61,
Öffnungszeiten:1.4 bis 31.10. täglich außer montags 9 bis 18 Uhr

Archäologisches Freilichtmuseum Oerlinghausen, Tel. 0 52 02/22 21

Weser-Renaissance-Museum
Lemgo, Tel. 0 52 61/9 45 01

Westfälische Mühlenstraße im Kreis Minden-Lübbecke
Minden, Tel. 05 71/80 71

Traktoren- und historische Landmaschinen-Sammlung „Grönegau-Buer"
Melle-Buer (bei Osnabrück),
Tel. 0 54 27/16 36

Bauerngärten

Kreislehrgarten Steinfurt – Mustergarten zeitgemäßer Gartenbaukultur
48565 Steinfurt, Tel. 0 25 51/13 83

Botanischer Garten
49479 Ibbenbüren,
Tel. 0 54 31/50 04 67

Westfälisches Freilichtmuseum
Detmold, u. a. Garten des Gräftenhofes
Tel. 0 52 31/70 61
Der Bauerngarten war in früherer Zeit zuallererst ein „Versorgergarten", diese Funktion war lebenswichtig.

Vom Sauerland ins

Das Sauerland

Bewaldete Berge und idyllische Täler, gewundene Flüsse und große Stauseen, schwarzweiße Fachwerkdörfer, das sind einige der wichtigsten Attribute des Sauerlandes. Die vielfältigen Freizeit- und Erholungsmöglichkeiten zu jeder Jahreszeit haben das Mittelgebirge zwischen Ruhrgebiet und Hessischem Bergland zu einer beliebten Ferienregion gemacht.

Im Sommer stehen die großen Talsperren wie **Möhne-, Henne-, Bigge-, Diemel- und Edersee** für viele Gäste im Mittelpunkt. Sie dienen in erster Linie der Regulierung des Wasserhaushaltes. Als erwünschter Nebeneffekt bilden sie jedoch großflächige Naturreservate oder Wassersport-Reviere. Für Abkühlung anderer Art sorgen die beeindruckenden Tropfsteinhöhlen **Attahöhle** und **Dechenhöhle**. Die faszinierende Welt dieser und einiger weiterer Höhlen kann auf eigene Faust oder im Rahmen aufschlussreicher Führungen erkundet werden.

Fuldatal

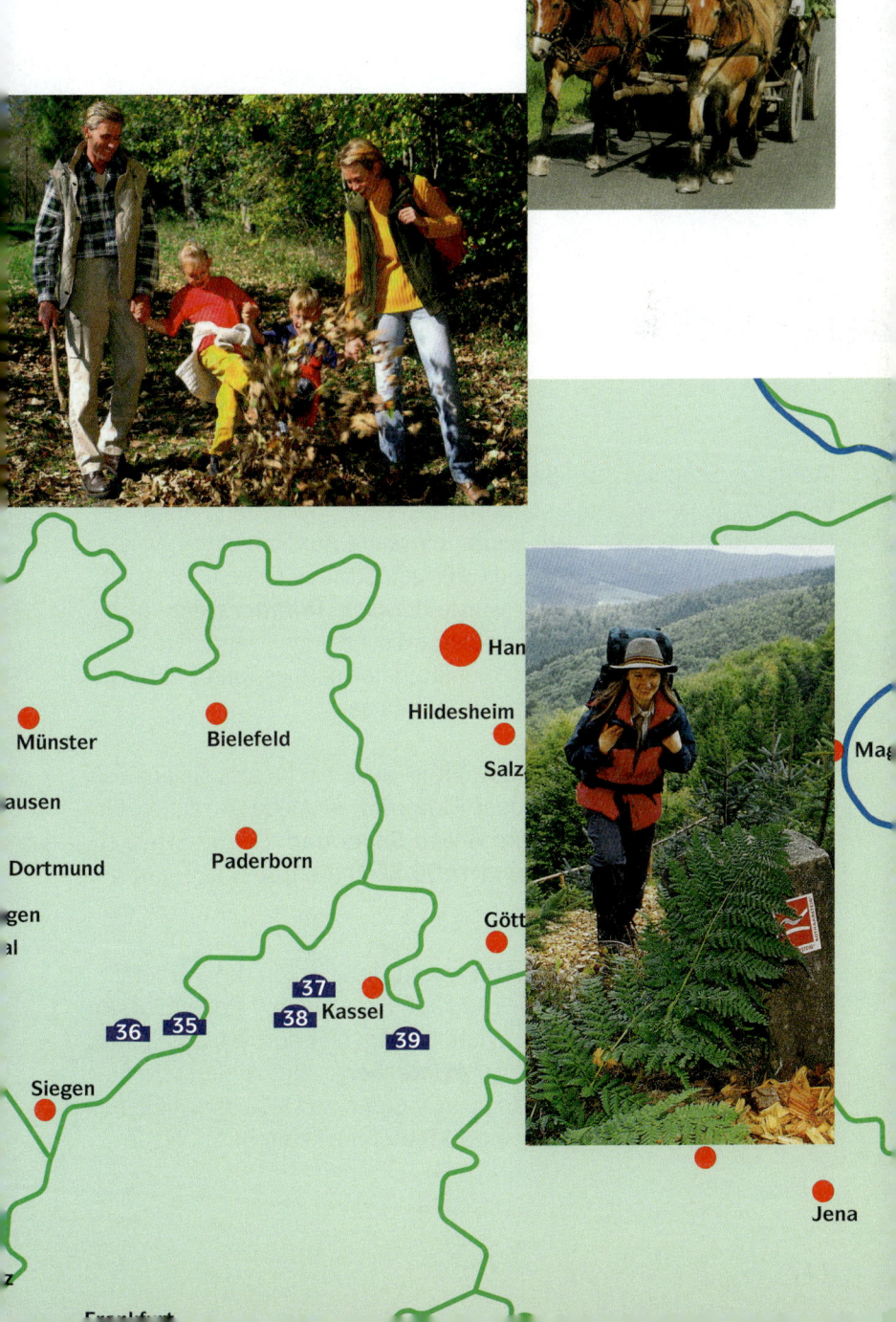

Münster
Bielefeld
ausen
Dortmund
Paderborn
gen
al
Siegen
36 35
37
38 Kassel
39
Hann
Hildesheim
Salz
Gött
Mag
Jena

Die ganze Schönheit des Sauerlandes lässt sich am besten beim Wandern genießen. Durch unberührte Wälder oder über saftige Wiesen führt der Weg – auf Berge, die weite Aussichten ermöglichen und durch urige Ortschaften, die zur gemütlichen Einkehr einladen. Für anspruchsvolle Wanderer wurde der neue **Rothaarsteig** konzipiert. Auf 154 Kilometer Länge bietet dieser Höhenwanderweg Natur pur, zahlreiche Aussichtspunkte, Informations- und Erlebnisstationen, originelle Ruhe- und Vesperplätze.

Die typisch schwingende Landschaft ist auch ein ideales Gelände für Biker – ob auf dem Fahrrad oder Motorrad. Als neue Attraktion für Mountainbiker gibt es die **Bike Arena Sauerland**. Die 37 Strecken mit einer Gesamtlänge von rund 1400 Kilometern sind einzigartig in ganz Deutschland.

Im Winter steht das Hochsauerland ganz im Zeichen des Wintersports. Gute Bedingungen für Langlauf, Ski alpin und Rodeln locken Winterurlauber in das größte Wintersportgebiet nördlich des Mains. Der Kahle Asten (841 Meter) bei **Winterberg** zählt zu den schneereichsten Gebieten Deutschlands. Wanderer und Ski-Langläufer zieht es zum Langenberg, dem mit 843 Metern höchsten Berg Westfalens.

Zu den bemerkenswerten Orten am Rothaargebirge zählen **Schmallenberg**, Oberhundem mit dem „**Panoramapark Sauerland**", der Kurort **Bad Berleburg** und das Fachwerkstädtchen **Freudenberg**. Mit einer Besonderheit wartet das Städtchen **Elspe** auf. Dort finden vor steilen Felskulissen alljährlich die Karl-May-Festspiele statt.

Ausflug nach Kassel

Im Osten grenzt das Sauerland an das Hessische Bergland, dem grünen Herz Deutschlands. Den Naturschönheiten und Sehenswürdigkeiten dieses Landstrichs könnte ein eigenes Kapitel gewidmet werden. An dieser Stelle soll aber lediglich auf die „documenta"-Stadt Kassel verwiesen werden. Diese und ihre reizvollen Nachbarn Naumburg, Zierenberg und Fritzlar sind gut von den LandSelection-Höfen der Region erreichbar.

Der Reiz Kassels liegt nicht in einer attraktiven Innenstadt, sondern dem großen Anteil erholsamer Grünzonen. Dazu gehören die Fulda- und vor allem die Karlsaue, in der eine der größten barocken Parkanlagen Deutschlands zum „Lustwandeln" einlädt.

Oberhalb der Stadt liegt der Bergpark **Wilhelmshöhe**. Er wird durch das Wahrzeichen Kassels, den Herkules, gekrönt, von dem sich ein grandioser Ausblick auf Kassel und Umgebung bietet. Durch den Schlosspark mit Wasserfällen und künstlichen Ruinen gelangt man auf Serpentinen oder direktem Weg zum klassizistischen Schloss Wilhelmshöhe. In dessen Innerem lohnt sich vor allem die Besichtigung der Staatlichen Kunstsammlungen, die eine Reihe Alter Meister wie Rembrandt und van Dyck ausstellen.

Vom Sauerland ins Fuldatal

35 Zur Hasenkammer

Die Lage des Ferienhofes „Zur Hasenkammer" ist selbst fürs Sauerland ungewöhnlich: Eingebettet ins Land der tausend Berge, Natur pur, doch zentral und abwechslungsreich. *Der vollbewirtschaftete Bauernhof mit viel Platz und vielen Tieren bietet allen seinen Gästen einen*

Urlaub zum Verlieben. Die Kühe, Kälber, Hühner, Kaninchen, Meerschweinchen, Katzen, Schafe, Schweine sowie die Ponys Zinie und Vicki und der Hütehund Prinz laden zum Streicheln ein. Im nahen Wald gibt es ausgearbeitete Naturwanderwege auch für die ganz Kleinen. Es geht aber auch querfeldein, bergauf oder bergab je nach Lust und Laune. Die im nahen Forellenteich gefangenen Fische werden abends über dem offenen Lagerfeuer gegrillt. Im Scheunengiebel zieht alljährlich ein Falkenpärchen seine Jungen

Land Selection
EUROPAS SCHÖNSTE FERIENHÖFE

Familie Schmidt
Hasenkammer 4
59964 Medebach
Tel.: 0 29 82 - 83 02
Fax: 0 29 82 - 2 15
www.ferienhof-hasenkammer.de
Ferienhof-Schmidt@t-online.de

Grünlandbetrieb mit Kühen, Rindern

- **beliebtester Ferienhof 2001 und 2002**
- Sauerland-Card
- weitläufiges Hofgelände mit Fuhrpark wie Trampeltrecker, Kettcar • Angeln im eigenen Forellenteich • Bauernstube
- Spielplatz • geführte Wanderungen mit Brotzeit • Bauernabende • Bauernhofquiz
- stundenweise Babysitten möglich • Tiere zum Anfassen
- Freizeitraum • Camping
- im Winter: Schlittenverleih, Langlauf, einfache Abfahrten am Hof • Naturwege • Schneewanderungen
- **Ziegenpeterservice**
- **Tischlein deck' dich**
- täglich Brötchen, Eier und Milch fürs Frühstück
- Ab-Hof-Verkauf von Honig
- Edersee in 20 km
- Reise-Regen-Bonus

Preise ab EUR

Wohneinheit	FeWo
Ü	38–90
qm	35–100

Gesamtzahl der Gästebetten: 24

groß und der Rote Milan zieht majestätisch seine Kreise über dem Hof. Für alle, denen die Angebote auf dem Hof nicht ausreichen, gibt es mehrere Wild- und Freizeitparks, den Center Park, Sommerrodelbahnen, die Bike-Arena Hochsauerland und eine der schönsten deutschen Panoramastraßen: die Hochsauerland-Höhenstraße. Wer vor dem Fenster äsende Rehe und hoppelnde Hasen beobachtet, hat eine Vorstellung, was „6-Sterne-Urlaub" bedeutet.

Vom Sauerland ins Fuldatal

36 Landgasthof Leissetal

Manch einer mag davor zurückschrecken, seinen Urlaub in einem 32 Seelen zählenden Fachwerkdorf im Hochsauerland zu verbringen, *umgeben vom Schweigen riesiger Laub- und Nadelwälder.* Wer es dennoch wagt, wird überrascht sein von der Vielseitigkeit und dem zeitgemäßen Ambiente des Ferienparadieses Landgasthof Leissetal. In herzlicher, gemütlicher Atmosphäre wird aufmerksam für das Wohl der kleinen und großen Gäste gesorgt, der Gaumen mit hausgemachten Spezialitäten verwöhnt und Geselligkeit ganz groß geschrieben. Vielfältige Freizeitmöglichkeiten und ein einfallreiches und kurzweiliges Programm sorgen für eine Menge Abwechslung und Spaß. Auf die kleinen Gäste warten viele Überraschungen, und wer Ruhe und Erholung sucht, findet sie im weitläufigen

Land Selection
EUROPAS SCHÖNSTE FERIENHÖFE

Familie Tigges
Landgasthof Leissetal
Ebbinghof 5
57382 Schmallenberg
Tel.: 0 29 72 - 9 75 50
Fax: 0 29 72 - 97 55 13
www.leissetal.de
leissetal@t-online.de

Ferienhof, Einzellage

- Ferienkindergarten • Babysitten
- Kinderbetreuung durch Erzieherin zweimal wöchentlich • Kindergeburtstagsfeiern möglich • Trecker-Kutschfahrten • Leissetaler Kalenderblatt mit Tipps für den Tag • Erlebnis- und Abenteuerwanderungen, Wandern mit Pferden • Reit- u. Voltigierunterricht m. gepr. FN-Reitlehrerin • Reitplatz
- Fahrradtouren • Kaffee und Kuchen in der Waldhütte • Brotbacken
- Schonkost möglich • Sauna, Solarium • Bibliothek • Spielraum (80 qm)
- Bollerwagenverleih • Bolzplatz
- Sandsee • Tennisplatz • Trampolin
- Trampelgokartbahn • Übernachtungsmöglichkeit in der Scheune bis 20 Personen
- **Ziegenpeterservice** • ab-Hof-Verkauf von Honig, Marmelade, Leberwurst • Badesee in 20 km
- Spaßbad • im Winter: Rodelhang am Hof, Skigebiet in 5 km
- alle Appartements mit Online-Anschluss • Reise-Regen-Bonus

Hofgelände und auf bequemen Wanderwegen im nahe liegenden Wald. Der Landgasthof Leissetal ist vor allem für Familien mit Kindern ein richtiges Ferienparadies.

Preise ab EUR

Wohneinheit	App.
HP/P	40–62,50
Kinder/HP	7–19
qm	25–75

Gesamtzahl der Gästebetten: 55

Vom Sauerland ins Fuldatal

37 Landhotel Schneider

Im Norden Hessens, dem Ferienland *zwischen Weser, Diemel und Fulda, liegt der Naturpark Habichtswald.* Von der Kasseler Wilhelmshöhe mit ihrem riesigen barocken Bergpark und Schloss erstrecken sich die Wälder bis ins liebliche Wolfshagener Land. Alte romantische Fachwerkstädtchen wie Naumburg, Zierenberg und Fritzlar locken mit ihren bunten Gassen zahlreiche Besucher an. In den urigen Fachwerkdörfern aber lässt sich noch so mancher Schlupfwinkel für einen ruhigen, erholsamen Urlaub entdecken. So lädt das Landhotel Ferienhof Schneider, ein fränkischer Fachwerkhof mit rustikal eingerichteten Gästezimmern, zu Wander- oder Reitferien in freundlicher Atmosphäre ein. Für Mußestunden stehen Liegewiese, Sauna und

Land Selection
EUROPAS SCHÖNSTE FERIENHÖFE

Hans-Walter Schneider
Kirschhäuserstraße 7
34311 Naumburg-
　　　Heimarshausen
Tel.: 0 56 22 - 91 51 12
Fax: 0 56 22 - 91 51 13
www.Landhotel-Schneider.de
Landhotel-Ferienhof-
Schneider@t-online.de

Landhotel in idyllischer Ortsrandlage

- Reiten (Pferde und Ponys)
- Planwagenfahrten
- Reithalle und -platz
- Reitstall FN, Ausbildung von Pferd und Reiter
- Pferdeboxen teilweise mit Paddock
- Tennisplätze, Tischtennis
- Fahrradverleih
- Sauna, Solarium • Billard
- Wanderungen mit Vesper im Wald • Grillabende
- Aufenthaltsräume
- regionale und internationale Küche, Wildgerichte, eigene Hausschlachtung
- Küchenmeisterbetrieb
- Spielplatz, Spielscheune
- Hotelbus für Fahrdienste
- Aktivwochen und -wochenenden
- Tagungsräume bis 40 Personen, Tagungstechnik

Solarium zur Verfügung. Nachmittags trifft man sich zum Kaffee auf der Sonnenterrasse, und abends verwöhnt der Koch den Gaumen mit Leckerbissen aus eigener Schlachtung. Und wer die landschaftlichen Reize des Habichtswaldes nicht zu Fuß erschließen möchte, der kann wählen zwischen Pferd, Kutsche und Fahrrad. Auf dem Ferienhof Schneider ist für jeden Geschmack etwas dabei.

Preise ab EUR

Wohneinheit	Zimmer
Ü/F/P	26–32
qm	20-26

Gesamtzahl der Gästebetten: 60

Vom Sauerland ins Fuldatal

38 Gut Waldhof

Im Naumburger Land nahe des kleinen Örtchens Elbenberg liegt eingebettet in Wiesen und Felder das idyllische Gut Waldhof.

Die Familie Becker hat sich ganz dem ökologischen Landbau verschrieben. Während ihres Aufenthalts können sich die Gäste über artgerechte Tierhaltung informieren und den Alltag auf dem Bauernhof kennen lernen. Für die Kinder gibt es einen Spielplatz mit Rutsche, verschiedene Schaukeln, Sandkästen, Kinderfahrzeuge und natürlich Streicheltiere. Wenn das Wetter einmal nicht so schön ist, erleben die Kleinen im Haus in der „Villa Wunderschön" oder im „Wolkenschiff" allerlei Abenteuer.

Pferdeliebhaber können auf

Land Selection
EUROPAS SCHÖNSTE FERIENHÖFE

Familie Becker
Gut Waldhof
34311 Naumburg
Tel.: 0 56 25 - 17 33
Fax: 0 56 25 - 92 19 18
www.gut-waldhof.net
info@gut-waldhof.net

Bio-Bauernhof in Einzellage

- idyllische Hofanlage
- komfortable Wohnungen
- Reithalle und -platz
- Gastpferdeboxen
- kleiner Waldlehrpfad
- Hofbesichtigungen a. Anfrage
- Kutschfahrten a. Anfrage
- Spielplatz
- Lagerfeuerplatz
- Streicheltiere
- Brötchenservice
- ab-Hof-Verkauf von Bio-Gemüse der Saison

dem Reitplatz und in der Halle ihre Reittechnik verbessern. Natürlich dürfen die Gäste auch beim Pferdepflegen mithelfen. Das eigene Pferd kann auf Gut Waldhof ebenfalls Urlaub genießen.
Von den vielen Ausflugszielen zählen der Edersee und die Stadt Kassel zu den beliebtesten. Events wie der Arolser Viehmarkt, der Naumburger Fasching sind empfehlenswert.

Preise ab EUR

Wohneinheit	FeWo	Zimmer
Ü inkl. Bettwäsche	47-94	
qm	48-100	
Kinder bis 2 Jahre frei		
Endreinigung	30	
Gesamtzahl der Gästebetten: 21		

Vom Sauerland ins Fuldatal

39 Gutsherrnklause/Gut Dankerode

Umgeben von Wald und Weiden bieten sich für Reiter und Wanderer endlose Wege durch herrliche Mittelgebirgslandschaften. 55 Schulpferde, vom Friesenpferd bis zum Pony, sind auf Gut Dankerode vorhanden, aber auch Gästepferde sind jederzeit willkommen. Die Reithalle, die Longierhalle und ein großer Außenplatz bieten sowohl dem Reitanfänger als auch dem Profi

Zwischen Fulda und Werra, nur 10 km vom romantischen Rotenburg entfernt, liegt das Hofgut Dankerode mit seiner großzügigen Reitanlage.

unbeschwerte sportliche Tage mit den Tieren. In der Kinderferienpension können kleine Gäste einmal ohne Eltern ihre Reitferien verbringen. Für die ganze Familie bietet sich ein Urlaub in den modern ausgestatteten Ferienwohnungen an. Bei einer Kutschfahrt kann man ideal die nähere Umgebung erkunden. Schnupper- und Fahrkurse für Kutschfahrer und diejenigen, die es werden möchten, werden regelmäßig durchgeführt. Auf Gut Dankerode spielt sich alles rund um Ross

Land Selection
EUROPAS SCHÖNSTE FERIENHÖFE

**Gutsherrnklause/
Gut Dankerode**
Stölzinger Str. 2
36199 Rotenburg/Fulda
Tel.:   0 66 23 - 4 44 34
Fax: 0 66 23 - 9 15 00 77
www.Gut Dankerode.de
gutsherrn-klause@t-online.de

Reiterhof in Einzellage

- Reitunterricht
- Reithalle
- gutbürgerliche Küche
- Fahrdienst
- Rückholservice f. Wanderer u. Fahrradfahrer
- Wanderungen und Mountainbike-Touren durch das Stölzinger Gebirge
- Hoffeste im Sept./Oktober
- Brot backen
- Spieleabende in der Reithalle
- Schach, Tischtennis, Crocket, Feder- und Volleyball
- Streicheltiere • Spielplatz
- Kindergeburtstagsfeiern mögl.
- Kutschfahrten
- **Tischlein deck' dich**
- Ab-Hof-Verkauf von Obstweinen und Hausmacher Wurst

Preise ab EUR

Wohneinheit	FeWo	Zimmer
Ü	35 - 60	27,5-62
Kinderpreise		

Gesamtzahl der Gästebetten: 60

und Reiter ab. Nach einem sportlich aktiven Tag lässt man sich dann am besten in der Hofgaststätte verwöhnen. Und bei Sonnenschein lädt der Biergarten im Innenhof zum rustikalen Verweilen ein.

Bauernhof-Cafés

☕ **Haus Blumengarten**
Horn Bad Meinberg-Leopoldstal,
Tel. 0 52 34/31 86

☕ **Bauernburg-Café**
Brinkstraße 29, 32839 Steinheim-Ottenhausen, Tel. 0 52 33/64 29, Öffnungszeiten: täglich nur nach Voranmeldung, Sa 14.30 bis 18 Uhr, So 10 bis 13 u. 14.30 bis 18 Uhr, Gartencafé/Biergarten, Hofladen, Kunstgewerbe

☕ **Maria Steinrücker**
59939 Bruchhausen

☕ **Gabrechter Kaffee-Deele**
Gabrechten 5, 59505 Bad Sassendorf, Tel. 0 29 21/85 02, Öffnungszeiten: täglich 15 bis 18 Uhr, Sa/So 14 bis 19 Uhr, (Mo bis Mi Ruhetag), Kunstgewerbe

☕ **Landhotel „Zur Kummerwie"**
Heppen 22, 59505 Bad Sassendorf, Tel. 0 29 21/8 02 40, Öffnungszeiten: täglich ab 14.30 Uhr, Fr/Sa/So ab 14 Uhr (Ruhetag Donnerstag, außer feiertags), Gartencafé/Biergarten, Westfälische Wurstspezialitäten

☕ **„Kaffeestube" Blume-Serkshof**
Sauerstraße 19, 59505 Bad Sassendorf-Lohne, Tel. 0 29 21/5 13 40, Öffnungszeiten: täglich 15 bis 18 Uhr, Sa 10 bis 13 Uhr u. 15 bis 18 Uhr (geschlossen 24.12. bis 15.1.), Kindergeburtstage, Hofladen, Kunstgewerbe, Hofführungen für Gruppen und Schulklassen

☕ **Land-Café Gut Humbrechting**
Humbrechting 1, 59519 Lippetal, Tel. 0 29 23/14 75, Öffnungszeiten: täglich 14.30 bis 19 Uhr, Sa/So 11 bis 23 Uhr (Ruhetag Montag), Gartencafé, Biergarten, Kunstgewerbe/Kochbücher

☕ **Landgasthof „Zum Leissetal"**
Ebbinghof 5, 57392 Schmallenberg, Tel. 0 29 72/97 55-0, an jedem Donnerstag ist „Waffeltag", Öffnungszeiten: täglich 10 bis 18 Uhr, (Ruhetag Montag), Treckerkutschfahrten, Grillabende, Wanderungen

☕ **Bauernhofcafé Bals**
An der Haar 14,
59929 Brilon-Altenbüren,
Tel. 0 29 61/26 32, Öffnungszeiten: ganztägig, Planwagenfahrten

☕ **Landgasthof „Limberg's Hof"**
Sieperting Nr. 24,
59889 Eslohe-Sieperting,
Tel. 0 29 73/63 27, Öffnungszeiten: täglich ab 12 Uhr, Sa/So ab 10.30 Uhr (Mittwoch Ruhetag), Forellen- und Wildgerichte, Fahrradverleih und Planwagenfahrten

☕ **Café „Gut Habbecke"**
Habbecke Str. 17, 59889 Eslohe-Wenholthausen, Tel. 0 29 73/14 36, Öffnungszeiten: täglich ganztägig, Kindergeburtstage und Ausritte zu Pferde

☕ **Wirtshaus „Alte Kastanie"**
Obermielinghausen 1,
59872 Meschede, Tel. 02 91/5 08 34, Öffnungszeiten: Do bis Sa ab 15 Uhr, So ab 12 Uhr, Ruhetag Mo bis Mi, (November geschlossen), Lehmofenbrot, Fahrradverleih, Planwagenfahrten und Reiten

---

Plattdeutsche Redensart:
„Wat en Buer is, dat blift ein"
(Wer als Bauer geboren ist, der bleibt auch Bauer)

Wussten Sie, dass der Boden darüber Auskunft geben kann, wann genau und warum im 14. Jahrhundert eine der größten Hungersnöte in unserem Heimatland ausgebrochen ist?

Haus Kremer
Erflinghausen 1, 59872 Meschede,
Tel. 02 91/5 31 30, Öffnungszeiten:
täglich 11 bis 24 Uhr (Ruhetag Montag),
Wurstspezialitäten, Kindergeburtstage,
Angeln, Hofführung

Landgasthof „Zur Alten Deele"
59872 Meschede-Vellinghausen,
Tel. 02 91/5 02 53, Öffnungszeiten:
täglich ab 11 Uhr (Ruhetag Donnerstag),
Planwagenfahrten, Reiten, Angeln

Landgasthof-Café Vollmer-König
Hochstraße 1, 57392 Schmallenberg-Holthausen, Tel. 0 29 74/3 21,
Öffnungszeiten: täglich 9 bis 19 Uhr,
(vom 1.9. bis 19.2. geschlossen),
Ponyreiten, Schwimmbad

Landhaus Schulte-Göbel
Selkentrop 14, 57392 Schmallenberg-Selkentrop, Tel. 0 29 72/67 50, Öffnungszeiten: täglich 10 bis 13 Uhr u.
15 bis 18 Uhr, Sa/So 10 bis 13 Uhr u.
15 bis 18 Uhr (Mittwoch Ruhetag,
geschlossen vom 1. November bis
27. März), Fahrradverleih, Planwagenfahrten, Reiten

Café Pingel
Hagenerstraße 75, 59846 Sundern-Hagen, Tel. 0 23 93/8 00, Öffnungszeiten: täglich 10 bis 24 Uhr, (Ruhetag Dienstag), Forellenteich, Picknicktouren, Planwagenfahrten

Gasthof zur Post
Heelefelderstr.10,
59846 Sundern-Hellefeld,
Tel. 02934/4 23, Öffnungszeiten:
täglich ganztägig (Dienstag Ruhetag)

Café Krämer
Hof Klingelbach, 57319 Bad Berleburg,
Tel. 0 27 51/73 58, Öffnungszeiten:
täglich 14.30 bis 24 Uhr, Sa/So 14 bis
24 Uhr (Freitag Ruhetag). Gartencafé/
Biergarten, Planwagenfahrten

Gasthaus „Schalsbach"
Im Schalsbach 3, 57319 Bad Berleburg-Diedenshausen, Tel. 0 27 50/2 43,
Öffnungszeiten: täglich 10 bis 23 Uhr,
Sa/So 10 bis 23 Uhr (Dienstag Ruhetag), Gartencafé/Biergarten, Hofführung,
Honig aus eigener Imkerei

„Schmelzhütte"
57319 Bad Berleburg-Girkhausen,
Tel. 0 27 58/2 77, Öffnungszeiten:
täglich 9 bis 22 Uhr (Ruhetag Montag),
Gartencafé/Biergarten, Wildspezialitäten, Kindergeburtstage auf dem Bauernhof, Verpflegung für Wandergruppen

Kulturdenkmäler

▮▮▮ **Warsteiner Waldlehrpfad** mit Wildpark, Waldspielplatz und Warsteiner Bilsteinhöhlen, 59581 Warstein, Dieplohstraße 1, Tel. 0 29 02/8 10, Öffnungszeiten: 1.4. bis 30.11. täglich 9 bis 17 Uhr, 1.12. bis 31.3. werktags 10 bis 12 Uhr u. 14 bis 16 Uhr, sonn- u. feiertags 9 bis 16 Uhr

▮▮▮ **Rothaarsteig „Der Weg der Sinne"** von Brilon bis Dillenburg, 59917 Brilon, Tel. 0 29 61/94 35 35 oder 0 29 61/94 32 29

▮▮▮ **Atta-Höhle Attendorn** („Königin der Tropfsteinhöhlen") 57425 Attendorn, Tel. 0 27 22/93 75-0 (9 37 11 für Reservierungen), Öffnungszeiten: Mai bis September 9.30 bis 16.30 Uhr täglich, März, April, Oktober 10 bis 16 Uhr, November bis Februar 10.30 bis 15.30 Uhr

▮▮▮ **Naturschutzzentrum Hochsauerlandkreis** St. Vitus-Schützenstraße 1, 57392 Schmallenberg. Bödefeld, Tel. 0 28 77/15 24, Exkursionen Land- und Forstwirtschaft

▮▮▮ **Wildpark Frankenberg-Eder** 35066 Frankenberg, Tel. 0 64 51/50 50, Öffnungszeiten: ganzjährig (Gruppenführungen möglich), täglich Greifvogelschau (außer montags)

▮▮▮ **Wild- und Freizeitpark Willingen** Am Ettelsberg, Tel. 0 56 32/6 91 98, Öffnungszeiten: in den Sommermonaten täglich 9 bis18 Uhr

▮▮▮ **Hochheide Niedersfeld** 59955 Winterberg

▮▮▮ **Bruchhauser Steine** 59939 Olsberg-Bruchhausen, Tel.: 0 29 62/97 67-0, Öffnungszeiten: 9 bis 18 Uhr täglich

Freilichtmuseen

🏠 **Heimatstübchen** Bergbaugeschichtliche Führungen, 59939 Wulmeringhausen

🏠 **Museum Korbach** Kirchplatz 2, 34497 Korbach, Tel. 0 56 31/5 32 89. Öffnungszeiten: dienstags bis samstags 10.30 bis 12.30 Uhr und 14 bis 17 Uhr, sonn- u. feiertags 10.30 bis 17 Uhr, 1. November bis 31. März jeweils bis 16 Uhr und nach Vereinbarung

🏠 **Westfälisches Freilichtmuseum,** technische Kulturdenkmäler, Mäckingerbach, Hagen-Selbecke, Tel. 0 23 71/7 00 40, Öffnungszeiten: 1.4. bis 31.10. dienstags bis sonntags und an allen Feiertagen 9 bis 18 Uhr

🏠 **Sauerland-Museum**
Alter Markt 24-26, 59821 Arnsberg,
Tel. 0 29 31/40 9β, Öffnungszeiten:
dienstags bis freitags 10 bis 17 Uhr,
samstags 14 bis 17 Uhr, sonntags
10 bis 18 Uhr, montags geschlossen

🏠 **Willinger Brauhaus** in den
Kampen 2, 34508 Willingen,
Tel. 0 56 32/98 87-0, Brauerei-
besichtigung wochentags ab 10.30 Uhr
(Einzelpersonen und Gruppen), kein
Ruhetag

🏠 **Glasmacherstuben/Glas-
bläserei Willingen** Zur Hoppecke 9,
34508 Willingen,
Tel. 0 56 32/98 55-15, Öffnungszeiten:
April bis Oktober montags bis freitags
10 bis 12.30 Uhr u. 14 bis 18 Uhr,
samstags/sonntags 10 bis 12.30 Uhr u.
14 bis 16 Uhr, November bis März
10 bis 12.30 Uhr u. 14 bis 17 Uhr,
samstags/sonntags 10 bis 12.30 Uhr u.
14 bis 16 Uhr

🏠 **Erlebnismuseum Bödefeld**
St. Vitus-Schützenstraße 1,
57392 Schmallenberg-Bödefeld,
Tel. 0 29 77/9 39 08 10,
Öffnungszeiten: montags bis freitags
9 bis 16.30 Uhr, samstags/sonntags
10 bis 17 Uhr

🏠 **Sauerland Antik** alter Bauernhof
mit Antiquitäten und Kunstgewerbe,
Herblinghauser Straße 14,
59832 Sundern, Tel. 0 29 34/6 74,
Öffnungszeiten: mittwochs bis freitags
14 bis 19 Uhr, samstags/sonntags nach
Vereinbarung

🏠 **Degge- und Heimatstube
Düdinghausen** Tel. 0 56 32/51 16

Bauerngärten

🌼 **Rosengarten** (200 Rosensorten)
Fr. Hederich, 59939 Assinhausen

🌼 **Kräutergarten**
59939 Wulmeringhausen

Durch Eifel und Westerwald

Im Herzen der Eifel

Schon lange ziehen Rhein und Mosel Jahr für Jahr Urlauber und Tagesausflügler in ihren Bann. Vergleichsweise jung ist die Entdeckung der von diesen Flüssen eingerahmten Eifel als Urlaubs- und Naherholungsgebiet. Ihre besondere, vulkanisch geprägte Landschaft, eine Vielzahl hübscher Fachwerkstädtchen sowie die wachsende Zahl attraktiver touristischer Einrichtungen haben dafür gesorgt, dass die Eifel längst kein Geheimtipp mehr ist. Ihren ruhigen und natürlichen Charakter konnte sie sich aber bis heute bewahren. Am besten erschließt er sich bei

hum
orf Hagen
Wuppertal
ingen
kusen

Aachen Köln
Bonn Siegen

Rhein
40
41 Mosel 44
42 Koblenz
43 Wiesbaden Frankfurt
Trier Offenbach
Mainz
Darmstadt

ausgedehnten Wanderungen oder mit dem Fahrrad, im Winter mit dem Langlauf-Ski.

Eine große Anziehungskraft übt das Mittelgebirge am Westrand Deutschlands auf Naturfreunde und Hobbygeologen aus. Auf geologischen Lehrpfaden und in vielen Museen offenbart sich die Millionen Jahre alte Entstehungsgeschichte erloschener Vulkankegel, bizarrer Landschaftsformationen und dunkler Höhlen. Als Hinterlassenschaft gewaltiger Gasexplosionen in der Steinzeit sind über 60 geheimnisvolle Maare entstanden. Das sind kreisrunde, mit Wasser gefüllte Krater, die heute nicht nur stimmungsvolle Landschaftsbilder bieten, sondern teilweise auch zum Baden und Wassersport einladen.

Das größte Maar ist der **Laacher See**. Hier erhebt sich das beeindruckende Kloster **Maria Laach**, ein Hauptwerk romanischer Architektur. Das kleinste Maar ist das Pulvermaar mit nur 74 Metern Durchmesser. Es liegt wie seine größeren Geschwister Meerfelder Maar, Gemündener Maar, Totenmaar und Schalkenmehrener Maar inmitten der Vulkaneifel, dem Gebiet zwischen Gerolstein, Daun und Manderscheid.

Im malerischen **Manderscheid** zeigt sich gleich zweifach, was zu den weiteren Merkmalen der Gegend gehört: die Anhäufung mittelalterlicher Burgen bzw. Burgruinen. Hier stehen sich auf zwei Felsen die Ruinen der Ober- und Niederburg gegenüber. Ebenfalls mit Burg oder Kloster bestückt und dazu reich an altem Fachwerk präsentieren sich in direkter Nachbarschaft der LandSelection-Höfe die Städtchen **Daun**, **Blankenheim**, **Kronenburg**, **Prüm** und **Kyllburg**. Die wohl schönsten und bekanntesten Städte der Nordeifel sind **Monschau** und **Bad Münstereifel.**

In Blankenheim gibt es nicht nur eine Burg, hier entspringt auch die Ahr, um sich auf einer Strecke von 89 Kilometern Richtung Rhein zu winden. Das **Ahrtal** gilt als eines der schönsten Nebentäler des Rheins. Außer durch seine romantische Landschaft ist es durch seinen guten Rotwein bekannt geworden. Beides lässt sich am besten auf dem Rotwein-Wanderweg von **Altenahr** über **Mayschoß** und **Bad Neuenahr-Ahrweiler** nach **Bad Bodendorf** kennen lernen.

Wer nach soviel Idylle den Nervenkitzel sucht, begibt sich auf schnellstem Weg zum **Nürburgring**. Sowohl die klassische Nordschleife als auch der neue Grand-Prix-Kurs können außerhalb der Rennsaison mit dem eigenen Auto oder Motorrad ausprobiert werden.

Am Rande des Westerwaldes

Zum rechtsrheinischen Teil des Schiefergebirges gehört der **Westerwald**, der wie die Eifel zum erholsamen Wandern durch waldreiches Gelände einlädt. Er wird im Süden durch das romantische Tal der Lahn begrenzt. An dem gewundenen Flusslauf verteilen sich sehenswerte Orte, Burgruinen und Schlösser. An der Mundung in den Rhein liegt die Doppelstadt **Lahnstein**, flussaufwärts folgen der traditionsreiche Kurort **Bad Ems** und das Städtchen **Nassau** mit der Burgruine, die den Fürsten von Nassau ihren Namen gab. Die schönsten Schlösser stehen auf Basaltkegeln in **Hachenburg**, **Westerburg** und **Montabaur**.

Rund um Montabaur, im sogenannten Kannenbäckerland, wurden

schon vor über 600 Jahren die reichen Tonlager für die Herstellung von Töpfen, Tellern und Tassen genutzt. Noch heute wird in der „Kannenbäckerstadt" **Höhr-Grenzhausen** hochwertiges Steinzeug produziert. Ein Keramikmuseum veranschaulicht die Entwicklung dieses Handwerks.

Höhepunkt einer jeden Lahnreise bildet der Besuch **Limburgs**. Neben der Altstadt mit vielen schönen Fachwerkbauten und dem Lahngrafenschloss steht der Limburger Dom im Mittelpunkt des Interesses. Vor oder nach dessen Besichtigung bietet sich von der alten Lahnbrücke ein schöner Blick auf den vollendeten romanischen Bau aus dem 13. Jahrhundert.

Durch Eifel und Westerwald

40 Gestüt Pfauenhof

Vulkaneifel – das ist das Land der erloschenen Vulkane mit seinen Kraterseen, Wäldern und Wildblumenwiesen. Der Pfauenhof liegt am Rande eines kleinen Dorfes in einem Wiesental von Wald umgeben. Egon und Dorle Kessler haben sich ihren Traum vom Landleben verwirklicht. Hier werden seit 30 Jahren edle Vollblutpferde gezüchtet. Auf Kinder, die hier besonders willkommen sind, wartet eine ganze Menagerie von Tieren, 30 Pferde, Stuten mit Fohlen, ein Deckhengst, 5 liebe Welshponys, zwei Dalmatiner, Kaninchen, Katzen, Hühner, die grüne Eier legen und natürlich die Pfauen. Auf dem gepflegten Gestütsgelände mit seiner bunten Blumenpracht stehen den Gästen drei Ferienhäuser mit sechs hellen, geschmackvoll eingerichteten Wohnungen mit herrlichem Ausblick zur Verfügung. Etwa 200 Meter entfernt im Dorf liegt das mit viel Liebe renovierte, bereits 400 Jahre alte Fachwerkhaus. Auf dem Gestüt kann jeder mit anpacken: Pferde führen, Stroh holen mit dem Unimog, oder beim zünftigen Lagerfeuer Stockbrot backen und natürlich darf das Reiten nicht vergessen werden. Auf dem Pfauenhof finden Familien und reitbegeisterte Mädchen eine herzliche Aufnahme.

Land Selection
EUROPAS SCHÖNSTE FERIENHÖFE

Egon und Dorle Kessler
Mühlenweg 2 – 4
54552 Utzerath
Tel.: 0 26 76 - 6 03
    oder   17 71
Fax: 0 26 76 - 95 15 18
www.ferien-gestuet-pfauenhof.de
gestuet-pfauenhof@freenet.de

Gestüt am Ortsrand mit Vollblutzucht

- Reiterferien für Mädchen ohne elterliche Begleitung
- 1 Woche VP, Reiten, alles incl. 285,- EUR
- Reitunterricht, Reiterspiele, Reitplatz, Ausritte für gute Reiter, 25 Pferde, 5 Ponys, Gastpferdeboxen
- geführte Ponywanderungen mit Picknick
- Tiere zum Anfassen
- Kindergeburtstagsfeiern
- Lagerfeuer mit Stockbrot
- Gästebibliothek
- Unimogfahrten zu den Pferdekoppeln
- jede Wohnung mit Terrasse oder Balkon
- **Tischlein deck' dich**
- **Ziegenpeterservice**
- nächster Badesee in 3 km
- Reise-Regen-Bonus

Preise ab EUR	
Wohneinheit	**FeWo**
Ü	28–54
qm	50–120

Gesamtzahl der Gästebetten: 32

Durch Eifel und Westerwald

41 Hubertushof

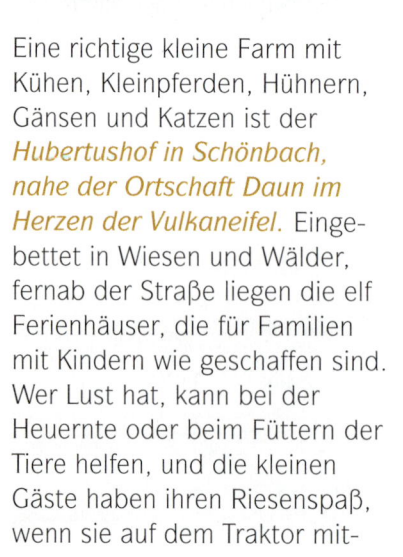

Eine richtige kleine Farm mit Kühen, Kleinpferden, Hühnern, Gänsen und Katzen ist der *Hubertushof in Schönbach, nahe der Ortschaft Daun im Herzen der Vulkaneifel.* Eingebettet in Wiesen und Wälder, fernab der Straße liegen die elf Ferienhäuser, die für Familien mit Kindern wie geschaffen sind. Wer Lust hat, kann bei der Heuernte oder beim Füttern der Tiere helfen, und die kleinen Gäste haben ihren Riesenspaß, wenn sie auf dem Traktor mitfahren, einen Ponyspaziergang machen und auf dem weitläufigen Hofgelände nach Herzenslust herumtoben dürfen. Für gesellige Abende steht ein Grillplatz mit Grillhütte und Schwenktisch zur freien Verfügung, und im „Vulkanstüble" werden Kaffee und selbst gebackener Kuchen und abends ein guter Wein serviert. Bei schlechtem Wetter laden die zahlreichen Museen, Kirchen und Kunsthandwerksbetriebe zu Besichtigungen ein oder man

Land Selection
EUROPAS SCHÖNSTE FERIENHÖFE

Irene und Siegfried
Schneiders
Hubertushof
54552 Schönbach
Tel.: 0 26 76 - 2 92
Fax: 0 26 76 - 10 30
www.bauernhofurlaub.com/
hoefe/hubertushof.htm

Vollbewirtschafteter Ferienhof in Einzellage mit Ammenkühen und Kleinpferden

- Ausritte, Gastpferdeboxen
- geführte Wanderungen
- Grillabend
- Fahrradtourenvorschläge
- Sauna
- Gästestübchen: an 4 Tagen pro Woche mit Bewirtung (selbst gebackene Kuchen)
- Jagdmöglichkeit
- Streicheltiere • Spielplatz
- im Winter: Loipe in 5 km, Lift in 10 km
- **Ziegenpeterservice**
- **Tischlein deck' dich**
- Ab-Hof-Verkauf von Wurst, Marmelade, Honig, Eiern, Nudeln, Säften, Fruchtweinen und Grillware
- Ermäßigung in Vor- und Nachsaison • Endreinigung • Energie nach Verbrauch
- Reise-Regen-Bonus

Preise ab EUR

Wohneinheit	FeWo	f. 2-6 P
Ü	45–73	
qm	52–95	

Gesamtzahl der Gästebetten: 57

...bleibt einfach daheim und vertreibt sich die Zeit mit Gesellschaftsspielen und Bastelarbeiten. Und natürlich gilt es – zu Fuß oder mit dem Fahrrad – die Naturschönheiten der Vulkaneifel mit ihren Maaren, Höhlen, Steinbrüchen und Wildparks zu erkunden.

Durch Eifel und Westerwald

42 Mayischhof

Tiefe Wälder, karge Basaltkuppen und stille, verborgene Waldseen prägen die Landschaft zwischen Bitburg und Prüm, die zum Wandern wie geschaffen ist. Aber ihren besonderen Reiz verdankt die Südeifel sicher auch den zahllosen Burgen, Schlössern und kleinen Bauerndörfern, in denen sich die Geschichte vergangener Jahrhunderte verewigt hat. Eines dieser historischen Schmuckstücke ist der Mayischhof von Familie Hermes. Die ehemalige Vogtei aus dem 12. Jahrhundert liegt auf einer kleinen Anhöhe am Dorfrand, beschützt von einer alten Chorturmkapelle, einer Bernersennenhündin und einer Großfamilie von Katzen. Seit zwanzig Generationen wird der Hof von Familie Hermes bewirtschaftet, und so verwundert es nicht, dass Tradition hier aus jedem Detail atmet: Das Kopfsteinpflaster des Innenhofes mit seinen efeuumrankten Sitzecken, der Bauerngarten, die uralten Bau-

Land Selection
EUROPAS SCHÖNSTE FERIENHÖFE

Familie Hermes
Kapellenweg 4
54649 Lauperath
Tel.: 0 65 54 - 4 04
Fax: 0 65 54 - 90 06 68
www.mayischhof.de
mayischhof@web.de

Vollbewirtschafteter Bauernhof am Ortsrand mit Milchkühen, Schweinen und Geflügel

- Wanderreitstation „Eifel zu Pferd"
- der Bauerngarten, ein bedeutendes Kulturgut
- Aktivnachmittage mit Brotbacken, Marmelade herstellen, Ährengestecke oder Ginsterschlaufen anfertigen
- Grillabende
- gemütliche Bauernstube
- Kinderspielhaus
- **Ziegenpeterservice**
- **Tischlein deck' dich**
- Ab-Hof-Verkauf von Likören, Marmeladen und Ährengestecken
- Reise-Regen-Bonus
- Loipen im Skigebiet „Schwarzer Mann", Nähe Prüm, 20–28 km

Preise ab EUR

Wohneinheit	FeWo
Ü/2 Pers.	50
weitere Pers.	7
qm	70

Gesamtzahl der Gästebetten: 12

ernmöbel und die kleinen Exponate bäuerlichen Kunsthandwerks in allen Räumen machen das einzigartige Ambiente des Mayischhofes aus. Und wer hier ein Weilchen bei der Arbeit zuschaut oder mitmacht, wer sich abends nach einem Streifzug durch die Natur und Kultur der Umgebung zum Plausch in der historischen Bauernstube einfindet, der wird sehen, dass hier eine Tradition besonders groß geschrieben wird: die Gastfreundschaft.

Durch Eifel unde Westerwald

43 Nengshof

Im Ortskern von Wissmannsdorf, eingebettet in die sanften Hügel der Südeifel, liegt ein 200 Jahre altes Bauernhaus mit stilvoll eingerichteten Gästewohnungen.
Der moderne Grünlandbetrieb von Margit und Alfred Lenz hält für kleine und große Gäste besondere Erlebnisse bereit. Hier können Kinder und Eltern Kühe, Kälber, Ponys, Hund und Katze streicheln.

Familien- und Seniorengruppen, Radfahrer und Reiter kehren in den Heuschober oder den romantischen Bettenraum sowie in die gemütliche Bauernstube ein. Anschließend geht es zum Schlafen ins Heuhotel des Nengshofes. Nach angenehm durchträumter Nacht im Heu freut sich jeder auf das reichhaltige Landfrühstück mit hausgemachten Marmeladen, frischer Milch und einer kräftigen Tasse Kaffee.

Land Selection
EUROPAS SCHÖNSTE FERIENHÖFE

Margit und Alfred Lenz
Nengshof
Hauptstr. 13
54636 Wißmannsdorf
Tel.: 0 65 27 - 7 76
Fax: 0 65 27 - 9 31 29
www.nengshof.de
nengshof@t-online.de

Grünlandbetrieb mit Kühen, Pferden, Ziegen, Heuhote

- Wohlfühlangebote
- Tagungs- und Seminarraum
- Abendessen auf Anfrage
- regionaltypische Gerichte
- Eifeler Brauchtum erleben
- "Eifel zu Pferd", Wanderreitstation
- Reiten
- geführte Wanderungen auf Anfrage
- Grillvergnügen
- Planwagen- und Kutschfahrten
- Spielplatz
- Übernachten im Heu
- **Ziegenpeterservice**
- **Tischlein deck' dich**
- ab-Hof-Verkauf von Wurst, Marmelade, Schnäpsen und Likören
- Reise-Regen-Bonus

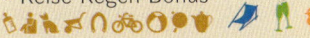

Preise ab EUR

Wohneinheit	FeWo	Heuhotel
Ü/2-4 P	36-52	
qm	60-110	
jede weitere P	6	
Ü		9-12
qm		250
Gesamtzahl der Gästebetten: 19		

Feste und Brauchtum gehören zum Jahresrhythmus der Familie Lenz. Ob Möhnentreiben, Wintervertreibung, Osterfeuer, Glühwürmchenwanderung oder Kirmes in Wissmannsdorf in der Eifel und besonders auf dem Nengshof weiß man die Jahreszeiten zu genießen.

Durch Eifel und Westerwald

44 Gutshaus Rückerhof

Im südlichen Westerwald, *auf der Höhe des romantischen Lahntales liegt der Rückerhof, umgeben von den Hochwäldern des Naturparks Nassau.*
300 Jahre Geschichte aus kurtrierischer Zeit machen das besondere Ambiente des Hofes aus. Wer Romantik sucht, sollte nach Zimmern und Ferienwohnungen direkt im alten Gutshaus fragen: Ob Sie im „Schwalbennest" oder in der Galeriewohnung „Erbsenschote" wohnen, die Fachwerkhäuser mit Alkoven- und Bauernbetten, antiken Öfen oder offenem Kaminfeuer schaffen eine unvergleichliche Atmosphäre, die es an Komfort nicht fehlen lässt. Und wer es abends besonders gemütlich liebt, begibt sich in die Diele oder den Wintergarten oder genießt im Gutsgarten hausgebackenen Kuchen.
Wer will, kann beim Füttern oder bei der Tierpflege mittun, Brot aus dem Steinbackofen

Land Selection
EUROPAS SCHÖNSTE FERIENHÖFE

Familie Rücker
Gutshaus Rückerhof
Tiergarten 2
56412 Welschneudorf
Tel.: 0 26 08 - 2 08
         oder   3 77
(Montag bis Freitag
9.00 bis 17.00 Uhr)
Fax: 0 26 08 - 14 88
www.rueckerhof.de
info@rueckerhof.de

Ausgezeichnet als originellster Landgasthof in Rheinland Pfalz

Landdomäne mit Reitpferden

- Wanderritte mit Führung, etwa 20 Pferde, Reithalle, Reitunterricht, Ausritte, Gastpferdeboxen, Kutschfahrkurse
- Dämmerschoppen und Bauernmahle in der Gutsherren-Diele
- Tiere zum Anfassen • Kutschfahrten • Jungbauernmahle für Kinder • Naturspielplatz
- **Nordic-Walkingkurse**
- Kreativ-Nachmittage: Töpfern, Brotbacken, Heutiere basteln, Malkurse • **spezielle Wanderwochen** • Tagungsräume • Loipen • Badesee in 10 km • Thermalbad 8 km
- Reise-Regen-Bonus

ziehen, Kräuter kennen lernen und im Reitstall erfahren, „keine Angst mehr vor großen Tieren" zu haben. Man kann das „Nordic-Walken" erlernen oder sich „durchmassieren" lassen.
Wer es hier schafft, sich zu langweilen, muss ein Genie sein!
Ausgezeichnet im Bundeswettbewerb „Ferienhof des Jahres"

Preise ab EUR

Wohneinheit	FeWo/Haus	Zimmer
Ü	25-95	15-32
qm	28-100	15-25

Gesamtzahl der Gästebetten: 60

Bauernhof-Cafés

☕ **Hock**
Im Langenfeld, 54608 Grosslangenfeld, Tel. 0 65 56/7 10

☕ **Familie Habscheid**
Echternacher Straße 4, 54310 Ralingen Wintersdorf, Tel. 0 65 85/3 66

☕ **Kuchers Landhotel**
Karl-Kaufmann-Straße 2, 54552 Darscheid/Vulkaneifel, Tel. 0 65 92/6 29

☕ **Bauernhofcafé Weidtmann**
Illbeckweg 40, 40882 Ratingen, Tel. 0 21 02/5 03 91, Öffnungszeiten: wochentags 14 bis 19 Uhr, sonn- und feiertags 11 bis 19 Uhr, Biergarten

☕ **Bauernhofcafé Binnenheide**
Binnenheide 19, 47629 Kevelaer-Winnekendonk, Tel. 0 23 82/22 79, Öffnungszeiten: dienstags bis freitags 14 bis 19 Uhr, Sa/So 12 bis 19 Uhr

☕ **Bauernhofcafé Krauthaus Heesenhof**
47495 Rheinberg, Tel. 0 28 43/31 00, Öffnungszeiten: wochentags 13 bis 19 Uhr, sonn- und feiertags 11 bis 19 Uhr, Biergarten

☕ **„et Achterhues"**
Schottheider Str. 1a, 47559 Kranenburg-Fraselt, Tel. 0 28 26/77 37, Öffnungszeiten: dienstags bis freitags 14 bis 19 Uhr, Sa/So 12 bis 19 Uhr

☕ **Oyscher Hof**
Oyweg 115, 47546 Kalkar Tel. 0 28 24/24 76, Öffnungszeiten: 1. Mai bis 30. Sept. samstags 13 bis 18 Uhr und sonn- bzw. feiertags 11 bis 18 Uhr

☕ **Bauernhofcafé Ziegelhof**
Am Ziegelhof 4, 41569 Rommerskirchen, Tel. 0 21 83/65 66, Öffnungszeiten: Di bis Fr. 14.30 bis 20 Uhr, sonn- u. feiertags 10 bis 18 Uhr, kinderfreundliches Haflingergestüt

☕ **Toni's Bauerncafé**
Tetendonk 127, 47929 Gefrath, Tel. 0 21 58/25 88, Öffnungszeiten: montags bis freitags 14 bis 21 Uhr, samstags u. sonntags 9 bis 21 Uhr, niederrheinische Kaffeetafel

☕ **Café im Gärtchen**
Spicker 45, 47533 Kleve-Keeken, Tel. 0 28 21/3 06 38, Öffnungszeiten: Sommerzeit wochentags 14 bis 18 Uhr, sonn- u. feiertags 10 bis 18 Uhr (donnerstags Ruhetag), Winterzeit freitags und samstags 14 bis 18 Uhr, sonn- und feiertags 10 bis 18 Uhr (Januar geschlossen)

Kulturdenkmäler

🏰 **Naturschutzgebiet „Die Düffel"**
Kranenburg (niederländische Grenze)

🏰 **Tropfsteinhöhle**
in Wiehl

🏰 **Mittelrheinische Landschaft mit Burgen und Schlössern**
wird 2003 ins Weltkulturgut aufgenommen

🏰 **Bonnersberg mit Keltenwall und Keltenrundwanderweg**

🏰 **Erzbergwerk Imsbach**

🏰 **Maare-Vilhausee**

🏰 **Burg Eltz**

🏰 **Wacholderschutzgebiet Bleckhause**
seltene Tiere und Pflanzen

🏰 **Mürmes, Ellscheid, Flachmoor, Biotop**

🏰 **Naturpark Südeifel mit Teufelsschlucht**
54685 Irrel, Tel. 0 65 26/93 10 13

🏰 **Gaytal Park**
54675 Körperich, Tel. 0 65 66/9 69 30

🏰 **Naturpark Hohes Venn-Eifel**
Tel. 0 65 51/98 58 55

> „...und donnerstags ist Bauerntag."
> Landwirtschaft und Geologie sind in der Eifel besonders miteinander verknüpft. Viele Bauern- und Ferienhöfe bieten informative wie erlebnisreiche Exkursionen und belegen, wie Landschaft und Landwirtschaft zusammenhängen – an jedem Donnerstag.

Freilichtmuseen

🏠 **Bergisches Freilichtmuseum für Ökologie und bäuerlich-handwerkliche Kultur**
Lindlar

🏠 **Haus Dahl**
ältestes oberbergisches Bauernhaus (1586), Marienheide bei Gummersbach

🏠 **Rheinisches Freilichtmuseum Kommern**
Auf dem Kahlenbusch, Mechernich-Kommern, Tel. 0 24 43/50 51
Öffnungszeiten: 1.4. bis 31.10. täglich 9 bis 18 Uhr, 1.11. bis 31.3. täglich 10 bis 16 Uhr

🏠 **Historische Wassermühle**
Bahnhofstraße 16, 54587 Birgel,
Tel. 0 65 97/92 82-0, Mühlensteinbrot Schalmuseum

🏠 **Eifel Vulkanmuseum Daun**
Leopoldstraße 9, 54550 Daun,
Tel. 0 65 92/98 53 53
u.a. Simulation eines Vulkanausbruchs

🏠 **Heimatmuseum Manderscheid**
Darstellung bäuerlich-historischen Lebens, Kurfürstenstraße,
54531 Manderscheid,
Tel. 0 65 72/92 15 49

in Manderscheid ebenfalls zu besichtigen:

🏠 **Maarmuseum**
Tel. 0 65 72/92 03 10

🏠 **Steinkiste**
Sammlung wertvoller Gesteine und Fossilien

🏠 **Bauernhofmuseum Hellbach**
Tel. 0 65 69/29 67

🏠 **Eisenmuseum Jünkerath**
Römerwall 12, 54584 Jünkerath,
Tel. 0 65 97/14 82, ganzjährig Führungen nach Voranmeldung

🏠 **Heimwebereimuseum Schalkenmehren**
Mehrener Straße 5,
54552 Schalkenmehren,
Tel. 0 65 92/40 85 oder 98 11 60

🏠 **Naturkundemuseum Gerolstein**
Hauptstraße 42, 54568 Gerolstein,
Tel. 0 65 91/52 35

🏠 **Schneidemühle**

🏠 **Mausefallen-Museum Neroth**
Alte Schule/Mühlenweg, 54570 Neroth,
Tel. 0 65 91/35 44

🏠 **Bauernmuseum Simmerath**
Ausstellung „Tiere unserer Heimat"

🏠 **Hofmuseum W. Fischels**
54673 Hellbach-Windhausen

🏠 **Agrarhistorische Gerätesammlung Emmelshausen**
Rhein-Moselstraße 9, 56281 Emmelshausen, Tel. 0 67 47/66 68,
Öffnungszeiten nach Vereinbarung

🏠 **Landwirtschafts- und Heimatmusuem Karben**
Rathausplatz 1, 61184 Karben,
Tel. 0 60 39/4 81-15,
Öffnungszeiten nach Vereinbarung

🏠 **Mühlenhof mit römischer Kelteranlage**
Andreasstraße 12, 54518 Altrich

🏠 **Rheingauer Museum für Geschichte des Weines**
Rheinstraße 2, 65385 Rüdesheim,
Tel. 0 67 22/23 48,
Öffnungszeiten: Mitte März bis Anfang November täglich 9 bis 12 u. 13.30 bis 16.30 Uhr, ab Pfingsten bis Mitte September bis 17.30 Uhr

🏠 **Niederrheinpark Plantaria**
47624 Kevelaer-Twisteden,
Tel. 0 28 32/9 32 70,
Öffnungszeiten: täglich 10 bis 18 Uhr

Bauerngärten

🌼 **Burggärtnerei Christian Lenz**
55413 Niederheimbach

🌼 **Geo-Route**
Vilhausmeer

🌼 **Landwirtschaftlicher Lehrpfad**
bei Schönecken

🌼 **Waldlehrpfad Tettenbusch**
Prüm

🌼 **Waldlehrpfad Lieser-Kuser-Plateau** 54518 Altrich

> **Besonders haften gebliebene Urlaubserinnerungen:**
>
> *„Vielleicht war es die Nacht im Stroh oder doch die Geburt eines Kälbchens."*
>
> *„Ich sitze in Ihrem Bauerngarten zwischen lila Astern, lodernden blauen Pflaumen und grünen Stangenbohnen."*
>
> *„Kapelle, Scheune und Wohnhaus – eine kleine Welt für sich."*

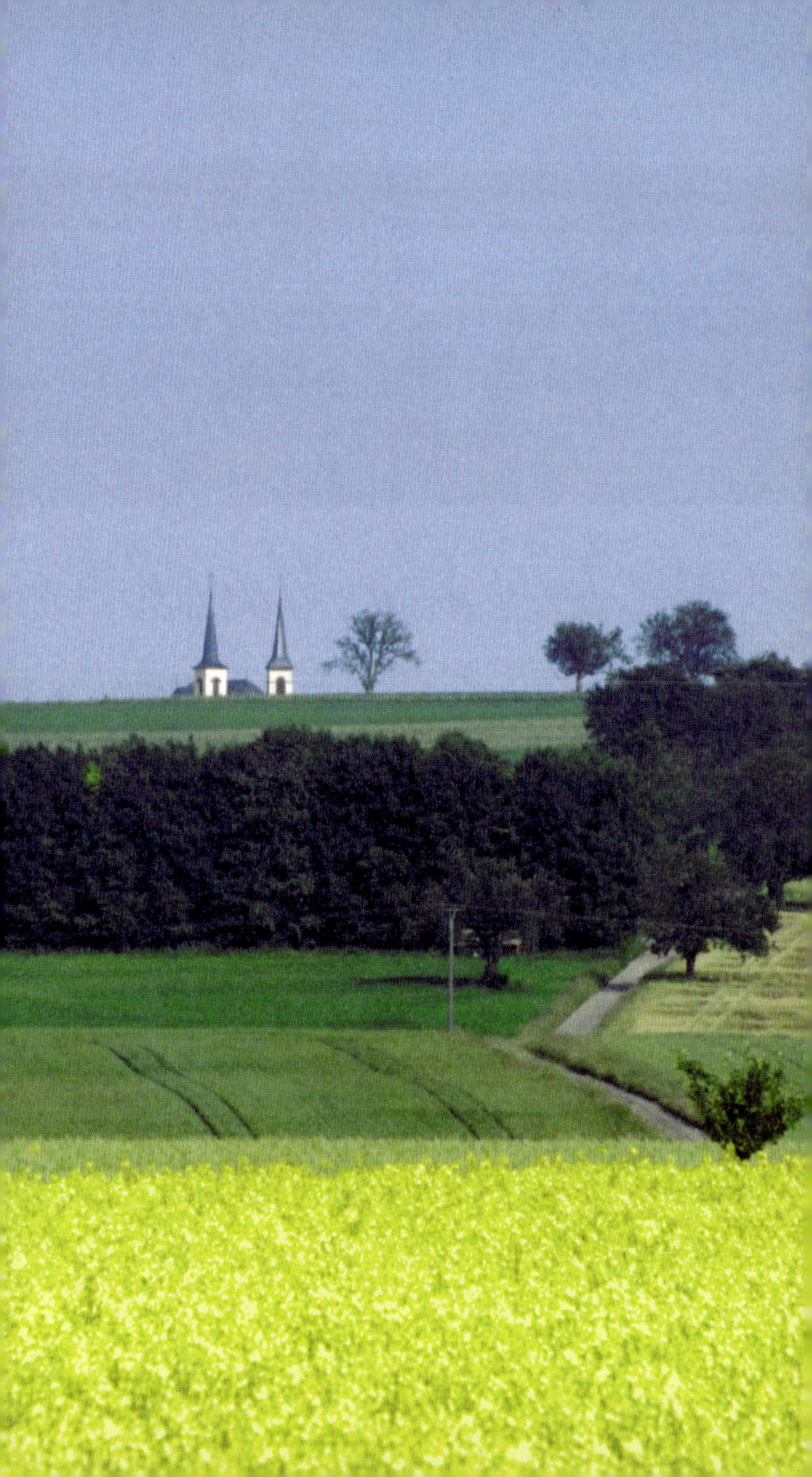

Zwischen Mosel

Schon vor 2000 Jahren legten die Römer die ersten Weinberge an. Gegen Ende des 18. Jahrhunderts entdeckten die reichen Engländer die reizvolle Landschaft. Beides trug zur unübertroffenen Beliebtheit bei, die Mosel und Rhein heute genießen.

Ein beinahe mediterranes Klima ist der Grund für das hervorragende Gedeihen des Riesling an den Hängen der Mosel. So ziehen sich von der oberen Mosel bis hinunter nach Koblenz Rebflächen und zugehörige Weinorte - eingerahmt von der lieblichen Landschaft rund um den sich in Mäandern schlängelnden Fluss. Der Weinliebhaber hat die Wahl zwischen Weinwanderwegen und -lehrpfaden oder gemütlichen Weinproben in so bekannten Winzerorten wie **Bernkastel-Kues**, **Traben-Trabach**, **Zell**, **Beilstein** und **Cochem**.

Es ist aber nicht nur der Wein, der diese Orte berühmt gemacht hat. Überall locken reizvolle Fachwerkbauten, verschlungene Gassen und Relikte aus der Zeit der Römer. Und natürlich etliche Burgen oder

und Rhein

Rhein
45
Koblenz
46
Wiesbaden   Frankfurt
Mosel 47   Offenbach
            Mainz
                    Darmstadt
            48
        Ludwigshafen Mannheim
    Kaiserslautern
                Heidelberg
                        Heilbronn
        Karlsruhe
                    Stuttgart

Burgruinen, die lebhaft an die bewegte Geschichte dieser umkämpften Region erinnern. Prunkstück ist die **Burg Eltz** im Tal des Eltzbaches. Da sie nie zerstört wurde, gehört sie zu den besterhaltenen Burgen des Mittelalters und gibt einen bemerkenswerten Eindruck vom Leben vergangener Zeiten.

In **Koblenz** mündet die Mosel malerisch in den landschaftlich einmaligen Rhein. Vom Deutschen Eck in Koblenz hat man einen grandiosen Ausblick auf beide Flüsse, die Stadt und die oberhalb gelegene Festung Ehrenbreitstein. Hier ist zudem ein guter Ausgangspunkt für Schifffahrten auf Rhein und Mosel. Solch eine Fahrt ist fast ein Muss für jeden Urlauber, denn so erschließt sich der Zauber der Landschaft am besten: sanfte Weinberge und schroffe Felsen, dunkle Täler und sagenumwobene Burgruinen fügen sich zu einem wunderschönen Landschaftsbild. Dazwischen liegen die Winzerorte, in denen der Wein wie an der Mosel rund um das Jahr eine zentrale Rolle spielt.

Wer sich per Ausflugsdampfer einen Überblick verschafft hat, wird nun die für ihn attraktivsten Ziele am Mittelrhein aus der Nähe besichtigen wollen: linksrheinisch zum Beispiel die Städtchen **Bingen, Bacharach, Oberwesel** und

Boppard, rechtsrheinisch vielleicht **Eltville** und **Rüdesheim**. Unbedingt dazu gehört je nach Geschmack eine Auswahl der unzähligen Burgen. Zum Beispiel die über 1000 Jahre alte **Burg Rheinstein**, die mächtige **Burg Rheinfels** mit Schlosshotel und Museum oder die einen herrlichen Blick auf Rhein und Lahnmündung bietende **Burg Lahneck**. Als einzige unzerstörte Höhenburg am Rhein sollte die **Marksburg** einen Extra-Besuch erhalten.

Mit dem Schiff oder der Bahn lassen sich Rhein und Mosel am erholsamsten bereisen. An der ruhigen, in zehn Stufen gestauten Mosel, bieten sich neben einem Wanderurlaub auch Kanu-Touren an. Den vielleicht besten Eindruck vom Rhein verschafft die Wanderung auf dem Rheinhöhenweg.

Zwischen Mosel und Rhein

45 Hofgut Alt Schwartenberg

Burgruinen, Wälder und Bauernland prägen die Landschaft rund um das hessische Städtchen Limburg.
Oberhalb des Raubschlosses von Neuelkerhausen liegt der Geflügelhof Alt Schwartenberg. Nach alten Überlieferungen hat schon der Schinderhannes hier Unterschlupf gefunden. Von hier aus ging er dann auf seine Raubzüge.
Von der Terrasse des Hofes kann man den fantastischen Blick ins Lahntal genießen.
Lehr- und erlebnisreich zugleich schlängelt sich der Leinpfad an der Lahn entlang und lädt zu Fuß- und Radtouren ein. Das kleine Dörfchen Gräfeneck ist sehenswert wegen seiner zwei Kirchen. Zweimal im Jahr löst Trubel die Ruhe und Beschaulichkeit ab: Bei der traditionellen Kirmes und beim Ballonfestival in Weilburg.
Auf dem Hofgut dreht sich alles

Land Selection
EUROPAS SCHÖNSTE FERIENHÖFE

Lucia und Gunther Thomé
Hofgut Alt Schwartenberg
35796 Weinbach Gräveneck
Tel.:   0 64 71 - 48 42
Fax: 0 64 71 - 49 04 35
www.gefluegelhof-thome.de
info@gefluegelhof-thome.de

Vollerwerbsbetrieb mit Geflügelhaltung in Einzellage

- alter Baumbestand
- Raubschlossbesichtigungen
- Hofbesichtigungen auf Anfrage
- Kreative Kurse: Socken stricken, Teddybären nähen
- **Ziegenpeterservice**
- **Tischlein deck' dich**
- ab-Hof-Verkauf von Eiern, Frischgeflügel und Nudeln

um Geflügel: Hühner, Gänse, Puten, Enten und Wachteln können von Kindern gestreichelt werden. Die Ferienwohnungen haben eine gehobenen Ausstattung und eine schöne Terrasse. Im Schatten gelegen, stehen sie zur Erholung zur Verfügung.

Preise ab EUR

Wohneinheit	FeWo
Ü.	38-48
Kinder bis 6 J. frei	
qm	76-86

Gesamtzahl der Gästebetten: 6

Zwischen Mosel und Rhein

46 Ferienhof Hardthöhe

Im Herzen der Unesco-Welterbe-Kulturlandschaft liegt der Ferienhof Hardthöhe. Reb- und Waldhänge, Burgen und historische Stadtkerne aus mittelalterlicher Zeit kennzeichnen die einmalig schöne Landschaft des Mittelrheins. Inmitten von Wiesen und Feldern, ganz vorn auf einem von der Sonne verwöhnten Hochplateau über Oberwesel, liegt der Ferienhof Hardthöhe.

Hier wohnen die Gäste in urgemütlichen, komfortablen Blockhäusern, die nur wenige Schritte vom vollbewirtschafteten Bauernhof entfernt sind. Zahlreiche Sehenswürdigkeiten locken die Gäste in die Umgebung. Aber immer wieder wird man auf den Hof gezogen, um bei den Unternehmungen dabeizusein, die die Gastgeberin mit viel Freude vorbereitet.
Auf dem Hof, wo einem das

Land Selection
EUROPAS SCHÖNSTE FERIENHÖFE

Rita Lanius-Heck
Hof Hardthöhe
55430 Oberwesel
Tel.: 0 67 44 - 72 71
Fax: 0 67 44 - 74 20
www.ferienhof-hardthoehe.de
info@ferienhof-hardthoehe.de

Bauern- und Reiterhof in Panoramalage im Unesco-Welterbe „Oberes Mittelrheintal"

- Reitschule FN Reithalle, Gastpferdeboxen, Kutschfahrten, Ausritte
- Großer Bauernhof
- Mutterkuhherde
- Hofladen
- viele Streicheltiere
- Kinderspielscheune - Animation für Kinder
- geführte Wanderungen
- Picknick und Grillen mit Panoramablick
- Jagdmöglichkeit im eigenen Revier
- Weinprobe im Familienweingut
- Beautyfarm, Solarium, Massage, Sauna
- Tagungsraum
- Heuherberge
- Frühstücksbuffet auf Wunsch
- wer möchte - Mitarbeit auf dem Hof

romantische Tal der Loreley zu Füßen liegt und der Blick auf der mittelalterlichen Schönburg ruht, werden aus Gästen nicht selten Freunde.

Preise ab EUR

Wohneinheit	Häuser
Ü	40–80
qm	65-85

Gesamtzahl der Gästebetten: 40

Zwischen Mosel und Rhein

47 Staffelter Hof

Anno 862 schenkte Kaiser Lothar II die Ländereien um Kröv an der Mosel der reichsfreien Abtei Stavelot, von der sich auch der Name des Weinguts Staffelter Hof ableitet. Seit dem Mittelalter genießen die Riesling-Weine, die hier aus mildem Klima und uralter Winzertradition hervorgehen, besten Ruf. Im liebevoll restaurierten Gewölbekeller des Staffelter Hofs kann man sie bei einem Imbiss mit Spezialitäten von der Mosel probieren und dabei manches über die Arbeit an den Steilhängen und die Geheimnisse der Weinherstellung erfahren. Aber viel ergiebiger lässt sich das traditionsreiche Ambiente genießen, wenn man einen Urlaub hier verbringt. Das Hofensemble aus dem 16. Jahrhundert beherbergt

Land Selection
EUROPAS SCHÖNSTE FERIENHÖFE

Gundi und Gerd Klein
Weingut Staffelter Hof
Robert-Schuman-Str. 208
54536 Kröv
Tel.: 0 65 41 - 37 08
Fax: 0 65 41 - 39 33
www. staffelter-hof.de
staffelter-hof@t-online.de

Weingut

- Große parkähnliche Hofanlage
- Weinprobe
- Weinbaulehrpfad
- Weinfest
- Führung durch den Weinbaulehrpfad
- auf Wunsch gemeinsame Grillabende
- Tagungsraum
- Fahrradverleih
- Spielwiese
- Schwimmen
- Ab-Hof-Verkauf von Wein, Sekt, Likören, Weinessig, Traubenkernöl
- Reise-Regen-Bonus

heute auch Ferienwohnungen und Gästezimmer, die mit klassischem Komfort ausgestattet sind. Sonnige Balkone und Terrassen geben den Blick auf parkählliche Gartenanlagen frei, Oleanderbüsche und Lorbeersträucher lugen zwischen den alten Gemäuern hervor, und der Duft der Kräuter aus dem Bauerngarten liegt in der Luft. Historische Städte in der Umgebung, Rad- und Wanderwege durch die anmutige Landschaft und die zahlreichen Dorf- und Winzerfeste bieten genügend Abwechslung, aber ob man die überhaupt braucht, ist angesichts der Ruhe und Gelassenheit und des einzigartigen Flairs auf dem Staffelter Hof schon fraglich.

Preise ab EUR

Wohneinheit	FeWo	Zimmer
Ü	41–52/2P	40–44
qm	32–60	20

Gesamtzahl der Gästebetten: 12

Zwischen Mosel und Rhein

48 Lautersheimer Gutshof

Im blumengeschmückten Innenhof des Lautersheimer Gutshofs herrscht buntes Treiben: Die Vorbereitungen für ein Lagerfeuer sind in vollem Gange, Hofhund Bessy wartet schwanzwedelnd darauf, zu einem Spaziergang eingeladen zu werden, zwei Gästekinder versuchen den manchmal störrischen Ziegenbock von der Stelle zu bewegen, und ein Pony lässt geduldig erste Reitübungen über sich ergehen. Kein Wunder, dass Kinder sich hier wohl fühlen, vor allem, wenn sie die hohe Kunst des Reitens lernen möchten. Auf sie warten über 20 Pferde und Ponys, eine Reithalle und ein Reitplatz, und im Pferdestall gibt's immer was zu tun. Der über 300 Jahre alte Hof am Ortsrand von Lautersheim, zwischen Deutscher Weinstraße

Land Selection
EUROPAS SCHÖNSTE FERIENHÖFE

Waltraud und Albert Bauer
Lautersheimer Gutshof
Göllheimer Str. 8
67308 Lautersheim
Tel.: 0 63 51 - 13 28 60
Fax: 0 63 51 - 13 28 83
www.lautersheimergutshof.de
lautersheimergutshof@t-online.de

Vollbewirtschafteter Hof mit Pferden und Getreideanbau

- wöchentlicher Gästetag mit verschiedenen Angeboten
- Reithalle und -platz
- Reitunterricht, Ausritte
- geführte Tagesritte
- Reitkurse m. Abnahme Kleines und Großes Hufeisen
- Pony führen, Kutschfahrten
- Reiterferien f. Mächen von 9 - 16 J., 6 Tage VP (So-Sa) 275,- EUR
- Gruppenschlafraum bis 12 P.
- Einzelübernachtung und Aufn. von Kindern o. Begleitung mögl.
- Fahrradtourenvorschläge
- Grill- und Lagerfeuerabende
- Pfälzer Spezialitäten, Vollwert- und vegetarische Küche mögl.
- Spielplatz, Kinderfahrzeuge, großer Garten mit Liegewiese
- Streicheltiere
- **Ziegenpeterservice**
- Reise-Regen-Bonus

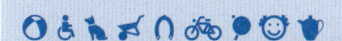

Preise ab EUR

Wohneinheit	FeWo
Ü	41,5–69
qm	35–55

Gesamtzahl der Gästebetten: 30

und Donnersberg, beherbergt gemütliche, modern eingerichtete Appartements nicht nur für Selbstversorger: Im großen Aufenthaltsraum unterm Kreuzgewölbe gibt es auf Wunsch morgens Frühstück und abends ein Büffet mit regionalen Köstlichkeiten, zu denen auch ein Pfälzer Wein nicht fehlt. Und die Schlösser und Burgen entlang der Weinstraße oder historische Städte wie Worms, Mainz oder Speyer versprechen einen abwechslungsreichen Urlaub.

Bauernhof-Cafés

☕ **Bauernstube Sonnenhof**
64385 Reichelsheim, Tel. 0 61 64/15 14

☕ **Älteste Odenwälder Lebkuchenbäckerei „Delp & Baumann" mit Landwirtschaft** 64385 Reichelsheim, Tel. 0 61 64/23 13

Kulturdenkmäler

🏰 **Deutsche Greifenwarte Burg Guttenberg** 74855 Neckarmühlbach, Tel. 0 62 66/3 88, Öffnungszeiten: April bis Oktober 9 bis 18 Uhr, März bis Nov. 12 bis 17 Uhr, Flugvorführungen mit Seeadlern, Großgeiern und Uhus

🏰 **Felsenmeer**
nördlich von 64686 Reichenbach/Odenwald (Straße von Reichenbach über Beedenkirchen nach Balkhausen)

🏰 **Grube Messel** – Schaufenster der Erdgeschichte im Ölschiefer, Besichtigungen auf Anfrage, 64409 Messel, Fossilien- und Heimatmuseum, Tel. 0 61 51/16-57 03

🏰 **Geoökologischer Lehrpfad Gau-Algesheim** (7,5 km lang), Infos: Geologisches Landesamt Rheinland-Pfalz, Tel. 0 61 31/92 54-3 06 oder Touristikzentrale 0 67 25/31 51, Führungen nach Absprache

Freilichtmuseen

🏠 **Freilichtmuseum Bad Sobernheim** 55566 Bad Sobernheim, Tel. 0 67 51/38 40, Fax 0 67 51/12 07, Öffnungszeiten: 1.4. bis 31.10. täglich außer montags 9 bis 18 Uhr, vom 1.11. bis 31.3. ist das Gelände für Besichtigungen frei

🏠 **Freilichtmuseum Roscheider Hof** 54329 Konz, Tel. 0 65 01/40 28, Öffnungszeiten: März bis November, montags bis samstags 9 bis 17 Uhr, sonntags 10 bis 17 Uhr

🏠 **Hohenloher Freilandmuseum** 74523 Schwäbisch-Hall/Wackershofen, Tel. 07 91/7 27 74, Öffnungszeiten: Juni bis September täglich außer montags 9 bis 18 Uhr, April/Mai und Oktober täglich außer montags 10 bis 17.30 Uhr

🏠 **Odenwälder Bauernhaus**
Museumsstraße, 74731 Walldürn-Buchen, Tel. 0 62 81/27 80

🏠 **Odenwälder Freilandmuseum**
Einblicke in die frühere Lebens- und Arbeitswelt auf dem Lande, Weiherstraße 12, 74731 Walldürn-Gottersdorf, Tel. 0 62 86/3 20, Öffnungszeiten: 1. April bis 31. Oktober, Mai bis September 10 bis 18 Uhr, April und Oktober 10 bis 17 Uhr

Die Moselweinstraße

Weinselige Moselromantik verbreitet diese Kulturlandschaft, die entlang der Moselweinstraße von Koblenz bis Trier ihre besonderen Reize entfaltet. Das Kennzeichen „Drei Trauben und ein M auf grünem Grund" führt den Gast vorbei an unzähligen Weinstuben, einladenden Straußenwirtschaften und gemütlichen Gasthäusern in Winzer-Regie.
Parallel zur „Moselweinstraße" verläuft der „Mosel-Radwanderweg".

🏠 **Schwäbisches Bauern- und Technikmuseum** 73569 Eschach-Seibertshofen, Tel. 0 79 75/3 60, Öffnungszeiten: täglich 9 bis 18 Uhr, auch an Sonn- und Feiertagen

🏠 **Mosel-Weinmuseum** Cusanusstraße 2, 54470 Bernkastel-Kues, Tel. 0 65 31/41 41, Öffnungszeiten: 16.4. bis 31.10. täglich 10 bis 17 Uhr, 1.11. bis 15.4. täglich 14 bis 17 Uhr

🏠 **Deutsches Weinbaumuseum** Wormser Straße 49, 55276 Oppenheim, Tel. 0 61 33/25 44, Öffnungszeiten: 1.4. bis 31.10. täglich außer montags 13 bis 17 Uhr, in den Wintermonaten geschlossen

🏠 **Historisches Museum der Pfalz mit Weinmuseum** Große Pfaffengasse 7, 67346 Speyer, Tel. 0 67 32/71 31, Öffnungszeiten: täglich 9 bis 12 Uhr u. 14 bis 17 Uhr

🏠 **Tabakmuseum (im Rathaus)** 64653 Lorsch, Tel. 0 62 51/50 41, Öffnungszeiten: Mai bis September, montags bis freitags 9 bis 12.30 Uhr, 13.30 bis 16 Uhr, samstags 10.30 bis 12.30 Uhr, sonntags 10.30 bis 12.30 Uhr u. 13.30 bis 16 Uhr, Oktober bis April montags bis donnerstags 9 bis 12 Uhr u. 14 bis 16 Uhr, freitags 9 bis 12 Uhr; sonst nach Vereinbarung

🏠 **Deutsches Landwirtschaftsmuseum Hohenheim** Garbenstraße 9a u. Filderhauptsstraße 179, 70599 Stuttgart, Tel. 07 11/4 59-21 46, Fax: 07 11/4 59-34 04, Öffnungszeiten: dienstags/freitags 10 bis 13 Uhr u. 14 bis 17 Uhr, sonn- u. feiertags 10 bis 17 Uhr; Führungen außerhalb der Öffnungszeiten auch nach Vereinbarung möglich

🏠 **Sensen- und Heimatmuseum** Berliner Straße 31, 77855 Achern/Baden, Tel. 0 78 41/43 88, Öffnungszeiten: sonntags (außer feiertags) 14 bis 18 Uhr

🏠 **Schwarzwälder Freilichtmuseum** Vogtsbauernhof, 77793 Gutach, Tel. 0 78 31/93 56-0, Fax 0 78 31/93 56-29, Öffnungszeiten: 1.4. bis 1.11. täglich 8.30 bis 18 Uhr

🏠 **Fischereimuseum „Haus der Fischerei"** 54331 Oberbillig-Trier, Tel. 0 65 02/99 40 60

🏠 **Der GaytalPark im Umwelt-Erlebnis-Zentrum** (Thema: Böden und Landschaft), Bitburger Straße 1, 54675 Körperich, Tel. 0 65 66/96 93-0, Öffnungszeiten: 9.4. bis 31.10. dienstags bis sonntags 10 bis 18 Uhr, in den Wintermonaten ab 1. Nov. nur sonntags 10 bis 17 Uhr, Führungen jeden Sonntag 15 bis 17 Uhr, in den Wintermonaten 14 bis 16 Uhr

Die Viezstraße im Saargau
Ein rot-grünes Apfelsymbol kennzeichnet die Apfelroute (Route du Cidre) im Dreiländereck östlich von Merzig.

Bauerngärten

🌼 **Englischer Garten** Jagdschloss Eulbach (an der B 47 Michelstadt und Amorbach), Öffnungszeiten täglich 9 bis 17 Uhr

Vom Schwarzwald nach Oberbayern

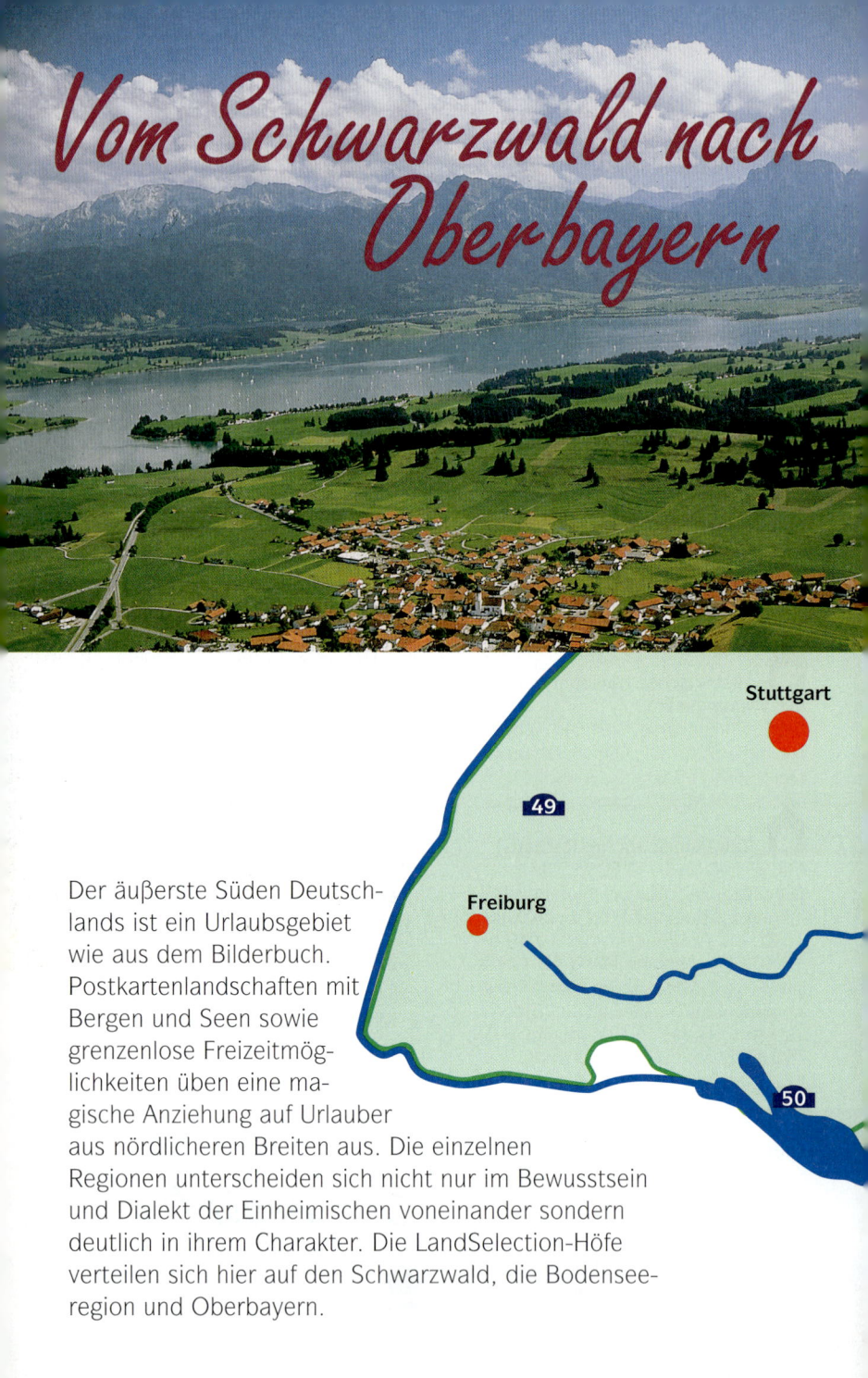

Der äußerste Süden Deutschlands ist ein Urlaubsgebiet wie aus dem Bilderbuch. Postkartenlandschaften mit Bergen und Seen sowie grenzenlose Freizeitmöglichkeiten üben eine magische Anziehung auf Urlauber aus nördlicheren Breiten aus. Die einzelnen Regionen unterscheiden sich nicht nur im Bewusstsein und Dialekt der Einheimischen voneinander sondern deutlich in ihrem Charakter. Die LandSelection-Höfe verteilen sich hier auf den Schwarzwald, die Bodenseeregion und Oberbayern.

Erlangen
Fürth
Nürnberg

Donau

Augsburg

München

51   52
      53
   54

Der Schwarzwald

Es ist diese Postkartenidylle, diese Mischung aus romantischen Tälern und stattlichen Höhen, aus rauschenden Bächen und hübschem Fachwerk, die den Schwarzwald weltbekannt gemacht hat. Dazu kommt die ausgezeichnete badische Küche und der badische Wein sowie ein unerschöpfliches Potenzial für diverse Freizeitaktivitäten. Dank seiner abwechslungsreichen Landschaft aus Bergen bis über 1400 Meter Höhe, Tälern, Flüssen und Seen ist der Schwarzwald beliebt bei Wanderern, Mountainbikern und Kletterern sowie Gleitschirm-, Drachen- und Segelfliegern. Im Sommer kommen außerdem Wasser-, im Winter Wintersportler auf ihre Kosten.

Attraktive Ausflugsziele vervollständigen das Bild. So reiht sich im Kinzigtal ein sehenswertes Städtchen an das andere: über Alpirsbach, Schramberg, Schiltach, Wolfach, Haslach, Gengenbach und Ortenberg geht die Reise nach **Offenburg**, dem Tor zum mittleren Schwarzwald.

Wem der Sinn nach mehr Stadtkultur steht, der macht einen Abstecher zum weltberühmten Kurort **Baden-Baden** oder zur Schwarzwaldmetropole **Freiburg**. Wer mehr Schwarzwaldnatur erleben möchte, reist zu den höchsten Wasserfällen Deutschlands in Triberg oder in das Simonswälder Tal.

Bodensee

Groß, schön und international präsentiert sich der Bodensee vor einer prächtigen Alpenkulisse. Die Schiffe der weißen Flotte verbinden schnell und unkompliziert Deutschland, Österreich und die Schweiz, die sich seine Ufer teilen. Acht volle Tage dauert es, die 263 Kilometer Uferlinie abzuwandern. Etwas schneller gelingt dies mit dem Rad. Dabei wechseln sich geschichtsträchtige Städte und zauberhafte Ortschaften ab, bieten sich immer wieder großartige Ausblicke auf den See und die Hochgebirgslandschaft.

Die LandSelection-Höfe liegen an der klimatisch begünstigten Nordseite des Bodensee. Ihr Plus ist die ruhige und dennoch zentrale Lage. **Konstanz**, das malerische **Meersburg** und **Überlingen**, das moderne **Friedrichshafen**, die Inselstadt **Lindau** und die Festspielstadt **Bregenz**. Die Inseln **Mainau** und **Reichenau**, das Pfahlbaumuseum in **Unterruhldingen** und die barocke Wahlfahrtskirche St. Maria in **Birnau** - auch diese Orte ziehen jedes Jahr Scharen von Touristen in ihren Bann.

Ruhiger und naturnäher geht es im Bodensee-Hinterland zu. So führt zum Beispiel eine Rundreise durch Linzgau, Hegau und Bodanrück zu markanten Aussichtspunkten, gemütlichen Ortschaften und wertvollen Naturschutzgebieten. Ein wenig Pause vom Trubel am See verschaffen auch Ausflüge in die hügelreiche Region Oberschwabens, die sich oberhalb von Friedrichshafen erstreckt. Flüsse, Seen und Moore, außerdem Klöster, Barockkirchen und nicht zu vergessen stattliche Landgasthöfe mit bekannt guter schwäbischer Küche sorgen für Erholung und Abwechslung.

Oberbayern

Wer ein geeignetes Reiseziel in Oberbayern sucht, hat wirklich die Qual der Wahl. So abwechslungsreich ist die Landschaft, so vielfältig die Kultur und auf so positive Weise erfüllen sich hier die Klischees vom schönen Bayern. Die Konzentration der LandSelection-Höfe auf das Werdenfelser Land und den Chiemgau erleichtert die Entscheidung.

Eine Burgruine gab dem **Werdenfelser Land** seinen Namen. Der Landstrich zwischen Murnau und Garmisch-Partenkirchen gehört zu den schönsten Ecken Oberbayerns. Von hier erscheinen die Alpen zum Greifen nahe und das sind sie auch: Eine Fahrt mit Zahnrad- und Kabinenbahn auf die Zugspitze ist für viele die Krönung ihres Urlaubsaufenthaltes. Für andere ist es der Besuch **Neuschwansteins** oder *Garmisch-Partenkirchens*, der Weg durch die **Höllentalklamm** oder die Besichtigung des Rokokoschlösschens **Linderhof**.

Natur- und Kunstliebhaber sollten sich unbedingt nach **Murnau** am Staffelsee begeben. Das verwunschene Murnauer Moos ist die größte, naturbelassene Mooslandschaft in den Alpen. Von den Reizen der Region fasziniert, arbeiteten hier während einiger Jahre die Maler Wassily Kandinsky und Gabriele Münter sowie weitere Künstler des „Blauen Reiter". Das Gabriele-Münter-Haus und das Kunst- und Regionalmuseum Murnaus geben aufschlussreiche Einblicke in Leben und Werk der Expressionisten.

Noch eine Bilderbuchlandschaft blüht rund um Bayerns größten See, den **Chiemsee**. Am Chiemsee selbst herrscht dank der ausgezeichneten Wassersportmöglichkeiten und der berühmten Inseln **Herrenchiemsee** und *Fraueninsel* ein großer Besucherandrang. Außerhalb der Hauptsaison entfaltet sich der idyllische Charme des Gebäudeensembles auf der Fraueninsel aber immer noch in ungestörter Pracht.

Im Chiemgau, dem Landstrich südlich des Sees, geht es wesentlich ruhiger und ursprünglicher zu: urige Bauerndörfer und große Einzelhöfe bestimmen wie zu alten Zeiten das Bild. Urlaub auf dem Bauernhof hat hier eine lange Tradition.

Die LandSelection-Höfe im Chiemgau sind ideale Standorte für Ausflüge in die Umgebung: zu den Chiemsee-Strandbädern in **Prien**, **Seebruck** oder **Chieming**, zum kleineren **Sims**- oder **Waginger See** und natürlich zu den vielen sehenswerten Städten im typischen Inn-Salzach-Stil. Der mediterrane Flair dieser Bauweise mit quadratischen Fassaden und Laubengängen ist besonders gut in **Rosenheim**, **Traunstein**, **Berchtesgaden**, **Tittmoning** und **Wasserburg** nachzuempfinden. Aber auch die kleineren Orte, denen Reiseführer nur wenige Zeilen widmen, sind fast alle einen Stopp wert. Und sei es nur, um in einen der vielen Landgasthöfe oder Biergärten einzukehren. Schweinsbraten und Haxe, Knödel und bayerisches Bier sind vielerorts fester Bestandteil der Karte. Spätestens seit Alfons Schuhbeck gibt es in vielen Restaurants verfeinerte und leichte Varianten der typischen, bayerischen Küche.

Müßig zu erwähnen, dass die Region ein Paradies für Sportler jeder Art ist. Es gibt fast nichts, was man hier nicht ausüben könnte. Als Besonderheit lockt seit einigen Jahren der „Musiksommer zwischen Inn und Salzach", der an über 40 Veranstaltungsorten Musik jeglicher Art in den Mittelpunkt rückt.

Vom Schwarzwald nach Oberbayern

49 Hanselehof

Die überwältigenden Weite und Großartigkeit der Natur, verbunden mit der sprichwörtlichen Gemütlichkeit der Schwarzwaldbauernhöfe, prägen diese Landschaft schon über Jahrhunderte.

Auf dem Hanselehof hat sich dies bis heute erhalten.
Das weitläufige Anwesen mit eigener Hofkapelle und Leibgedingehaus, dem **Haus Landeck,** liegt freistehend - in etwa 700 Metern Höhe - eingebettet in einer offenen, reizvollen Berglandschaft, die zum Entspannen und Erholen einlädt.
Das Holz der einheimischen Tannen und Fichten aus dem Wolftal, eines der noch ursprünglichsten Schwarzwaldtäler, prägen die freundliche und gehobene Atmosphäre der Appartements, Ferienwohnungen und Gästezimmer. Die bekannt gute Küche des Hauses mit regionalen Köstlichkeiten und selbsterzeugten Produkten

Land Selection
EUROPAS SCHÖNSTE FERIENHÖFE

Hermann Schmid
Hanselehof
Schapbach
77709 Oberwolfach-Walke
Tel.: 0 78 39-2 30
Fax: 0 78 39-13 10
www.hanselehof.de
Hanselehof@t-online.de

Schwarzwaldbauernhof zum Wohlfühlen und Erleben

- Sektempfang mit Vorstellung des Wochenprogramms
- Diaabende über Brauchtum und Umgebung
- Hüttenabende mit Lagerfeuer
- geführte Wanderungen mit Waldqiuz
- Süßer Nachmittag
- Hofhockede mit großem Salatbuffet
- Schnaps- und Weinprobe
- eigene Hofjagd
- ideales Wandergebiet, keine steilen Aufstiege • eigene Schlachtung und Brennerei
- Halbpension mit Vier-Gang-Menü • Mountainbikeverleih
- Spieleschrank
- Komfortappartements und Ferienwohnungen
- Inklusivpreise, keine Nebenkosten

Preise ab EUR

Wohneinheit	FeWo	Zimmer
Ü	25-69	
Ü/F	+ 8	ab 25
HP	+ 18	ab 34

Gesamtzahl der Gästebetten: 40

sorgen genauso für Abwechslung wie das umfangreiche Wochenprogramm. Forstwirtschaft und Viehaltung regeln den Tagesablauf des Hofes. Die nelbelfreien auf den Höhen besonders ausgeprägten sonnigwarmen Herbsttage, das Frühjahr mit seinen blühenden Bergwiesen oder der Winterabend am wärmenden Kachelofen in der gemütlichen Bauernstube sind Urlaubs-Alternativen.

Vom Schwarzwald nach Oberbayern

50 Gerbehof

In der Ferne ragen dunkel die Bergketten der Alpen auf, aber *das anmutige Hügelland rund um den Bodensee verwandelt sich im Frühjahr in ein leuchtendes Blütenmeer,* und über den Uferpromenaden mit ihren üppig blühenden Parkanlagen und ihrem lässig-eleganten Nachtleben liegt das Flair des Südens. Nahe der Ortschaft Ailingen liegt am Waldrand der Gerbehof, umgeben von Wiesen und Obstplantagen. Besonders Familien mit Kindern finden hier alles, was zu einem Bauernhofurlaub gehört: Wo morgens der Hahn kräht und im Stall schon die Frühstückseier liegen, wo Enten ihre Runden auf dem Teich drehen, Ponys sich auf kleine Reiter freuen und Hasen, Katzen und Hunde auf Streicheleinheiten warten, bleibt kaum Zeit, auch noch den Spielplatz und die vielen Spielsachen zu erobern. Der Bodensee mit seinem Naturbadestrand liegt ganz in der Nähe und lässt sich nicht nur auf Wanderwegen umrunden, sondern auch bei Bootsfahrten oder – aus der Vogelperspektive – bei einer

Land Selection
EUROPAS SCHÖNSTE FERIENHÖFE

Ursula Wagner
Pension Gerbehof
88048 Friedrichshafen-Ailingen
Tel.: 0 75 41 – 5 00 20
Fax: 0 75 41 – 50 02 50
www.gerbehof.de
info@gerbehof.de

Bauernhof in Einzellage

- Grillfeste und gesellige Abende im kanadischen Blockhaus mit offenem Kamin • Wintergarten
- Gastpferdeboxen und -koppeln. Sandplatz mit Flutlicht, Reithalle • Reitstunden u. Westernreitkurse a.A., Ponyreiten u. Kutschfahrten
- Oldie-Traktorfahrten
- Luftgewehrschießen
- gemeinsames Basteln und Spielen • viele Streicheltiere
- Abenteuerspielplatz, viele Tretfahrzeuge • Spaghettiessen für Kinder • Babysitten möglich, Kinderservice
- **Ziegenpeterservice**
- **Tischlein deck' dich**
- Ab-Hof-Verkauf von Wurst, Fleisch, Eiern, Äpfeln, Apfelsaft, Most und Schnaps
- Vermietung der Zimmer von Februar bis November, Ferienwohnungen ganzjährig
- Reise-Regen-Bonus

Preise ab EUR

Wohneinheit	FeWo	Zimmer
Ü	65-80	
qm	55-80	
Ü/EZ/F		32-40
Ü/DZ/F		50-70

Gesamtzahl der Gästebetten: 10

abenteuerlichen Ballonfahrt. Und das Zuhause von Käpt'n Blaubär im nahe gelegenen Freizeitpark, historische Städte wie Lindau oder Konstanz und die Blumeninsel Mainau bieten Ausflugsziele in Hülle und Fülle.

Vom Schwarzwald nach Oberbayern

51 Blaslhof

Das Werdenfelser Land ist eine der harmonischsten Landschaften des Voralpenraumes. Seltene Tier- und Pflanzenarten sind in seinen hügeligen Wäldern, Wiesen und Mooren beheimatet, und am Horizont ragt die imposante Gebirgskette von der Benediktinerwand bis zu den Allgäuer Alpen empor.
In dieser reizvollen Umgebung liegt der Blaslhof mit seinen urgemütlichen baubiologisch eingerichteten Ferienwohnungen und viel Freiraum. Eine große Familie mit vielen vierbeinigen Freunden lädt Sie herzlich ein, das Leben im Einklang mit der Natur zu erproben. Dazu gehört nicht nur die Vollwertkost, artgerechte Tierhaltung und extensive Bewirtschaftung, sondern auch die Arbeit selbst. Der Alltag auf dem Bauernhof mit seinen Tieren verlangt immer wieder aufs Neue viel Aufmerk-

Land Selection
EUROPAS SCHÖNSTE FERIENHÖFE

Familie Taffertshofer
Blaslhof
Kalkofen 10
Gemeinde Uffing
82449 Schöffau
Tel.: 0 88 46 - 2 24
　　　und 82 49
Fax: 0 88 46 - 81 48
www.blaslhof.de
info@Blaslhof.de

Biologisch bewirtschafteter Bauernhof

- Reitkurse einmal anders
- Herrliche Ausritte
- Wandern
- viel Platz zum spielen, Lagerfeuer machen, Grillen, im Stroh verstecken
- Obst-Liegewiesen
- Geschichten erzählen mit Bauer Sepp am Lagefeuer
- Kutschfahrten
- geführtes Ponyreiten
- Bauer Sepps Märchenbühne im Theaterstadl
- im Winter: Loipe, Schlittschuhlaufen
- **Tischlein deck' dich**
- **Ziegenpeterservice**
- Badesee in 6 km
- Skilifte 2 km

Preise ab EUR

Wohneinheit	FeWo	Zimmer
Ü	51–67	25/m.F.
F	7,50	
qm	40–60	

Gesamtzahl der Gästebetten: 25

samkeit und Feinfühligkeit. Nicht der besondere Komfort, sondern die naturnahe Erholung und die herzliche Gastfreundschaft lassen auf dem Blaslhof neue Werte entdecken und frische Kraft für Leib und Seele schöpfen.

Vom Schwarzwald nach Oberbayern

52 Fetznhof

Die mächtigen Ausläufer der Alpen strecken sich in das Land um das „bayerische Meer", den Chiemsee. *Hier im Chiemgau begegnen dem Gast im Jahreskreis der bäuerlichen Feste immer wieder Tradition und Brauchtum.* Am Rande des über tausendjährigen Städtchens Grassau liegt der Fetznhof. Die im rustikalen Stil eingerichteten Ferienwohnungen und Zimmer des Fetznhofes vermitteln dem Gast echte bayerische Gemütlichkeit. Mit deftigen Schweinshaxen oder vegetarischen Gerichten wird der Gaumen verwöhnt – natürlich vorwiegend mit Produkten aus dem eigenen alternativen Landbau. Während die Kinder auf dem Hof toben oder im Obstgarten auf Pony, Haflinger und Esel reiten, können die Eltern und Großeltern die fünf Wirkprinzipien der Kneipplehre – Wasser,

Land Selection
EUROPAS SCHÖNSTE FERIENHÖFE

Thomas Käppler
Fetznhof
Fetznweg 15
83224 Grassau
Tel.: 0 86 41 - 24 66
Fax: 0 86 41 - 69 77 64
www.fetznhof-ferien.de
fetznhof.ferien@t-online.de

Ferienbauernhof mit Grünland

- Schulbauernhof aktiv erleben, übernachten im Zelt • Begrüßungstrunk • regionale, Vollwert- und vegetarische Küche
- selbst produzierte Lebensmittel
- hauseigene Brennerei
- Getränke- und Wäscheservice
- **Kneipp-Einrichtungen**
- Ayurveda-Ölmassagen
- Klang-Massagen
- Reiten • Tischtennis
- geführte Bergwanderungen mit Einkehr • Familienfeiern • Spielplatz, Spielzimmer • Kinderbetreuung • versch. Aufenthaltsräume
- Sauna • Whirlpool • Fernsehraum mit Büchern und Spielen • Tiere zum Anfassen
- **Tischlein deck' dich**
- Badesee in 1,5, und in 7 km
- Wintersport 3 und 15 km
- Zelten/Stellplatz f. Wohnmobile
- Reise-Regen-Bonus

Bewegung, Ernährung, Heilpflanzen und Lebensordnung – als Grundkonzept für eine gesunde Lebensführung kennen lernen.
Natürlich dürfen Bergwanderungen nicht fehlen, und ein Besuch des Moornaturlehrpfads lässt ahnen, wie die Erde vor Jahrmillionen ausgesehen haben mag.
Am Abend trifft man sich dann nach den Erlebnissen des Tages zur gemütlichen Runde mit den neuen Freunden und Gastgebern auf der Terrasse.

Preise ab EUR		
Wohneinheit	FeWo	Zimmer
Ü qm	52-92 50-85	
Ü/F qm		45-50 18-25
HP	+ 18,50	+ 10,50

Gesamtzahl der Gästebetten: 28

Vom Schwarzwald nach Oberbayern

53 Kleinrachlhof

Am Ortsrand des Luftkurortes Grassau liegt der Kleinrachlhof der Familie Warislohner.
Das neu renovierte Haus bietet mit seiner behaglichen Atmosphäre ideale Voraussetzungen für einen erholsamen Urlaub ohne Stress und Hektik. Entspannung bringt ein Besuch in der Sauna mit Whirlwanne und Solarium. Wer körperlich aktiv ist, bekommt hier den Kopf frei für die schönen Seiten des Lebens.

Auf dem Spielplatz, beim Federball- und Fußballspielen oder auf dem Trampolin toben die Kinder sich richtig aus. Eltern und Großeltern können sich währenddessen an eine gesunde Lebensführung heranführen lassen. Im Sommer lernt man bei geführten Wanderungen durch Feld und Wiesen ein kleines Stück bayerischer Heimat und Lebenskultur kennen.

Land Selection
EUROPAS SCHÖNSTE FERIENHÖFE

Elisabeth Warislohner
Kleinrachlhof
Niederfeldstr. 55
83224 Grassau
Tel.: 0 86 41 - 17 06
Fax: 0 86 41 - 69 75 97
www.grassau-info.de/
kleinrachlhof
warislohner@t-online.de

Einzelhof am Ortsrand mit Kühen und Kälbern

- großer Sauna- und Kneipp-Bereich
- **Kneippeinrichtungen und Anwendungen**
- Frühstücks- und Aufenthaltsraum mit Kachelofen, Frühstücksbuffet • geführte Almwanderungen • Spielplatz
- Trampolin • Feder- und Fußball, Tischtennis • Streicheltiere
- Fahrdienst • gemeinsame Grillabende, • Bayer. Brotzeitabende, Weißwurstessen
- Nichtraucherzimmer
- **Ziegenpeterservice**
- ab-Hof-Verkauf von Eiern und Marmelade
- Wintersport 3 - 15 km
- Chiemsee 7 km
- Reise-Regen-Bonus

Preise ab EUR

Wohneinheit	FeWo	Zimmer/P.
Ü	42-84	20,5-27,5
qm	50-80	20-29

Gesamtzahl der Gästebetten: 18

Im Winter lädt das nahe gelegene Reit im Winkl zum ungetrübten Wintersportvergnügen ein. Gemütlichkeit und Gaumenfreude finden Junge und Alte bei gemeinsamen Grillabenden, dem Weißwurstessen und dem Kaffeeklatsch bei selbst gebackenem Kuchen sowie an kalten Wintertagen vor dem Kamin.

Vom Schwarzwald nach Oberbayern

54 Hagerhof

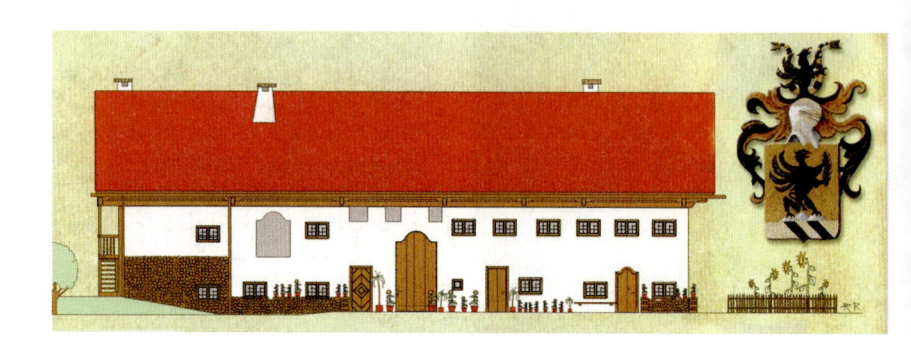

**Insel der Ruhe -
am Quell der Achtsamkeit.**
Sie bewohnen ein romantisches, einzigartiges Bauernhaus mit historischen Wurzeln.
Ganz in der Nähe des Chiemsees, eingebettet in phantastischer 17-Seen-Landschaft, wurde der Hof vollständig neu erbaut. Entspannen Sie sich in einer der fünf urgemütlichen Ferienwohnungen mit echten Chiemgauer Bauernstuben, historischen Kachelöfen, massiven Holzdecken, märchenhaften Gewölben und handgearbeiteten Möbeln. Jede der Traumwohnungen hat zwei oder drei Schlafzimmer mit ausgefallenen, kuscheligen Schlafwelten. Neben dem märchenhaften Ambiente bieten die Gastgeber in jeder Wohnung modernste Ausstattung, wie Spülmaschine, Mikrowelle, DSL-Anschluss, Telefon, SAT-TV, Radio, vollautomatische Wohnraumbelüftung und weitere Annehmlichkeiten.
Hier wird nicht nur auf Komfort und Zweckmäßigkeit Wert gelegt, das Wohnen selbst wird zum Erlebnis!

Land Selection
EUROPAS SCHÖNSTE FERIENHÖFE

Augustin Pfaffenberger
Hagerhof
Meisham 9
83125 Eggstätt
Tel.: 0 80 56 - 5 39
Fax: 0 80 56 - 15 13
www.hagerhof-chiemsee.de
info@hagerhof-chiemsee.de

Neu erbauter historischer Bauernhof mit Milchvieh

- Semmelservice
- Frühstücksbüffet
- Hauswäscheservice
- Kleinkinderausstattung
- Aufenthaltsraum
- mittelalterlicher Gewölbekeller mit Feuerstelle für gesellige Abende
- Sauna
- Babysitterdienst möglich
- Tischtennis
- Kinderspielraum
- Abenteuerspielplatz
- Liegewiese
- Waschmaschine, Trockner
- Golfplätze in der Nähe
- Loipe am Haus
- Verkauf selbst erzeugter Produkte

Preise ab Euro	
Wohneinheit	**FeWo**
Ü/2P	44,10-108
qm	32-75
F	9
Nebensaison	- 30 %
Gesamtzahl der Gästebetten: 24	

Bauernhof-Cafés

☕ **Hauber**
Im Rain 15, 88079 Kressborn-Betznau,
Tel. 0 75 43/89 39, Fax 0 75 43/5 05 264

Kulturdenkmäler

🏰 **Pfunger Ried**
Wilhelmsdorf, Riedlehrpfad mit Naturschutzzentren

🏰 **Wutachschlucht**
(Naturschutzgebiet)

🏰 **Wasserfälle** bei Triberg

🏰 **Schluchsee**
größter Schwarzwaldsee

🏰 **Hofgut Schleinsee**
Kressbronner Hinterland (Bodenseenähe)

🏰 **Bayerisches Moor- und Torfmuseum**
Rottau, Samerweg 8, 83224 Grassau-Rottau, Tel. 0 86 41/21 26,
Öffnungszeiten: Mitte Mai bis Mitte Oktober samstags ab 14 Uhr, Sonderführungen auf Anfrage

🏰 **Höhlenmuseum Frasdorf**
Schulstraße 7, 83112 Frasdorf,
Tel. 0 80 52/17 96 25,
Öffnungszeiten: Juli/August jeweils Donnerstag 18 bis 20 Uhr, Sonntag 16 bis 18 Uhr, sonst an jedem letzten Sonntag im Monat 16 bis 18 Uhr oder auf Anfrage

Freilichtmuseen

🏠 **Kaiserstühler Weinbaumuseum**
79235 Vogtsburg-Achkarren,
Tel. 0 76 62/8 12 43,
Öffnungszeiten: Sonntag vor Ostern bis 1. November, Di. bis Fr. 14 bis 17 Uhr, Sa/So 11 bis 17 Uhr

🏠 **Rolands Historische Bulldog- und Traktorensammlung**
Alphof, 79780 Stühlingen,
Tel. 0 77 44/51 93,
Öffnungszeiten: ständig geöffnet

🏠 **Sammlung Lochmühle**
78253 Eigeltingen, Tel. 0 77 74/70 86,
Öffnungszeiten: täglich

🏠 **Freilichtmuseum Neuhausen ob Eck (opp Egg)**
78579 Neuhausen ob Eck,
Tel. 0 74 67/13 91,
Öffnungszeiten: 1.4. bis 31.10. täglich außer montags 9 bis 18 Uhr

🏠 **Bauernhaus-Museum**
Fischergasse 29, 88364 Wolfegg,
Tel. 0 75 27/63 00,
Öffnungszeiten: 1.4. bis 1.11. täglich außer montags 10 bis 12 und 14 bis 17 Uhr, sonntags 10 bis 17 Uhr, 15.6. bis 15.9. täglich 10 bis 18 Uhr

Allgäuer Käseroute

Man sagt, dass die Allgäuer das Käsemachen von den Schweizern gelernt haben. Bis heute gilt: Den besten Käse gibt es ab 1000 Meter Höhe.
Wer sich davon überzeugen will, braucht nur einen Abstecher zur „Allgäuer Käsestraße" machen, die von Wangen über Grünenbach bis nach Diepolz (im höchst gelegenen Dorf Deutschlands) verläuft.

🏠 Kreisfreilichtmuseum Kürnbach
Griesweg 30, 88427 Bad Schussenried,
Tel. 0 75 83/24 48,
Öffnungszeiten: Mai bis September werktags 9 bis 18 Uhr, sonn- u. feiertags 11 bis 18 Uhr, März, April, Oktober u. November 10 bis 17 Uhr, sonn- und feiertags 11 bis 17 Uhr. Montags außer an Feiertagen Ruhetag

🏠 Schwäbisches Bauernhofmuseum
Illerbeuren, Museumstraße 8, 87758 Kronburg, Tel. 0 83 94/14 55, Öffnungszeiten: 1.3. bis 31.3. von 10 bis 16 Uhr, 1.4. bis 15.10. von 9 bis 18 Uhr, 16. 10. bis 30. 11. von 10 bis 16 Uhr, 1.12. bis 6.1. (nur Sonderausstellung) von 13 bis 17 Uhr, 7.1. bis 28.2. sowie montags geschlossen (außer an Feiertagen)

🏠 Freilichtmuseum Glentleiten
An der Glentleiten 4, 82389 Großweil, Tel. 0 88 51/1 85-0,
Öffnungszeiten: April Ende Oktober dienstags bis sonntags 9 bis 18 Uhr, Juli, August sowie an Feiertagen auch montags geöffnet

🏠 Bauernhofmuseum des Bezirkes Oberbayern
Im Hopfgarten 2, 83123 Amerang, Tel. 0 80 75/91 50 90,
Öffnungszeiten: Mitte März bis Anfang November täglich 9 bis 18 Uhr, außer montags

🏠 Bauernhausmuseum „Mörner" Kienberg
83361 Kienberg, Tel. 0 86 28/7 58, Führungen nach telefonischer Anmeldung

🏠 Rupertiwinkler Bauernhofmuseum
Hof 1, 83417 Kirchanschöring, Tel. 0 86 85/4 69,
Öffnungszeiten: 15. Mai bis 30. September Samstag und Sonntag 11 bis 17 Uhr, Juli/August zusätzlich mittwochs 12 bis 16 Uhr

🏠 Brauereimuseum im Hofbräuhaus
Traunstein, Hofgasse 6–11, 83278 Traunstein, Tel. 08 61/9 87 70, Öffnungszeiten: jeden Mittwoch 14 bis 16 Uhr, Sonderführungen nach Vereinbarung

🏠 Schnaps-Museum Reit im Winkl
83242 Reit im Winkl, Tel. 0 86 40/79 77 66, Öffnungszeiten: 1. Mai bis 31. Oktober montags bis freitags 10 bis 18 Uhr, samstags 10 bis 13 und sonntags 13 bis 16 Uhr, 20. Dezember bis 30. April montags bis freitags 10 bis 17 Uhr, samstags 10 bis 13 und sonntags 13 bis 16 Uhr

🏠 Freilichtmuseum Massing
Steinbüchl 5, 84323 Massing, Tel. 0 87 24/96 03-0, Fax 0 87 24/96 03-66

🏠 Bauernhausstraße im Bodenseekreis
Pestalozzistraße 5, 88677 Markdorf, Tel. 0 75 44/81 36, Start von Friedrichshafen oder Überlingen

🏠 Schwarzwälder Milchstraße
Aktion von 28 Milchviehbetrieben in Zusammenarbeit mit dem Landfrauenverband Südbaden und dem Naturpark Südschwarzwald, Tel. 07 61/2 71 33-28

🏠 Haupt- und Landgestüt Marbach
72532 Gomadingen-Marbach (Reutlingen), Tel. 0 73 85/9 69 50, Hengstparaden im September/Oktober, ältestes staatliches Gestüt Deutschlands

Bauerngärten

🍀 Die Blumeninsel Mainau
im Bodensee gilt als der meistbesuchte öffentliche Garten Deutschlands.
78465 Insel Mainau, Tel. 0 75 31/30 30, Öffnungszeiten: täglich 9 bis 18 Uhr

Der Bayerische Wald

Vergleichsweise spät entdeckte der Tourismus die Vorzüge des östlichen Teil Bayerns. Entsprechend ruhig und ursprünglich zeigt sich der Bayerische Wald und das sich im Süden anschließende unterbayerische Hügelland. Hier lassen sich bayerische Lebensart, Natur, Kunst und Kultur fernab von Massentourismus und Urlaubshektik genießen.

Beiderseits der bayerisch-tschechischen Grenze verläuft das größte Waldgebiet Mitteleuropas. Der Bayerische Wald ist sein Kernstück, eine beeindruckende Waldlandschaft mit mächtigen Tannen, Buchen und Fichten, die im südlichen Teil ihren Urwaldcharakter erhalten hat. Uralte Baumriesen, steile Felshänge und mächtige Granitblöcke, ursprüngliche Flusstäler und abgeschiedene Bergseen machen den einzigartigen Reiz dieser Landschaft aus. Dazu gesellen sich seltene Tierarten wie Fischotter, Luchs und Auerhahn.

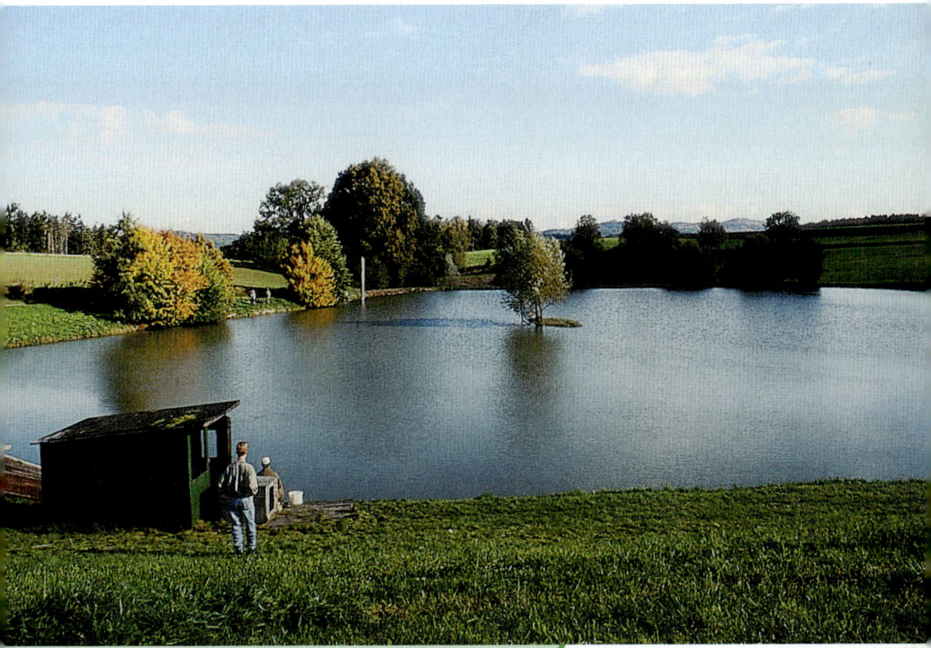

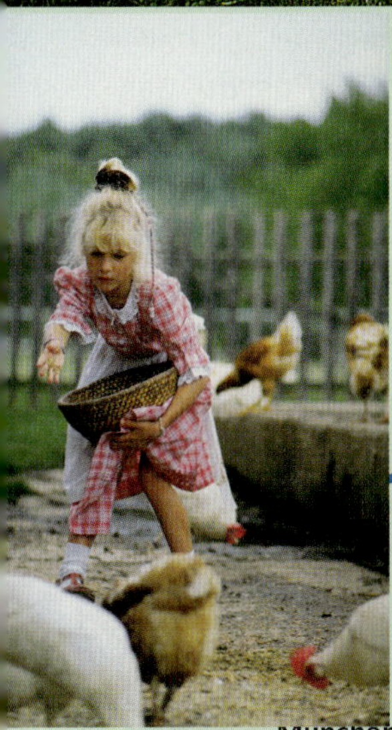

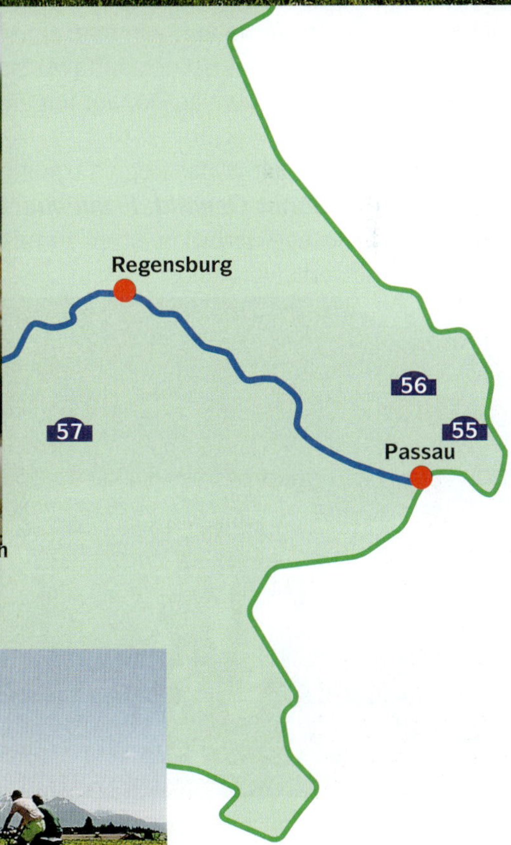
Regensburg
56
57
55
Passau
Munchen

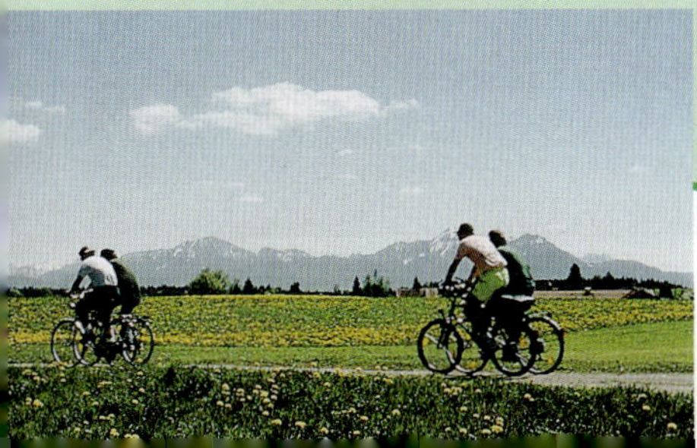

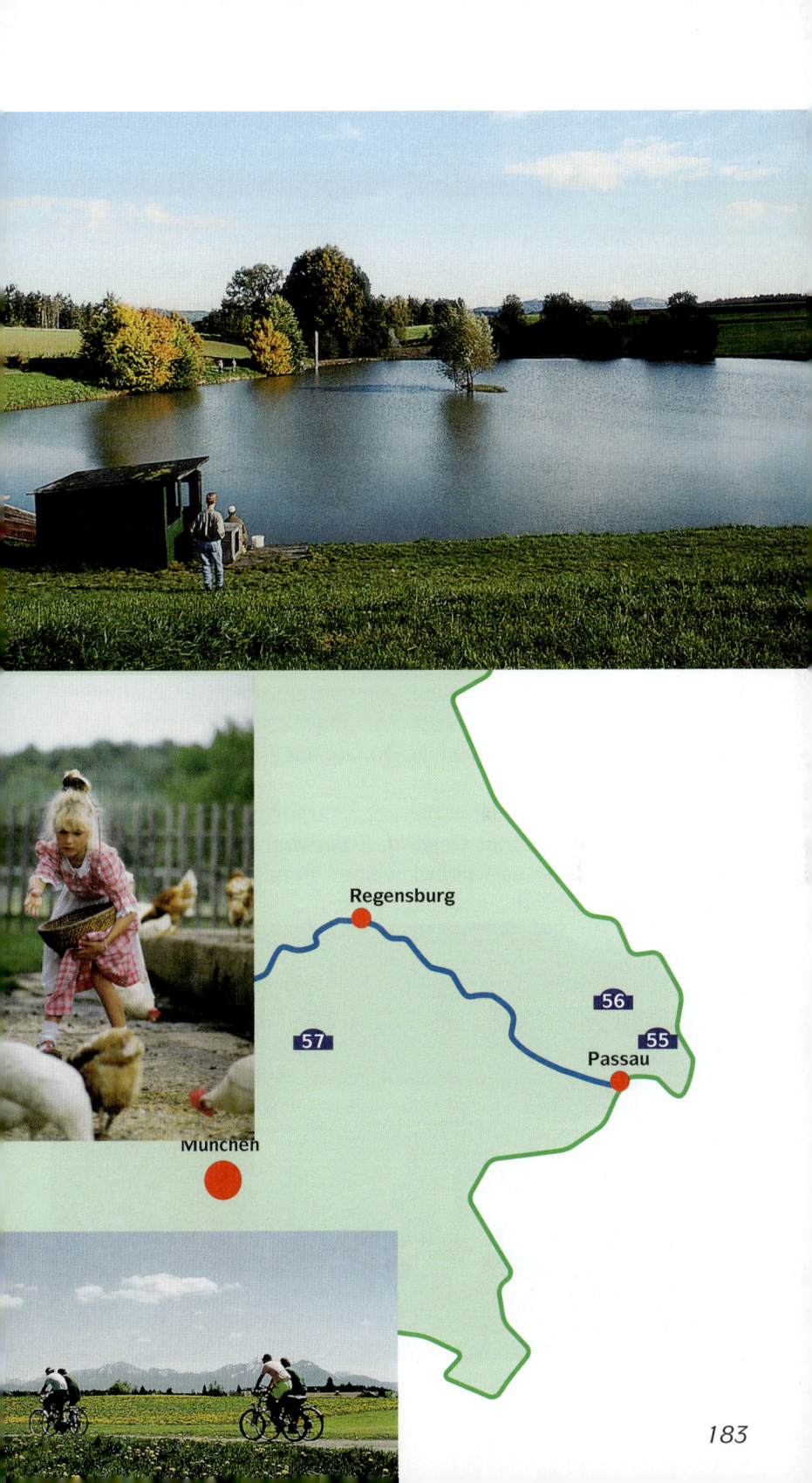

Das raue Klima dieser Gegend sorgt im Winter für eine hohe und lang anhaltende Schneedecke. Dann werden die abwechslungsreichen Wanderrouten und Lehrpfade durch weitläufige Skirouten ergänzt und der Wintersport-Tourismus blüht auf. Besonders am **Großen Arber,** dem mit 1457 Meter höchsten Berg des Bayerischen Waldes. Zu seinen Füßen liegt der eiszeitliche **Große Arbersee**, dessen Charme sich am besten außerhalb der Hochsaison erleben lässt.

Eine natürliche Grenze bildet im Südwesten die **Donau**, die meist als breiter Strom dahin fließt, gelegentlich aber - wie beim Donaubruch - ihre ganze Kraft zeigt: Zwischen Weltenburg und Kehlheim hat sie sich auf einer Länge von 5 Kilometern durch die Felsen gebrochen, wodurch eine spektakuläre Flusslandschaft entstanden ist.

An der Donau reihen sich die altbayerischen Städte **Regensburg**, Straubing, Deggendorf und Passau aneinander. Das mittelalterliche Regensburg mit seiner wunderschönen Altstadt weist neben vielen Kirchen und Patrizierhäusern aus dem 13. und 14. Jahrhundert zahlreiche Geschlechtertürme auf, wie man sie sonst nur aus Italien kennt. Südliches Flair mit viel Barock entfaltet sich in **Passau**, das traumhaft am Zusammenfluss aus Donau, Inn und Ilz liegt.

Eine besondere Rolle spielt in der Region traditionell die Glasherstellung. In Städten wie **Sankt Oswald**, **Frauenau**, **Zwiesel** und **Spiegelau** sind daher Museen und Glashütten zu besichtigen, die die Kunst dieses Handwerks vorstellen.

Die Landschaft südlich der Donau ist in weiten Teilen Bauernland und Hopfengebiet. In ländlichen Kirchdörfern hat die Brauchtumspflege einen hohen Wert. Über das ganze Jahr verteilt finden daher traditionelle Feste statt. Was die Wanderwege für den Bayerischen Wald, sind im Kreis Landshut die Radwanderwege, wie zum Beispiel der Isar- oder der Vilstalradweg.

Landshut selber, die Hauptstadt Niederbayerns, ist eine sehenswerte Herzogsstadt. 1475 fand hier die „Landshuter Fürstenhochzeit", die damals teuerste Hochzeit der Welt, statt. Alle vier Jahre wird an dieses Ereignis mit einem riesigen historischen Fest erinnert.

Der Bayerische Wald

55 Landgut Tiefleiten

Im südöstlichen Bayerischen Wald liegt das Landgut Tiefleiten. *Nahe dem kleinen Ort Breitenberg schlängelt sich ein kristallklarer Bach in einem Wiesengrund und bildet die Kulisse für das 200-jährige Landgut.* Das baubiologisch restaurierte Gehöft beherbergt Appartements und Ferienwohnungen, die ihresgleichen suchen: Durch die Kombination alter Bauernmöbel und neuer Landhausmöbel, Kunstgewerbe und Finesse im Detail strahlen sie den ganz speziellen Charme ländlichen Wohnens aus, und überall in und um die Gebäude setzt sich diese besondere

Land Selection
EUROPAS SCHÖNSTE FERIENHÖFE

Hedwig
Hemmerlein-Kohlmünzer
Tiefleiten 16
94139 Breitenberg
Tel.: 0 85 84 - 18 19
Fax: 0 85 84 - 18 43
www.Landgut-Tiefleiten.de
LandgutTiefleiten@t-online.de

Ferienhof mit Grünland, Einzellage

• Sauna, Solarium • Entspannungstechniken • Ernährungsberatung • Stoffdruck mit alten Modeln, Seiden- und Stoffmalen, Blumen binden • Nachtwandern • Kräuterwandern • Spieleabende • Spielplatz • einige Streicheltiere • Badeteich • Gastpferdeboxen, Reitplatz (Unterricht möglich) • Tennis (Sandplatz) • vollwertige- und vegetarische Küche, regionale Gerichte mit Produkten aus kontrolliert biologischem Anbau (kbA) • für Selbstversorger: »Grüne Kiste« mit Produkten aus kbA • Grillabende • großer Aufenthaltsraum mit Kachelofen • Frühstücksraum mit Terrasse • Tagungsräume • Wanderrückholdienst möglich • im Winter: Loipe 1000 m, Lift 10 km • Familienskigebiet Hochficht • **Tischlein deck' dich** • **Ziegenpeterservice** • Ab-Hof-Verkauf von Marmelade und Eiern • Reise-Regen-Bonus • Nordischer Skisport vor Ort

Preise ab EUR

Wohneinheit	FeWo	Zimmer
Ü Saisonpreise	32–78	25
qm	35–75	

Gesamtzahl der Gästebetten: 26

Atmosphäre fort. Vom Entspannen in lauschigen Eckchen bis zum Kaffeeklatsch in fröhlicher Runde, vom Tennismatch bis zur Ernährungsberatung, vom T-Shirt bemalen bis zum Spieleabend ist hier alles möglich. Dazu finden Kinder jede Menge Freiraum zum Toben, Haflinger, die geritten werden wollen und jede Menge Spielgeräte. Im Winter laden tief verscheite Wäder und Wiesen zum Winterwandern, Schlitten fahren oder zu Schneeballschlachten ein. Das Langlaufzentrum bietet Loipen für alle. Die kalten Nasen wärmt man sich bei Punsch und Jagatee am Kachelofen.

Der Bayerische Wald

56 Feriengut Zum Fürst'n

Deutschlands größtes Waldgebiet, der Nationalpark Bayerischer Wald, erfreut sich nicht umsonst so großer Beliebtheit: Seine einmalige Tier- und Pflanzenwelt, *seine Berge und nicht zuletzt seine vielen Kulturschätze und Naturdenkmäler sind zu jeder Jahreszeit eine Reise wert.*
In der Nähe des Ortes Spiegelau führt auf 805 Metern Höhe eine lange Obstbaumallee zu einer Waldlichtung, auf der sich das gepflegte Bauernhofensemble des Feriengutes „Zum Fürst'n" befindet. Auf dem ökologisch geführten Hof verstehen es die Gastgeber mit ihrer Leidenschaft für niederbayerische Tradition bestens, modernen Komfort mit echter bayerischer Gastlichkeit zu verbinden.
Im Sommer wird der Innenhof zum windgeschützten Biergarten, in der kalten Jahreszeit gönnt man sich das Bier im sonnigen Wintergarten, und rund ums Jahr werden im Bauernhofcafé hausgemachte Spe-

Land Selection
EUROPAS SCHÖNSTE FERIENHÖFE

Josef und Maria Steininger
Feriengut Zum Fürst'n
Daxberg 1
94536 Eppenschlag
Tel.: 0 85 53 - 16 87
Fax: 0 85 53 - 69 93
www.zum-fuersten.de
info@zum-fuersten.de

Erlebnis- und Wellnessbauernhof

- Bauerngarten
- Bayerischer Biergarten im Innenhof
- Hoffeste
- gesellige Abende je nach Jahreszeit
- Grillabende
- Rückholservice für Wanderer
- Fahrdienst für ältere Menschen
- Radwanderkarten
- Fahrradtouren
- Traktorfahrten
- Spielplatz, Spielhäuschen
- Kleintierzoo
- Sauna
- Weiher (Angeln), Badeteich
- selbst produzierte Lebensmittel
- Seminarraum
- im Winter: Langlaufski- und Schlittenverleih, Loipe ab Hof
- schneesicheres Skigebiet

zialitäten und Kuchen serviert. Hier sitzt man auch so manches Mal in fröhlicher Runde bei einem zünftigen bayerischen Abend zusammen. Und weit und breit stört niemanden das ausgelassene Herumtollen der Kinder.

Preise ab EUR

Wohneinheit	FeWo	Zimmer
Ü	25-40	18-21
qm	40–90	20–30

Gesamtzahl der Gästebetten: 40

Der Bayerische Wald

57 Hof Seidl

Sich einfach fallen lassen, ist das nicht auch Ihr Wunsch? Finden Sie in der Entspannungsoase „Bauernhof" wieder Ihre innere Mitte.
Im Hopfenbad relaxen, sich lösen vom Alltagsstress, die Zeit genießen bei einer guten Aromamassage. Natur hat hier Vorrang.
Sich nach der Sauna im Wasserbett zu zweit den frisch aufgebrühten Kräutertee schmecken lassen. Hier findet der Gast wieder seine wahren Werte. Durch die Güsse das Gefühl zu bekommen, der eigene Körper ist ganz und gar im Einklang mit dem Wasser: die Elemente erleben! Barfuß über taunasses Gras zu laufen, Erfahrungen, die in die Kindheit zurückführen. Der Mensch ist etwas Besonderes, das beobachtet man vor

Land Selection
EUROPAS SCHÖNSTE FERIENHÖFE

Anneliese und
Rudolf Stadler
Hof Seidl
Dorfstraße 15
Großgundertshausen
84106 Volkenschwand
Tel.: 0 87 54 - 91 00 20
Fax: 0 87 54 - 91 00 21
www.pension-stadler.de
pension.stadler@t-online.de

Ferienhof im Ort mit Hopfenanbau

- Nichtraucherwohnungen
- Entspannungsoase • Kneippbauernhof • Massage
- Kosmetik, Fußpflege
- Tagungsraum • Streichelzoo
- Nachtwanderungen • Riesentrampolin • Swimmingpool
- finn. Kota • Blockhütte
- Krapfenbacken
- Hopfenkränze binden
- Kutschfahrten • Picknick
- Grillabende, Lagerfeuer
- kinder- und babyfreundlich
- Kindernachmittag mit Betreuung • Kindergeburtstagsfeiern • Kinderspielhaus, Spielplatz • Bastelnachmittag
- Beach-Volleyball-Feld
- **Tischlein deck' dich**
- **Ziegenpeterservice**
- Ab-Hof-Verkauf von Marmelade, Honig und Handarbeiten

Preise ab EUR

Wohneinheit	FeWo
Ü	29–50
qm	35–60

Gesamtzahl der Gästebetten: 40

allem bei neu geborenen Babys. Sich bei guter Musik fallen lassen und wieder auftanken! Ein Bauernhof, auf dem sich Groß und Klein wohlfühlen.

Kulturdenkmäler

Nationalpark Bayerischer Wald
Freyungenstr. 2, 94481 Grafenau,
Tel. 0 85 52/96 00-0, Urwald- und
Eiszeit-, Bergbach-Lehrpfad, Waldschule
Seelensteig

Freilichtmuseen

**Museumsdorf
Bayerischer Wald**
94104 Tittling-Dreiburgensee,
Tel. 0 85 04/84 82,
Öffnungszeiten: ganzjährig geöffnet,
Hauptsaison: Palmsonntag bis Ende
Oktober 9 bis 17 Uhr, Nebensaison:
November bis Palmsonntag

**Webereimuseum
auf dem Bauernhof**
94139 Breitenberg,
Tel. 0 85 84/96 18 16,
Fax 0 85 84/96 18 26,
Öffnungszeiten: April bis Oktober
mittwochs und samstags von 14 bis
16.30 Uhr, Mai bis September täglich
von 14 bis 16.30 Uhr, für Gruppen nach
Vereinbarung jederzeit geöffnet

Freilichtmuseum Finsterau
94151 Mauth, Tel. 0 85 57/2 21,
Öffnungszeiten: 16.12. bis 30.4.
13 bis 16 Uhr, Mai bis September
9 bis 18 Uhr, Oktober 9 bis 16 Uhr,
montags außer an Feiertagen geschlossen

**Niederbayerisches
Landwirtschaftsministerium**
Schulgasse 2, 94209 Regen,
Tel. 0 99 21-57 10,
Öffnungszeiten: ganzjährig täglich von
10 bis 17 Uhr

Bauernhausmuseum
(Bezirk Oberbayern)
Im Hopfgarten, 83123 Amerang,
Tel. 0 80 75/8 10,
Öffnungszeiten: Mitte März bis Mitte
November täglich 9 bis 18 Uhr, außer
montags

Freilichtmuseum Großweil
(Bezirk Oberbayern), 82439 Großweil,
Tel. 0 88 41/10 95,
Öffnungszeiten: April bis Oktober täglich
außer montags 9 bis 18 Uhr, November
nur samstags u. sonntags 10 bis 17 Uhr

Freilichtmuseum Massing
84323 Massing, Tel. 0 87 24/16 61,
Öffnungszeiten: April bis Oktober
10 bis 12 u. 13 bis 17 Uhr, November,
Dezember, März 12 bis 16 Uhr,
montags geschlossen

**Bayerisches Brauereimuseum
Kulmbach**
Hofer Straße 20, 95326 Kulmbach,
Tel. 0 92 21/80-510
Waldgeschichtliches Museum St. Oswald
Glasmuseen in der Umgebung

**Ziegel- und Kalkmuseum
mit Bodenlehrpfad „Donau-Wald"**
Flintsbach, 94577 Winzer,
Tel. 0 85 45/9 10 45,
Öffnungszeiten: April bis Oktober sonn-
und feiertags 10 bis 17 Uhr, mittwochs
und samstags 13 bis 17 Uhr sowie nach
Vereinbarung

Bauerngärten

Rosi Neef
Gundelsheim, Tel. 0 98 34/9 68 37

Kräutergarten
Paul Freund, Lichtenau 8,
94160 Ringelai, Tel. 0 85 55/81 21

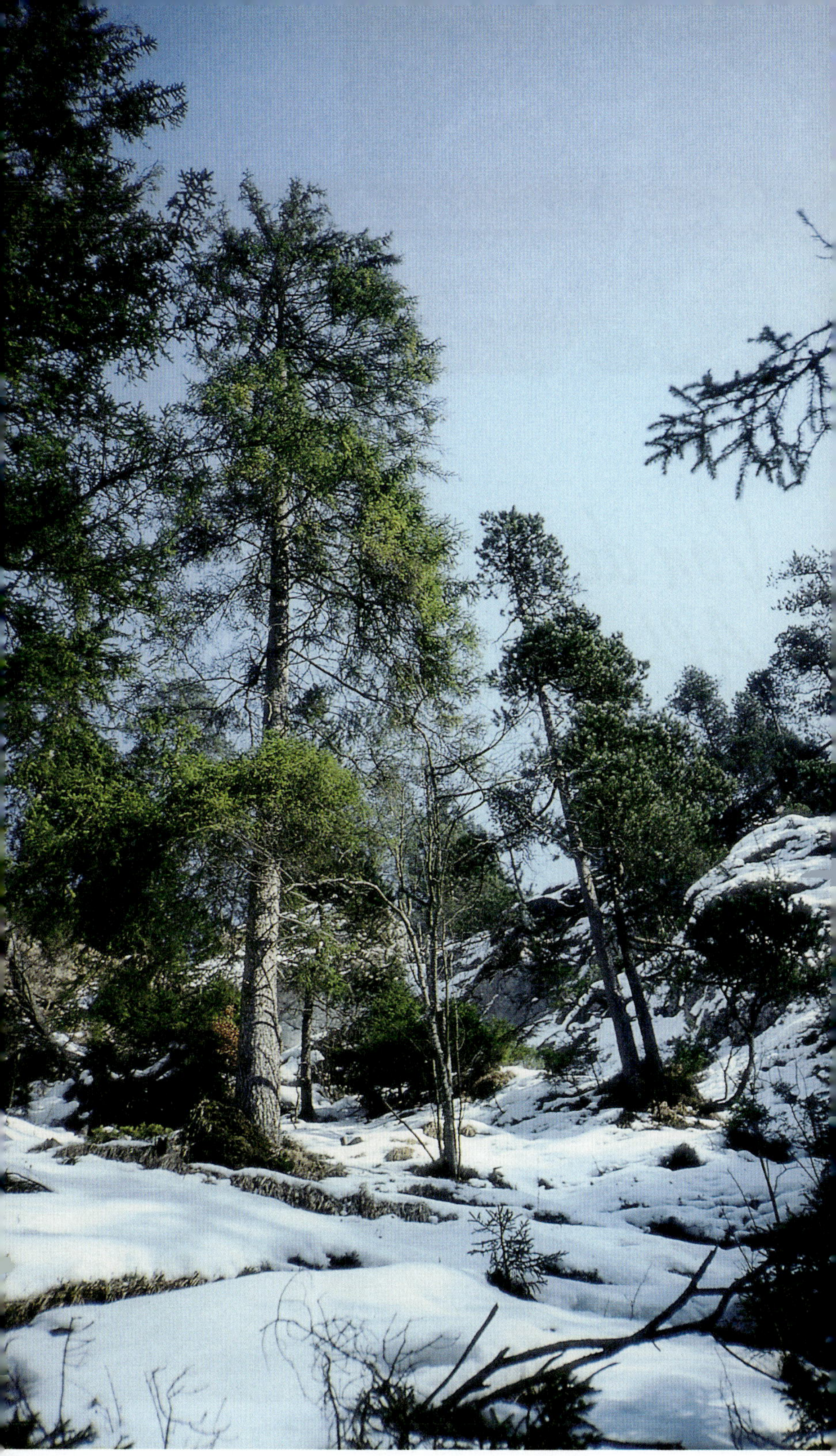

Von der Schwäbischen Alb zum Frankenwald

Die LandSelection-Höe im Norden von Bayern und Baden-Württemberg verteilen sich auf verschiedene Mittelgebirgszüge und Flusstäler: Im Süden dieser Region liegt die abwechslungsreiche Schwäbische Alb, im Norden der Naturpark Frankenwald. Dazwischen befinden sich das Weinparadies im Maintal, das liebliche Taubertal und das berühmte Altmühltal.

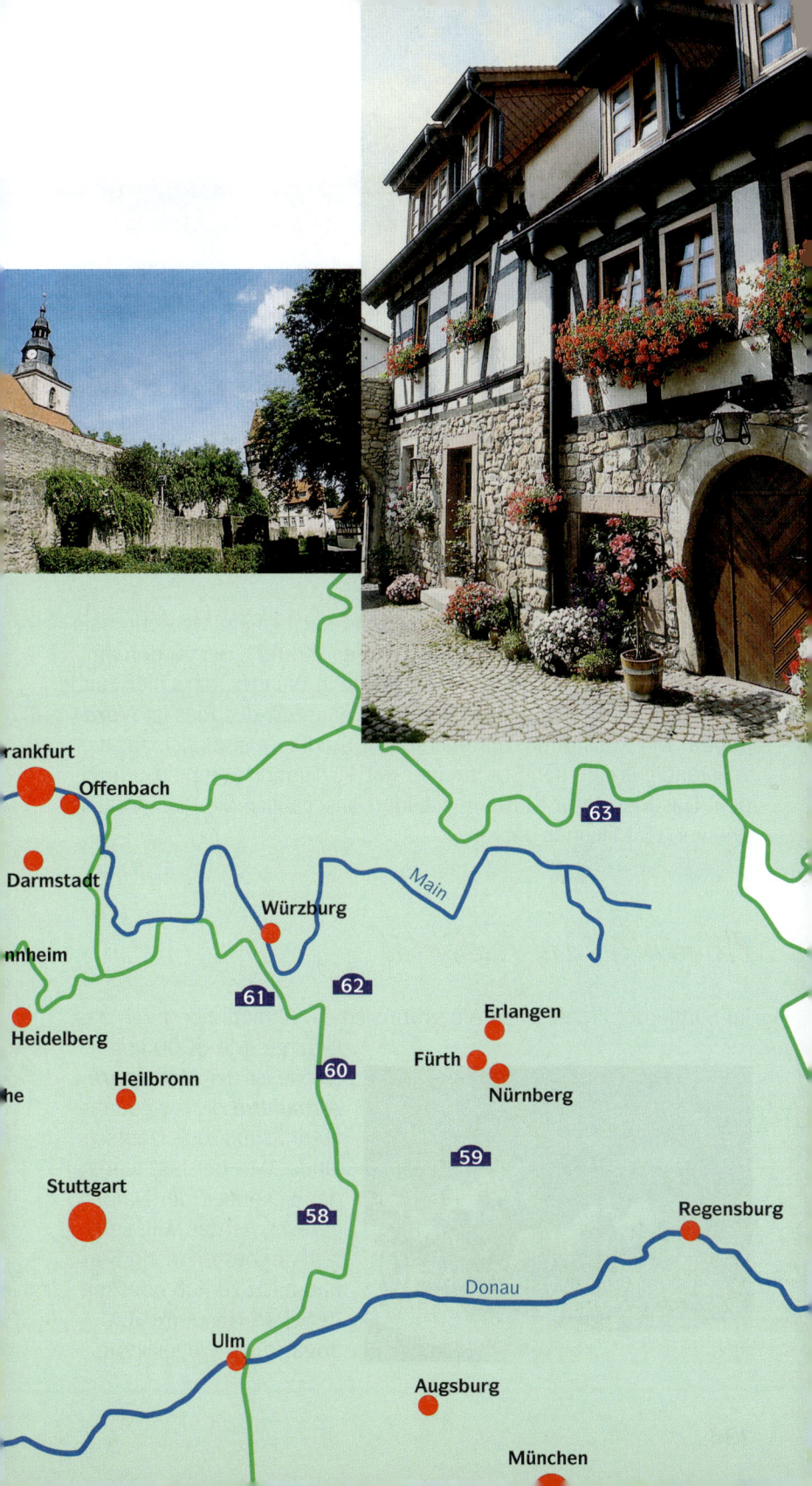

Frankfurt
Offenbach
63
Darmstadt
Main
Mannheim
Würzburg
Heidelberg
61
62
Heilbronn
60
Erlangen
Fürth
Nürnberg
59
Stuttgart
58
Regensburg
Donau
Ulm
Augsburg
München

Die Schwäbische Alb

Wo heute die Schwäbische Alb zum Wandern, Kanu- oder Skifahren einlädt, erstreckte sich vor über 140 Millionen Jahren das riesige Jurameer. Als sich das Meer zurückzog, formte sich eine der reizvollsten und abwechslungsreichsten Landschaften Deutschlands: schroffe Kalksteinfelsen und weite Hochebenen wechseln sich mit tief eingeschnittenen Tälern und hübschen Ortschaften ab. In Steinbrüchen, Grotten und Höhlen stoßen Hobbyforscher immer wieder auf Muscheln und Schnecken aus dem Jurameer.

Am nordöstlichen Ende der Alb entstand nach einem Meteoriteneinschlag das **Ries**, ein 25 Kilometer breiter „Krater", der zu den am längsten besiedelten Gebieten gehört. Kein Wunder, dass hier Funde aus allen Epochen zu besichtigen sind. Hauptort des Ries ist **Nördlingen**. Der kreisrunde, mittelalterliche Stadtkern lässt sich auf der vollständig erhaltenen Stadtmauer mit 15 Türmen komplett umrunden. Das Rieskrater-Museum schildert anschaulich die Ries-Katastrophe vor 15 Millionen Jahren.

Altmühltal und Taubertal

Im Süden der Fränkischen Alb gräbt sich die Altmühl tief durch das Gebirge. Mit 3000 km² Fläche ist der **Naturpark Altmühltal** die ausgedehnteste Schutzzone Deutschlands. Wer der faszinierenden Schönheit der Natur gerecht werden will, setzt sich am besten in ein Kanu und nutzt zu Fuß oder mit dem Rad Hunderte von abgasfreien Wegekilometern. Dabei sorgen Mauerreste der Römer und Burgen des Mittelalters sowie prachtvolle Schlösser und Kirchen aus der Zeit des Barock und Rokoko für Abwechslung. Im barocken **Eichstätt** lohnt außerdem ein Abstecher zur mächtigen Willibaldsburg. Hier bietet sich ein guter Rundblick sowie im angeschlossenen Jura-Museum eine archäologische Besonderheit: das einzige vollständig erhaltenen Skelett des Urvogels Archaeopteryx.

Im neuen Fränkischen Seenland um **Gunzenhausen** wurden weite Strecken der Altmühl in eine Seenlandschaft verwandelt, um einen Wasserausgleich zwischen Nord- und Südbayern zu erreichen. Manche dieser Seen sind für Wassersportler und Badelustige geöffnet. Unter Naturschutz steht dagegen die Vogelinsel inmitten des Altmühlsees, die sich zum wertvollen Brut- und Rastplatz für die Vogelwelt entwickelt hat.

Das **Taubertal** ist vor allem durch **Rothenburg ob der Tauber** bekannt. An der Kreuzung von Burgen- und Romantischer Straße, am Steilrand der Tauber liegt der Inbegriff einer romantischen, mittelalterlichen Stadt: das Ensemble aus Stadtmauer, Türmen, engen Gassen und Giebelhäusern lockt vor allem im Sommer und Dezember unzählige Touristen in die Stadt. Außerhalb der Hauptsaison enthüllt Rothenburg noch heute seinen mittelalterlichen Zauber.

Das Maintal

Ganz im Zeichen des Weinbaus steht das Gebiet im Maindreieck um Würzburg. Abgeschirmt durch die umgebenden Höhenzüge und begünstigt durch einen wärmehaltenden Boden wachsen hier hervorragende Weine, vorrangig der Rebsorten „Müller-Thurgau" und „Silvaner". Abgesehen vom Wein im typischen „Bocksbeutel" und den zugehörigen Weinbergen und Winzerorten gilt es hier einen unendlichen kunst- und kulturhistorischen Reichtum zu entdecken. Den Anfang könnte die alte Bischofsstadt **Würzburg** bilden, in der beispielsweise die barocke Residenz von Balthasar Neumann oder die mittelalterliche Festung Marienberg zu bewundern sind. Mainabwärts geht es über **Karlstadt** und **Wertheim** bis nach **Miltenberg**, mainaufwärts über **Kitzingen** und **Dettelbach** bis nach **Volkach**.

Das rund 1200 Jahre alte Volkach ist nicht nur wegen seines Weines berühmt, sondern auch aufgrund seiner besonderen Lage am Main: Von der Vogelsburg bietet sich ein beeindruckender Blick auf den südlichen und nördlichen Teil der Mainschleife.

Der Frankenwald

Zwischen Thüringer Wald und Fichtelgebirge, am nord-östlichen Rand Bayerns, befindet sich der Frankenwald. Lange Zeit zogen die Touristenströme an dem auf durchschnittlich 600 Meter ansteigenden Mittelgebirge vorbei. So konnte die Region ihre Ursprünglichkeit bis heute erhalten: tiefe unberührte Täler, Einzelhöfe auf weiten Hochebenen, grüne Waldhügel und von dort Ausblicke in die Weite des Obermaingebietes machen den Reiz dieser Landschaft aus.

Landschaftliche Höhepunkte einer Frankenwaldreise sind die Quellen des Roten und Weißen Main, die tief eingeschnittene **Steinachklamm**, der 668 Meter hohe **Weißenstein** und das **Höllental**. Bis zu 130 Meter hohe Felswände umgeben dieses wildromantische Tal, dessen Boden gerade noch Platz für den Fluss Selbitz und den Höllental-Wanderweg lässt.

Von der Schwäbischen Alb zum

58 Reitanlage Härtsfeldhof

Auf dem Härtsfeldhof im schwäbischen Bopfingen entstehen Freundschaften ganz besonderer Art: Freundschaften, die mit Arbeit und Verantwortung verbunden sind, aber auch mit viel Spaß und gemeinsamen Abenteuern. Denn hier dreht sich alles ums Pferd. Striegeln, Ausmisten und Füttern gehören nun mal dazu – doch wer nimmt das nicht gerne auf sich, wenn er dafür mit erwartungsvoll gespitzten Ohren, einem freudigen Schnauben oder einem sanften Nasenstüber begrüßt wird? Beim täglichen Reitunterricht geht es nicht nur darum, die richtige Haltung und Führung zu üben, sondern vor allem, ein Gespür für die Körpersprache des vierbeinigen Gefährten zu entwickeln und die stumme Verständigung zwischen Mensch und Pferd zu lernen. Und dann geht es raus ins Gelände: in die schattigen Laubwälder und grünen Täler der Ostalb, durch sprudelnde Bäche und

Frankenwald

Martha Bruckmeyer
Reitanlage Härtsfeldhof
Hohenberg 3
73441 Bopfingen
Tel.: 0 73 62 - 57 73
Fax: 0 73 62 - 57 63
www.haertsfeldhof.de
info@haertsfeldhof.de

Reiterhof in Einzellage

- rund 40 Pferde in allen Größen
- Ausritte, mehrtäg. Wanderritte
- Reitunterricht für alle Stufen und Altersgruppen
- Voltigieren, therapeutisches Reiten
- Reiterferien für Kinder ohne elterliche Begleitung ab 9 Jahre
- Familienurlaub
- Reithallen und -platz, Gastpferdeboxen
- Reiterstube
- Seminarraum mit Technik
- Aufenthaltsraum
- Gesellschaftsspiele
- schwäbische Küche, Diätkost möglich
- im Winter: Loipe und Lift in 2 km
- **Tischlein deck' dich**

über herbstliche Stoppelfelder, durch Morgentau oder Pulverschnee ... Da finden sich Reiter jeden Alters wieder im Einklang mit der Natur. Und natürlich können sich Eltern bei einem Urlaub auf dem Härtsfeldhof auch mal guten Gewissens ihrem eigenen Vergnügen widmen, denn die Kinder sind garantiert bestens aufgehoben und beschäftigt.

Preise ab EUR

Wohneinheit	FeWo	Zimmer
Ü	62	
Ü/F	45-70 qm	27
HP		34
VP		41

Gesamtzahl der Gästebetten: 75

Von der Schwäbischen Alb zum

59 Ferienhof Am Büchelberg

Im neuen Fränkischen Seenland ist Wasser nicht nur das belebende Element der Landschaft, sondern auch Rückzugsgebiet für selten gewordene Vögel.
So nisten sie in großer Zahl zum Beispiel auf der Vogelinsel im Altmühlsee, nahe bei Gunzenhausen.
Nur eine kurze Wegstrecke vom See entfernt liegt der fränkische Bauernhof von Familie Amslinger. Im früheren Bauernhaus und im Gästehaus befinden sich die mit Kiefernmöbeln behaglich eingerichteten Ferienwohnungen. Aus einer der Wohnungen im neuen Wohnhaus bietet sich eine herrliche Sicht auf den Altmühlsee und das Umland.
Die Hofstelle, die die Kleinen nicht selten mit Kettcars oder Tretbulldogs unsicher machen, und die vielen Streicheltiere sind großartige Tummelplätze für Kinder.
Und zu Ausflügen lockt nicht nur der nahe gelegene See, auch die verschiedensten Freizeitmöglichkeiten für Große und Kleine in der Umgebung sorgen dafür, dass hier jeder auf seine Kosten kommt.

Frankenwald

Land Selection
EUROPAS SCHÖNSTE FERIENHÖFE

Kurt Amslinger
Ferienhof Am Büchelberg
Büchelberg 41 und 128
91710 Gunzenhausen
Tel.: 0 98 31 - 6 71 80
Fax: 0 98 31 - 67 18 28
www.urlaubstip.de/
ferienwohnungen-amslinger
ferienhofamslinger@t-online.de

Ferienhof im Ort

- Boot zum Mitnehmen an den See
- eigenes Segelboot am See
- Surfbrettverleih
- Vermittlung von Bootsliegeplätzen
- Aufenthaltsraum mit Küche
- geführte Fahrradtouren
- Kinderfahrzeuge wie Kettcars, Tretbulldogs, Dreiräder
- Liegewiese mit Kinderspielplatz und Grillraum
- Angelmöglichkeit
- Ponys, Hasen, Katzen, Haflinger
- Reiten kostenlos
- Ponyreiten kostenlos
- Gastpferdeboxen
- **Ziegenpeterservice**
- Ab-Hof-Verkauf von Milch
- Badesee in 2 km

Preise ab EUR

Wohneinheit	FeWo
Ü	28–58
qm	40–65

Gesamtzahl der Gästebetten: 32

Von der Schwäbischen Alb zum

60 Landhotel Schwarzes Ross

Eine anmutige Landschaft mit Wiesen und Wäldern erstreckt sich zwischen dem lieblichen Taubertal und dem Naturpark Frankenhöhe. In einer kleinen Gemeinde unweit der mittelalterlichen Stadt Rothenburg ob der Tauber, wo sich Romantische Straße und Burgenstraße kreuzen, liegt der 200 Jahre alte Fachwerkhof Schwarzes Ross.
Die besondere Architektur und die stilvolle Einrichtung schaffen eine heitere Atmosphäre in den Ferienwohnungen „Morgensonne" und „Abendsonne", in der historischen Zehntscheune und „Romantik" im Haupthaus.
Vier weitere Ferienwohnungen beherbergt der Bauernhof im Nachbarort, wo auch die Gäste aus dem „Schwarzen Ross" natürlich herzlich willkommen sind. Hier kann man frühmorgens manchmal die äsenden Rehe gleich hinter dem Haus beobachten und sich einmal

Frankenwald

Land Selection
EUROPAS SCHÖNSTE FERIENHÖFE

Christa u. Helmut Beck
Landhotel Schwarzes Roß
Am Dorfplatz 1
91628 Steinsfeld
Tel.: 0 98 61 - 9 49 10
Fax: 0 98 61 - 94 91 40
www.hotel-zehntscheune.
rothenburg.de
beck@rothenburg.netsurf.de

Landhotel und Bauernhof

- Tiere zum Anfassen
- Billard
- Wanderungen mit dem Oberförster
- selbst produzierte Lebensmittel
- Kaffee und Brotzeitstube
- Traktorfahrten
- Tagungs- und Seminarraum bis 80 Personen
- Theater, Kabarett und Musik
- Spielraum
- Familienfeiern bis 100 Personen
- Transfer nach Rothenburg ob der Tauber
- **Tischlein deck' dich**
- **Ziegenpeterservice**
- Reise-Regen-Bonus
- Ab-Hof-Verkauf von Säften und Schnaps
- Waldbad 4 km, Freibad 6 km
- Reise-Regen-Bonus

selbst als Landwirt versuchen. Soll man sich nun auf dem Feld oder im Stall betätigen, im großen Garten in der Sonne faulenzen, sich die Wildparks oder die historischen Städte und Museen der Umgebung anschauen? Nur die Qual der Wahl mag hier die Urlaubsfreude trüben!

Preise ab EUR

Wohneinheit	FeWo	Zimmer
Ü	30-60	44-70
qm	31-76	15–34

Gesamtzahl der Gästebetten: 25

Von der Schwäbischen Alb zum

61 Reiterhof Trunk

Das liebliche Taubertal macht seinem Namen alle Ehre: *Der Blick über das weite, waldreiche Land lässt aufatmen und zur Ruhe kommen.* Und in dem milden, sauerstoffreichen Klima gedeihen Weine von bestem Ruf.
In unmittelbarer Waldnähe, umgeben von Wiesen und Weiden, kann man in der schönsten Zeit des Jahres erholsame Urlaubstage auf Trunks Ferienhof verbringen. Hier erwartet den Gast ein geräumiger Bauernhof, wo jedes Tier noch seinen Namen hat und die Weiden von Chemie verschont bleiben, wo Kinder besonders gern gesehen sind und Gastfreundschaft noch persönliche Zuwendung bedeutet.

Frankenwald

Land Selection
EUROPAS SCHÖNSTE FERIENHÖFE

Familie Trunk
Reiter-, Ferien- und
Stutenmilchhof
Reckerstal 14
97999 Igersheim
Tel.: 0 79 31 - 82 90
(8 bis 14 und 16 bis 21 Uhr)
Fax: 0 79 31 - 5 24 72
www.ferienhof-trunk.de
alexander@ferienhof-trunk.de

Ferienhof am Ortsrand, Stutenmilcherzeugung

- Reitkurse für Anfänger und Fortgeschrittene bis Klasse L, Reithalle u. -platz, Geländeritte
- FN-Reitschule • Verkaufspferde aus eigener Zucht
- der gesundheitsbewusste Hof mit Stutenmilchkuren und Yoga
- Hackschnitzel-Heizung
- Turnierbillard, Tischfußball, Tischtennis
- Frühstücksraum, Aufenthaltsräume und Bastelraum
- Nachtwanderungen • Bücherverleih • Spielplatz
- **Tischlein deck' dich**
- **Ziegenpeterservice**
- Tiere zum Anfassen
- Kinderbetreuung möglich
- Ab-Hof-Verkauf von Stutenmilch
- Badesee in 5 km • Skigebiet in 12 km • Reise-Regen-Bonus

Preise ab EUR

Wohneinheit	FeWo
Ü	40–72
qm	33–75

Gesamtzahl der Gästebetten: 50

Auf Haflingern, Warmblütern und Ponys durchs Gelände, die Stille der Eichenwälder durchwandern oder nach einer kunsthistorischen Entdeckungsreise den Abend in geselliger Runde verbringen:
Auf Trunks Ferienhof wird man rundum verwöhnt.

Von der Schwäbischen Alb zum

62 Elgersheimer Hof

Elgersheimer Hof - Urlaub zwischen Wein und Main. *Im Maintal, umrahmt von Weinbergen liegt die alte Klosteranlage aus dem 11. Jahrhundert.*
Die mit Efeu überwucherte Klostermauer umschließt den Garten und gibt dem Bauernhof seine besondere Atmosphäre. Mit der Klostereinsamkeit ist es aber heute vorbei: In modern ausgestatteten Ferienwohnungen kann man so richtig ausspannen. Hier gibt es Landleben zum Anfassen und Mitmachen.

Einmal die Weinlese miterleben oder mit in den Weinberg gehen ist der Wunsch vieler Urlauber. Und nach getaner Arbeit schmecken eine zünftige Brotzeit und ein Schoppen Wein aus eigener Produktion am besten.

Auch den Kindern macht es Spaß auf dem Elgersheimer Hof.

Sandkasten, Spielgeräte und natürlich die vielen Tiere des Hofes laden zum besonderen Landerlebnis ein. Entspannen auf der Liegewiese, mit der

Frankenwald

Karl-Heinz Seifert
Elgersheimer Hof
Elgersheimer Hof 1
97332 Volkach-Fahr
Tel.: 0 93 81 - 99 21
Fax: 0 93 81 - 71 66 32
www.elgersheimer-hof.de
info@elgersheimer-hof.de

Historischer Klosterhof aus dem 11. Jahrhundert

- Kloster- und Bauerngarten
- Erlebnisführung durch Wein- und Obstanlagen
- Betriebsführungen
- Kutschfahrten
- geführte Fahrradtouren nach Absprache
- gem. Grillabende mit fränkischen Spezialitäten
- Spielplatz, Minitraktor, Kett- und Bobbycars
- Tischtennis
- Streicheltiere
- Ponys
- **Ziegenpeterservice**
- **Tischlein deck' dich**
- ab-Hof-Verkauf von Hausmacher Wurst, Marmelade, Spargel, Wein, Obst

Bäuerin durch den Küchenkräutergarten flanieren oder im nahe gelegenen Baggersee fischen und baden gehen. Hier im sonnigen Frankenland finden Reisende Ruhe und Naturgenuss, schöne Landschaften und herrliches Wetter, Landwirtschaft und Weinbau zum Mitmachen und Miterleben.

Preise ab EUR

Wohneinheit	FeWo
Ü/2 Pers.	40 - 52
qm	55 - 85
jede weitere Pers.	7
Kinder unter 3 J. kostenlos	
Gesamtzahl der Gästebetten 13	

Von der Schwäbischen Alb zum

63 Steffahof

„Die grüne Krone Bayerns" nennen die Franken ihren Naturpark Frankenwald. Seine Wald- und Tallandschaft ist voller Gegensätze: dichte Nadel- und lichtgrüne Mischwälder, sanfte Höhen und weltvergessene Täler, wilde Gewässer und stille Seen.
Hier liegt hoch oben über dem Grümpeltal der Steffahof. Eine steile Auffahrt führt zum Hof, und oben angekommen bietet sich ein wunderschöner Blick über das Tal. Mit viel naturbelassenem Holz wurden die geräumigen Ferienwohnungen erst vor kurzem neu gebaut und schon beim Frühstück auf der Terrasse oder dem Balkon wird man von der herrlichen Aussicht verwöhnt.
Wer im Urlaub Ruhe sucht, gerne wandert und die Natur erkundet, ist bei Gresers auf dem Bauernhof genau richtig:

Frankenwald

Sieglinde und Reinhold Greser
Steffahof
Grümpel 4
96352 Wilhelmsthal
Tel.: 0 92 60 - 94 17
Fax: 0 92 60 - 94 19
www.steffahof.de
steffahof@t-online.de

Bergbauernhof in Einzellage

- **Kneipp-Gesundheitshof**
- großer Aufenthaltsraum mit Specksteinofen und kleiner Küche
- Sauna
- Solarium
- Unterstellmöglichkeit für Gastpferde
- stundenweise Kinderbetreuung möglich
- Tiere zum Anfassen
- Spielplatz
- Freizeitraum mit Tischtennisplatte, versch. Brettspiele
- gemeinsame Wanderungen
- gemeinsames Kaffeetrinken
- im Winter: Langlauf, Schlittenverleih
- Ab-Hof-Verkauf von Honig, Schnaps und Produkten aus eigener Schlachtung

auf Schusters Rappen wird man hier die nähere Umgebung erkunden, und bei einer Wanderung mit den Gastgebern kann man vieles über die Geheimnisse der Natur erfahren. Und sollte es doch einmal regnen, können sich die Kleinen den Rätseln und Spielen in der Kinder-Ferien-Zeitung widmen, während die Großen ungestört in der mehr als 200-jährigen Familienchronik schmökern.

Preise ab EUR

Wohneinheit	FeWo	Zimmer
Ü	35–50	12,5-25
qm	80-100	25-30

Gesamtzahl der Gästebetten: 15

Kulturdenkmäler

Vogelinsel Altmühlsee Führungen im größten Vogelrückzugsgebiet von Bayern, Tel. 0 98 31/48 20

Naturpark Altmühltal Wanderwege, Langenaltheim, Tel. 09145/83 30-0

Tropfsteinhöhle Schulerloch oberhalb von Oberau, 93343 Essing, Tel. 0 94 41/32 77, Öffnungszeiten: April bis Oktober 10 bis 16 Uhr, halbstündlich Führungen

Wandern rund um den Rothsee (11 beschriebene Wanderwege), 91152 Roth, Tel. 0 91 71/8 13 2

Naturdenkmal Demlinger Steinbruch Großmehring, Tel. 0 84 07/42 94-0

Wald- und Pilzwanderungen 91710 Gunzenhausen, Tel. 0 98 31/5 08 31

Höhlenwandern in Franken „Das Geißloch" bei Muggendorf (gilt als schönste Höhle Deutschlands), Tel. 0 91 96/1 94 33

Erlebnispfad Hopfen und Bier 84048 Mainburg, Tel. 0 87 51/70 40

Freilichtmuseen

Hallertauer Hopfen- und Heimatmuseum Geisenfeld Rathaus Straße 11, 85290 Geisenfeld, Tel. 0 84 52/98 24

Hopfenmuseum Siggenwiler 88069 Tettnang

Bauernhofmuseum Riedenburg Echendorf 11, 93339 Riedenburg, Tel. 0 94 42/20 57, Fax 0 94 42/34 64, Öffnungszeiten: täglich

Technik-Museum Kratzmühle Markt Kinding, 85125 Kinding, Tel. 0 84 61/96 82, Fax 0 84 61/83 18, Öffnungszeiten: April bis Oktober samstags, sonntags u. feiertags 10 bis 18 Uhr, freitags 14 bis 18 Uhr, mittwochs 16 bis 20 Uhr, November bis März samstags, sonn- u. feiertags 13 bis 17 Uhr, für Gruppen auch außerhalb der Öffnungszeiten nach Vereinbarung

Rieser Bauernmuseum Klosterhof 8, 86747 Maihingen, Tel. 0 90 87/7 78, Öffnungszeiten: Mitte März bis Mitte November 13 bis 17 Uhr (montags u. freitags geschlossen), Juli-September 10 bis 17 Uhr (montags geschlossen)

Die Bocksbeutelstraße

Rund um Würzburg führt die „Bocksbeutelstraße" durch's Frankenland. Besonders in den Herbstmonaten, wenn die Rebstöcke voller Trauben hängen, entfaltet diese Region ihre lieblichen Reize.
Alle fünf Routen der Bocksbeutelstraße starten in Würzburg und führen zu den auserlesenen Weinlagen und Spitzen-Weingütern. Der Bocksbeutel – Jahrtausende altes Markenzeichen für fränkische Weine - weist den Gästen ihren Weg, der mit reizvollen Entdeckungen zu überraschen weiß.

🏠 **Schwäbisches Bauern- und Technik-Museum Seifertshofen**
73569 Eschach-Seifertshofen, Tel. 0 79 75/3 60, Öffnungszeiten: täglich 10 bis 17 Uhr, auch sonn- und feiertags

🏠 **Fränkisches Freilandmuseum**
Eisweiherweg 1, 91438 Bad Windsheim, Tel. 0 98 41/66 80-0, Fax: 0 98 41/66 80 99, Öffnungszeiten: Mitte März bis 3. Advent täglich außer montags von 9 bis 18 Uhr; an Feiertagen sowie im Juni, Juli und August auch montags geöffnet (ab Mitte Oktober verkürzte Öffnungszeiten)

🏠 **Gerätemuseum des Coburger Landes** Alte Schäferei 2, 96482 Ahorn, Tel. 0 95 61/13 04, Fax 0 95 61/13 64, Öffnungszeiten: April bis Oktober täglich außer montags 14 bis 17 Uhr, Gruppen nach Vereinbarung

🏠 **Museum für bäuerliche Arbeitsgeräte in Bayreuth (Oberfranken)**
Adolf-Wächter-Str. 17, 95447 Bayreuth, Tel. 09 21/6 83 25, Öffnungszeiten: 1.5. bis 31.10. samstags und sonntags 14 bis 17 Uhr

🏠 **Bauernmuseum Frensdorf**
(Landkreis Bamberg), 96158 Frensdorf, Tel. 09 51/2 91 01, Öffnungszeiten: 1.4. bis 1.11. mittwochs bis freitags 9 bis 17 Uhr, samstags u. sonntags 10 bis 17 Uhr

🏠 **Oberfränkisches Bauernhofmuseum** 95239 Zell-Kleinlosnitz, Tel. 0 92 51/35 25, Öffnungszeiten: dienstags bis freitags 13 bis 16 Uhr, samstags, sonn- u. feiertags 13 bis 17 Uhr oder nach Vereinbarung

🏠 **Fränkisches Bauern- und Handwerkermuseum**
97346 Iphofen-Mönchsondheim, Tel. 0 93 26/3 67, Öffnungszeiten: 1.3. bis 15.12. dienstags bis samstags 13 bis 18 Uhr, sonn- u. feiertags 11 bis 18 Uhr

Bierstraße in Franken

Das Frankenland mit seinen 300 Brauereien ist die weltweit einzigartige Bierlandschaft. Da darf eine Wanderung bzw. Fahrt entlang der „fränkischen Bierstraße" nicht fehlen, die in Gößweinstein beginnt, über Bayreuth mit Brauereimuseum führt und in Trebgast (vorerst) endet.

🏠 **Oberpfälzer Freilandmuseum**
Oberviechtacher Straße 20, 92507 Nabburg (Neusath-Perschen), Tel. 0 94 33/68 84, Öffnungszeiten: von April bis Oktober täglich außer montags 9 bis 18 Uhr

🏠 **Fränkisches Brauereimuseum**
Michaelsberg 10, 96049 Bamberg, Tel. 09 51/5 30 16

🏠 **Fränkisches Freilandmuseum Fladungen** Bahnhofstraße 19, 97650 Fladungen, Tel. 0 97 78/91-2 30

Bauerngärten

🌼 **Biotopgarten, Naturpark Altmühltal** 85072 Eichstätt, Tel. 0 84 21/98 76-0, Öffnungszeiten: April bis Ende Oktober montags bis samstags 9 bis 17 Uhr, sonn- u. feiertags 10 bis 17 Uhr

🌼 **Kräuterwanderungen,** Verkehrsamt Breitenbrunn, Tel. 0 94 95/2 66

Wussten Sie, dass es **100 bis 300 Jahre dauert,** *bis sich hierzulande eine Humusschicht von 1 cm Dicke bildet?* **Fruchtbare Ackerböden** *müssen mindestens 30 cm Humus aufweisen.*

Vom Thüringer Wald zur Pommerschen Bucht

In den neuen Bundesländern gibt es bisher zwei LandSelection-Höfe: in Thüringen und Mecklenburg-Vorpommern. Alle liegen naturnah und eröffnen vielfältige Möglichkeiten, den schönen Osten Deutschlands kennen zu lernen.

Der Thüringer Wald

Der besondere Reiz des Thüringer Waldes liegt in den schroffen Gegensätzen zwischen Bergen bis knapp 1000 Meter Höhe und tiefen Flusstälern mit steilen Hängen. Ausgedehnte Wälder lassen erahnen, wie waldreich Deutschland einst war. Über die Kämme des Thüringer Waldes verläuft einer der schönsten Wanderwege Deutschlands, der 168 Kilometer lange Rennsteig. Im Winter können die herrlichen Ausblicke auch auf Skiern genossen werden. Niedrige Temperaturen und hohe Niederschläge machen die Höhenlagen über 500 Meter zu sicheren Wintersportgebieten.

65

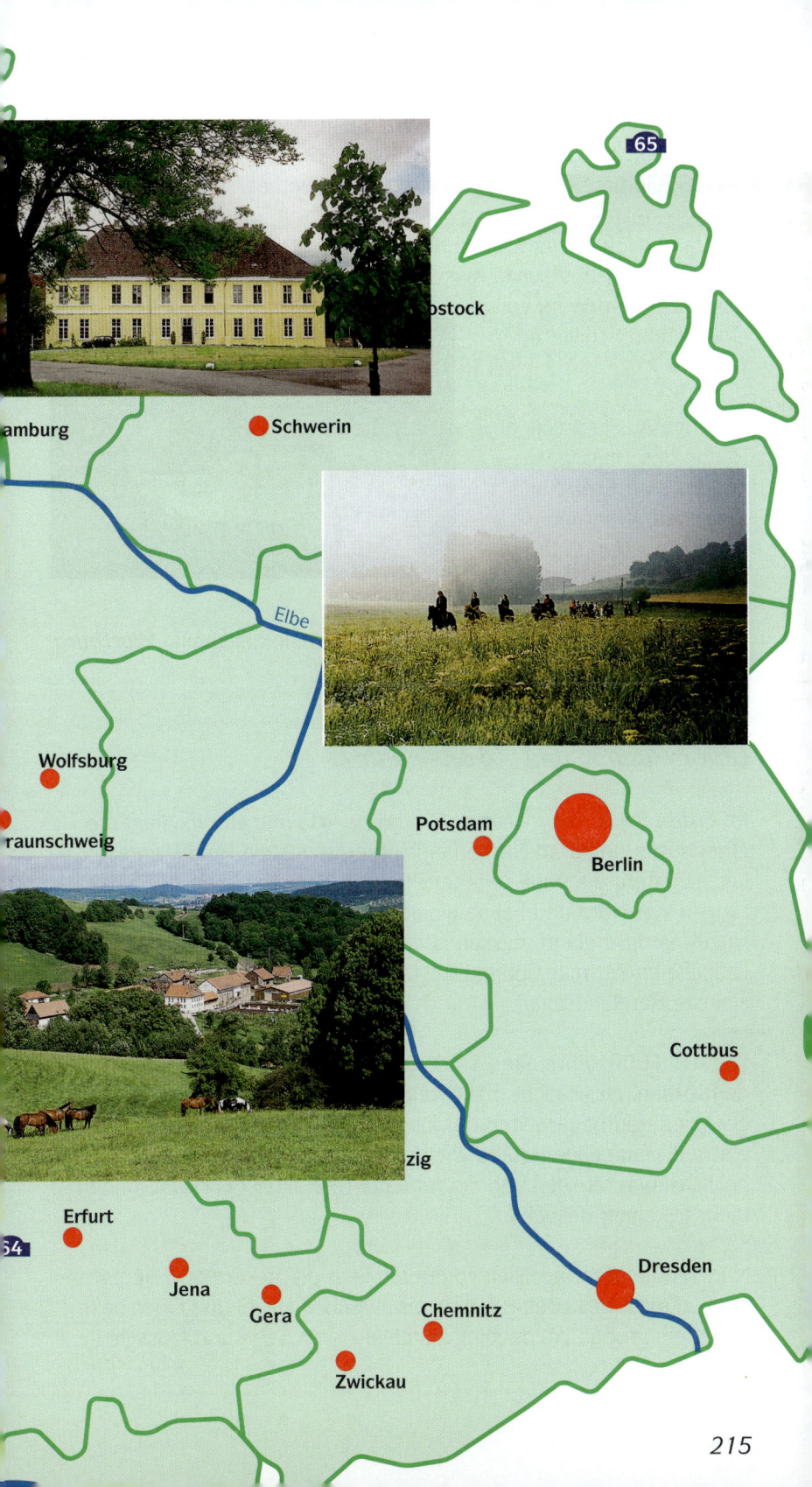

ostock

Schwerin

amburg

Elbe

Wolfsburg

raunschweig

Potsdam

Berlin

Cottbus

zig

Dresden

64

Erfurt

Jena

Gera

Chemnitz

Zwickau

215

Von alters her zog der Thüringer Wald Sänger und Dichter in seinen Bann, allen voran Johann Wolfgang von Goethe. In **Ilmenau** startet der 18 Kilometer lange Wanderweg „Auf Goethes Spuren", der eine gute Vorstellung von der Faszination vermittelt, die Goethe einst empfand. Höhepunkt für Freunde der schönen Künste ist **Weimar**, die „Stadt der deutschen Klassik". Hier wird auf Schritt und Tritt an das Leben und Werk von Goethe und Schiller erinnert.

Wichtige Ausflugsziele am Rande des Thüringer Waldes sind **Erfurt** und **Eisenach**. Während Thüringens Hauptstadt mit vielen Kirchen, Klöstern und Museen lockt, verdankt Eisenach seine Bekanntheit der oberhalb gelegenen **Wartburg** mit ihrer wechselvollen Geschichte.

Oberlausitz und Uckermark

Im Osten Sachsens, zwischen Bischofswerda und Görlitz, liegt die Oberlausitz. In ihrem Norden erstrecken sich stille Heide- und Teichlandschaften, die dank seltener Pflanzen- und Tierarten zu Beobachtungen von Flora und Fauna einladen. Weiter südlich beginnt ein Hügel- und Bergland, dessen höchste Erhebung mit 793 Metern die Lausche im Zittauer Gebirge ist. Das Zittauer Gebirge - Deutschlands kleinste Berglandschaft - ist auch ein bekanntes Wintersportgebiet.

Von der 1000 Jahre alten Stadt **Bautzen,** dem kulturellen Zentrum der Sorben, ist es nicht mehr weit nach **Dresden**, das dank gewaltiger Wiederaufbauarbeiten der jüngsten Zeit in neuem Glanz erstrahlt. Einmalige Bauten wie der Zwinger und die Semperoper, hochkarätige Museen und der lebhafte Charakter der Stadt lohnen mehr als einen Besuch.

Nur 80 Kilometer nördlich von Berlin liegt die Uckermark. Deutschlands dünnst besiedelter Landkreis zwischen Havel und Oder beinhaltet ein großes Waldgebiet, durchsetzt von Seen und Flüsschen, die sich größtenteils in Nationalparks befinden. Am Rande des Oderbruchs bieten sich viele Einblicke in die Geschichte der Eiszeiten. Die reizvollsten Städte der Region sind **Templin**, **Angermünde** und **Prenzlau**. Hier gehören mittelalterliche Stadtbefestigungen und Bauwerke norddeutscher Backsteingotik zum gut erhaltenen Stadtbild.

Insel Rügen

Traditionsreiche Seebäder mit feinen Sandstränden wie Binz und Göhren, eine abwechslungsreiche Bilderbuchlandschaft und die imposanten Kreidefelsen auf der Halbinsel Jasmund haben zu der Beliebtheit von Rügen beigetragen. Weniger spektakulär aber von großem Erholungswert sind die dichten Buchenwälder, sanften Hügel und denkmalgeschützten Dörfer in vielen Winkeln der Insel. Dazu gesellen sich einsame Waldschlösser, Hünen- und Hügelgräber und eine artenreiche Vogelwelt.

Ruhiger geht es auch im Norden von Deutschlands größter Insel zu, auf der Halbinsel **Wittow**. Der Schinkelturm am **Kap Arkona** eröffnet einen genialen Blick über die Insel und beherbergt außerdem ein interessantes Museum über die Geschichte des Leuchtfeuers. Von hier aus Richtung Süden geht es zum idyllischen Fischerdorf **Vitt**.

Romantik wie vor hundert Jahren findet man auf der vorgelagerten Insel Hiddensee, denn hier sind Autos verboten. Mit dem Fahrrad oder per Kutsche sind die schönen Strände und vier Ortschaften der nur 17 Kilometer langen Insel jedoch schnell erreicht.

Vom Thüringer Wald bis zur Pommer

64 Ponyhof Zilling

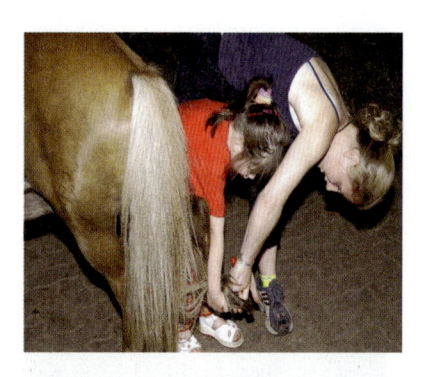

Einmal den Stress und die Hektik des Alltags hinter sich, die Seele baumeln lassen. Die Geschichte Deutschlands und eine der schönsten Naturlandschaften entdecken.
Wenn die Großen den Spuren Luthers auf die Wartburg folgen, können die Kleinen auf den Ponys der Familie Zilling so richtig ausspannen. Was ist schöner als ein ausgedehnter Ausritt über die thüringische Hügellandschaft. Viele Streicheltiere für die Allerkleinsten gibt es auf dem Ponyhof, geheimnisvolle Stimmung verbreiten die Fledermäuse in der Nacht. Familiär und rustikal geht es auf dem Hof zu, reichhaltig ist das Angebot für Babys und Kinder. Vom Kräutersammeln bis zu geführten Wanderungen durch den Nationalpark. In jeder Ecke des Hofes lässt sich etwas Neues aus der Landwirtschaft entdecken. Der Ponyhof ist ein Paradies für Kinder. Wenn die Schulferien zu Ende gehen, dann kommen die Erwachsenen richtig auf ihre Kosten. Für Ruhe und Erholung sorgen die aufgeschlossenen und engagierten Gastgeber. Sie laden Ihre Gäste auch gerne in den Gewölbekeller und in die Scheune zum zünftigen Fest ein.

...schen Bucht

Land Selection
EUROPAS SCHÖNSTE FERIENHÖFE

Gudrun Zilling
Ponyhof Zilling
Weisse Gasse 7
99947 Behringen
Tel.: 0 3 62 54 - 7 00 39
Fax: 0 3 62 54 - 8 13 55
www.pension-ponyhof.de
info@pension-ponyhof.de

Grünlandbetrieb mit Pferden, Ponys, Kühen, Kälbern, Lamas und Schafen

- FN-Ferienbetrieb
- Reiten
- geführte Kutsch- und Planwagenfahrten
- Gewölbekeller in der Scheune
- Fahrdienst
- Jagdmöglichkeit a.A.
- geführte Fahrradtouren a.A.
- Wandern im Nationalpark
- Betriebsführungen
- wöchentlicher Grillabend
- Reitferien f. Kinder ohne Eltern
- Spielplatz
- Kinderfahrzeuge
- viele Streicheltiere
- Spaziergänge mit Lamas und Ziegen
- **Ziegenpeterservice**
- **Happy Birthday**
- **Tischlein deck' dich**
- ab-Hof-Verkauf von Marmelade, Fleisch und Eiern

Preise ab EUR	
Wohneinheit	**FeWo**
Ü	45
Ü/F	25

Gesamtzahl der Gästebetten: 40

Vom Thüringer Wald bis zur Pommer

65 Hof Wollin

Wenn wogende Wälder die Landschaft bestimmen, das Rauschen der Wellen die Nähe zur Ostsee verkündet und schnurgerade Alleen auftauchen, – dann ist man auf der Sonneninsel Rügen. Hier liegt vor der malerischen Kulisse der Leuchttürme von Kap Arcona und dem Fischerdörfchen Vitt, das zu den Weltkulturgütern zählt, der Gutshof Wollin. Schon 1318 wurde der Rügener Bauernhof erstmalig erwähnt. Heute beherbergt er behagliche Ferienwohnungen, die im edlen Landhausstil mit viel Sinn für die Feinheiten ausgestattet wurden. In der unverwechselbaren Atmosphäre eines alten Bauernhofes verbringt man hier bei herzlicher, aber unaufdringlicher Gastfreundschaft die schönsten Tage des Jahres. Wuschelige Highland-Rinder leben auf dem Hof nebst Schafen, Hühnern, Enten und Gänsen. Die beiden Ponys werden die Kleinen sofort in ihr Herz schließen. Mit den Fahrrädern ist man in kürzester Zeit am Sandstrand und ein kurzer Spaziergang führt den Besucher an das Ufer der wunderschönen Tromper Wiek. Ob im Sommer zum Baden oder im Winter, um einfach die großartige Natur zu genießen: bei Familie Kleingarn findet man zu jeder Jahreszeit einen Urlaub mit Komfort auf einem zukunftsorientierten landwirtschaftlichen Betrieb.

...schen Bucht

Land Selection
EUROPAS SCHÖNSTE FERIENHÖFE

Bärbel Kleingarn
Hof Wollin
18556 Putgarten auf Rügen
Tel.: 03 83 91 - 40 80
Fax: 03 83 91 - 4 08 40
www.hof-wollin.de
hof-Wollin@t-online.de

Vollbewirtschafteter Ackerbaubetrieb in Einzellage mit Rinderhaltung

- Grillabende mit Live-Musik
- Sauna, Saunagarten, Solarium
- Kaminraum, auch für Seminare geeignet
- Gartenzimmer als Info-Zentrum
- gemeinsames Kaffeetrinken zu besonderen Anlässen und in der Nebensaison
- Basteln, Blumenstecken
- Bibliothek
- Angeln vom Fischerboot
- Spielplatz
- Trampolin
- Streicheltiere
- Kutschfahrten
- **Ziegenpeterservice**
- **Tischlein deck' dich**
- Ostsee 400 m entfernt
- Ab-Hof-Verkauf von Eiern

Preise ab EUR

Wohneinheit	FeWo
Ü	55–98
qm	36–70

Gesamtzahl der Gästebetten: 64

Kulturdenkmäler

🏰 Naturpark Drömling (Altmark)
39646 Oebisfelde, Tel. 03 90 02/85 00

🏰 Biosphärenreservat Mittlere Elbe
größter zusammenhängender Auenwald Mitteleuropas, 06785 Oranienbaum, Tel. 03 49 04/42 10

🏰 Wörlitzer Garten
112 Hektar in den Elbauen, Tel. 03 49 05/2 02 16

🏰 Rübeländer Tropfsteinhöhle
gelten als schönste mitteleuropäische Höhlen, 38889 Rübeland, Tel. 03 94 54/4 91 32, Öffnungszeiten: Mo bis So 9 bis 15.30 Uhr

🏰 Nationalpark Sächsische Schweiz

🏰 Biosphärenreservat Lausitz

🏰 Irrgarten Kleinwelka
größtes deutsches Labyrinth, 02625 Bautzen-Kleinwelka, Tel. 03 59 35/2 05 75, Öffnungszeiten: 15. März bis 31. Oktober 9 bis 17 Uhr

🏰 Blumberger Mühle
am Rand des Biospärenreservats Schorfheide-Chorin 16278 Angermünde, Tel. 0 33 31/2 60 40, Öffnungszeiten: April bis Oktober täglich 9 bis 18 Uhr, Sa bis 20 Uhr, Nov. bis März von Mo bis Fr 9 bis 16 Uhr, am Wochenende bis 17 Uhr

🏰 Wildpark Schorfheide
90 Hektar mit Elchen, Wollschweinen, Wildpferden und Wölfen, Prenzlauer Str. 16, 16348 Groß Schönebeck, Tel. 0 33 93/6 58 55, Öffnungszeiten: Mo bis So 10 bis 17 Uhr

🏰 Spreewald
Spreewaldinformation Lübben, Ernst von Houwald Damm 15, 15907 Lübben, Tel. 0 35 46/30 90

🏰 Kranichzug Rügen-Bock-Kirr
zwischen September und November, Kranich-Infozentrum Lindenstraße 27, 18445 Groß-Mohrdorf, Tel. 03 83 23/8 05 40

🏰 Pilzmuseum
mit über 250 präparierten Pilzarten, Ribnitzer Landweg 2, 18311 Neuheide, Tel. 03 82 06/7 99 21, Öffnungszeiten: Di bis Fr von 9 bis 11 u. 14 bis 17 Uhr, Sa 9 bis 11.30 u. 14 bis 17 Uhr, So 9 bis 11.30 Uhr

🏰 Die Eichen von Ivenack
sechs 1000-jährige Eichen, Forstamt Stavenhagen, Tel. 03 99 57/2 05 27

🏰 Königsstuhl – Kreidefelsen von Rügen
Infos: Institut für Bodenkunde der Universität Rostock, Tel. 03 81/4 98-21 60

Freilichtmuseen

⛪ Deutsches Schweinemuseum
in Ruhlsdorf 14513 Teltow, Tel. 0 33 28/43 61 05, Fax 0 33 28/43 61 18

⛪ Wassermühle Katschwitz
02633 Gaußig

⛪ 1. Deutsches Klosspress-Museum
Mylliusstraße 6, 98701 Großbreitenbach, Tel. 03 67 81/4 18 15, Öffnungszeiten: Di bis Fr 10 bis 15 Uhr, Sa/So 13 bis 15.30 Uhr

Museum für Bodenschätzung
Querstraße 8, 3921 Eickendorf (Magdeburg), Tel. 03 92 97/2 03 10, Besuchszeiten nach Absprache

Aussichtspunkt am Tagebau
Amsdorf bei Halle

Bauernmuseum Wittstock
Dorfstraße 27, 17291 Schapow-Wittstock, Tel. 03 98 52/34 22, Öffnungszeiten: 1.4. bis 31.10. Sonntags 10 bis 12 und 14 bis 16 Uhr

Museumshof Zirkow
Binzer Straße 43a, 18628 Zirkow, Tel. 03 83 93/3 28 24, Öffnungszeiten: dienstags bis donnerstags 10 bis 17 Uhr

Agrarhistorisches Museum Alt Schwerin
17214 Alt Schwerin, Tel. 03 99 32/4 99 18, Fax 03 99 32/4 99 17, Öffnungszeiten: April bis Oktober dienstags bis sonntags 10 bis 17 Uhr, Mai bis September montags bis sonntags 10 bis 17 Uhr

Agrarhistorische Sammlung in der ländlichen Erwachsenenbildung Parchim e.V.
Alte Mauerstraße 25, 19370 Parchim, Tel. 0 38 71/21 25 59, Fax 0 38 71/26 72 09, Öffnungszeiten: ganzjährig geöffnet, montags bis donnerstags 9 bis 12 und 13 bis 15.30 Uhr

> *Erinnerungen an „Urlaub auf dem Bauernhof":*
> *„... abendlicher **Einmarsch der Milchkühe** nach Namensaufruf."*
> *„... offene Türen in Haus und Stall."*
> *„... **schmackhafte Landkost.**"*
> *„... abendlicher Plausch vor der Haustür mit **Unterricht in Landwirtschaft.**"*
>
> *Urkunde für feinste Urlaubstage auf dem Bauernhof:*
> *- Leckeres Essen*
> *- **Gastfreundlichkeit***
> *- Helfen und Hantieren auf dem Hof*
> *- Putzen der Pferde jederzeit*

Agrarhistorisches Museum Pingelhof
19374 Alt Damerow, Tel. 03 87 28/2 01 11, Öffnungszeiten: 1.4. bis 31.10. täglich außer montags von 14 bis 18 Uhr

Mühlenmuseum
Die fünf Windmühlen von Woldegk, Tel. 0 39 63/21 13 84

Die Scheune
u. a. Sammlung und Kauf mecklenburgischer Kräuter, Dudel 1, 17207 Bollewick, Tel. 03 99 72/5 14 40

Dorfmuseum Rubow
Sitz Buchholz, Schulstraße 5, 19067 Buchholz, Tel. 03 85/71 09 26, Öffnungszeiten: Besuche und Führungen nach Vereinbarung

Deutsches Gartenbaumuseum
Erfurt (Cyriaksburg), Tel. 03 61/22 39 90

Bauerngärten

Schlosspark Gaußig
02633 Gaußig, Große Rhododendron-Anlage

Lehrpfad „Neuer Botanischer Garten"
Landesforstanstalt Eberswalde, Alfred-Möller-Straße 1, 16225 Eberswalde, Tel. 0 33 34/6 50

Europa-Rosarium
15 Hektar mit 6 800 Rosensorten, Steinberger Weg 3, 06526 Sangerhausen, Tel. 0 34 64/57 25 22, Öffnungszeiten: während der Rosenblüte von 8 bis 20 Uhr geöffnet

Österreich: Durch Berge und Seen

Atemberaubende Alpenlandschaften, Tausende von Badeseen, Wienerschnitzel und Kaiserschmarren, Kulturschätze aus allen Epochen – es gibt unzählige Gründe, die Österreich zum klassischen Ferienland gemacht haben.

Der unglaublichen Vielfalt von Landschaft und Kultur entspricht die breite Palette an Freizeitmöglichkeiten und zwar zu jeder Jahreszeit. Im Winter werden die Alpen zum Paradies für Wintersportler, in den übrigen Jahreszeiten haben Wanderer die Wahl zwischen sämtlichen Schwierigkeitsgraden: von der leicht zu bewältigenden Wanderung durch die grünen Hügel des Voralpenlandes bis zu hochalpinen Bergtouren. Wer sich in abgelegene Gegenden begibt, trifft vielleicht auf Gämsen, Steinböcke und Murmeltiere und sammelt bei einer romantischen Hüttenübernachtung unvergessliche Eindrücke.

Im Sommer zieht es Wassersportler und Badelustige an die vielen warmen und

66	Ponyhof Wachter		73	Hanselbauer
67	Lindenhof		74	Nicklbauer
68	Martenhof		75	Ferienhof Hoffmann
69	Moargut		76	Haus Jakober
70	Reisenhof		77	Ferienhof Neusacher-Moser
71	Zwergerlof		78	Obergasserhof
72	Pension Zum Türkensturz			

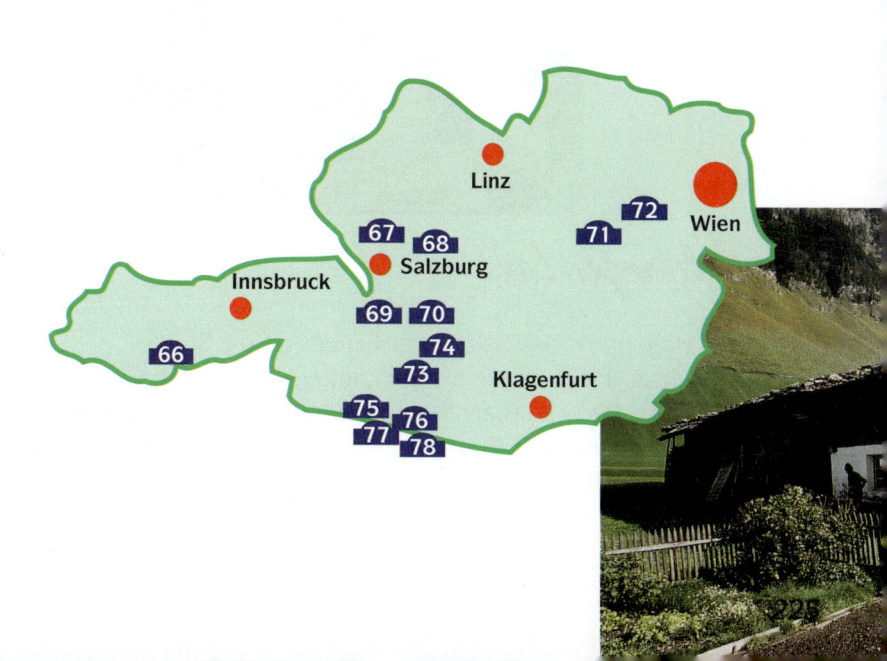

glasklaren Badeseen. Neben traditionellem Segeln, Surfen und Wasserski sind in manchen Orten neuerdings auch diverse Fun-Sportarten im Programm. Dazu locken die Gebirgsflüsse Wagemutige zum Rafting oder gar Canyoning an. Und natürlich sind die Alpen ein ideales Gelände für Drachen- und Gleitschirmflieger, denen außer einem gewissen Nervenkitzel einmalige Ausblicke auf das Alpenpanorama geboten werden.

Auch im Frühling und Herbst ist in Österreich Saison. Der Frühling ist die romantische Jahreszeit mit blühenden Obstbäumen und Wiesen, der Herbst die Zeit des Almabtriebs und der Bauernmärkte mit den zugehörigen Brauchtumsfesten. Spätestens jetzt gibt es Gelegenheit, die Schmankerl der ländlichen Küche zu probieren.

Insgesamt 13 LandSelection-Höfe verteilen sich in der Alpenrepublik auf vier Bundesländer.

Das Salzburger Land

Kultureller Höhepunkt des Salzburger Landes ist die Stadt **Salzburg** selbst. 1997 wurde die komplette Altstadt zum Weltkulturerbe ernannt. Barocke Prachtbauten, enge Gässchen mit den typischen „Durchhäusern", Erinnerungen an Mozart sowie die Salzburger Festspiele prägen das Bild der alten Bischofsstadt.

Einen wunderschönen Ausblick auf Kirchtürme und Kuppeln hat man von der hoch über der Stadt gelegenen Festung **Hohensalzburg**.

Das Salzburger Land ist das Land der Berge und der Seen. An letzteren verbrachten schon die Habsburger ihre Sommerfrische. Heute haben Urlauber die Qual der Wahl zwischen großen und bekannten Seen wie dem **Wolfgang-**, **Fuschl-**, **Atter-** oder **Mondsee** und vielen kleineren Seen, die ruhige Stunden abseits der Hauptattraktionen möglich machen.

Zu diesen Hauptattraktionen der faszinierenden Bergwelt gehören neben den vielen Bergriesen, Schluchten und Höhlen einige absolute Superlative: die größte bekannte Eishöhle der Erde, die hoch oben im Tenengebirge liegende **Eisriesenwelt**, die **Krimmler Wasserfälle**, die mit einem Fall über 380 Meter Höhe Europas höchste Wasserfälle sind, und eine Fahrt auf der **Großglockner-Hochalpenstraße**, vorbei an Österreichs höchstem Berg, dem 3797 Meter hohen **Großglockner**. Um die Ursprünglichkeit dieser Natur zu bewahren, wurden weite Teile der **Hohen Tauern** zum Nationalpark erklärt. Zwischen **Rauris**, **Bruck**, **Mittersill**, **Bamberg** und **Neukirchen** kann eines der letzten großen Alpenparadiese durchstreift werden.

Niederösterreich

An den Wochenenden suchen die Wiener zu Tausenden Natur und Erholung in den verschiedenen Landstrichen Niederösterreichs: im herben Waldviertel oder im lieblichen Weinviertel, in der romantischen **Wachau** oder im weitläufigen **Wienerwald**. Dennoch ist das Land „unter der Enns" vergleichsweise ruhig geblieben und macht es möglich, abseits der touristischen Hauptströme österreichische Kultur und Lebensart kennen zu lernen.

So lockt das Waldviertel nicht nur mit ausgedehnten Waldflächen, sondern auch mit fischreichen Gewässern, Burgen, Schlössern und Stiften. In der Wachau gesellt sich zum kulturellen Reichtum ein mildes Klima, das edle Weine und Marillen wachsen lässt. Berühmte Abteien, barocke Wallfahrtskirchen und malerische Orte reihen sich an der Donau aneinander. So zum Beispiel **Krems** und **St. Pölten**, die beide mit wunderschönen Stadtbildern und einer Fülle an Kunstschätzen aufwarten können. Ein Hochgenuss für Kulturinteressierte ist die weltberühmte **Benediktinerabtei Melk**, die als ein barockes Wunderwerk gilt.

Tirol

Tirol ist Österreichs beliebtestes Urlaubsland. Es ist das Land der hohen Berge und der großen Täler und somit ein Dorado für Wintersportler und Wanderer. Zwischen den Lechtaler und den Kitzbüheler Alpen gibt es über 1200 Seilbahnen und Lifte. Ein Prozent der Landesfläche sind Skipisten. Auf die Wanderer warten allein 3500 Kilometer Höhenwanderwege durch abwechslungsreiche Landschaften.

Die schönsten Täler mit ihren lebhaften Ortschaften zweigen vom Inntal ab, Tirols Lebens- und Hauptader. Dessen Hauptstadt **Innsbruck** ist nicht zuletzt aufgrund der Olympischen Winterspiele weltweit ein Begriff. Die intakte Altstadt vor der Hochgebirgskulisse des **Karwendelgebirges** ist schon etwas ganz Besonderes. Südlich von Innsbruck liegt das **Stubaital**, eindrucksvoll von Dreitausendern gesäumt, eines der reizvollsten Tiroler Täler. Weniger bekannt und daher eine Rundreise abseits des Trubels wert ist das **Kaunertal**, ein wunderschönes Hochgebirgstal südlich von **Landeck**.

Kärnten

Österreichs „Südbalkon" und „Badewanne" oder „Österreichische Riviera", mit diesen Begriffen schmückt sich das südlichste Bundesland der Alpenrepublik gerne. Hunderte von warmen Badeseen mit ausgezeichneter Wasserqualität, dazu ein mildes Klima und mondäne Badeorte lassen diese Beschreibungen zutreffen.

Der größte und bekannteste ist der feine **Wörthersee** mit der malerisch auf einer Halbinsel gelegenen Kirche **Maria Wörth**. Östlich des Sees verbreitet **Klagenfurt** südländische Stimmung. Kärntens Landeshauptstadt ist in ihrer Altstadt geprägt von italienischer Renaissance, romantischen Innenhöfen und engen Gassen, in denen sich viel modernes Leben abspielt.

Besonders warme Badeseen sind der **Ossiacher See** und der **Millstätter See**. Mit niedrigeren Temperaturen dafür aber in einer großartigen Landschaft gelegen präsentiert sich Kärntens höchster See, der **Weißensee**, der sich im Winter in eine riesige Eisfläche verwandelt.

Österreich: durch Berge und Seen

66 Ponyhof Wachter

In 1400 m Höhe auf der „Sonnenterrasse Tirols", unweit der Stadt Landeck, liegt der Ponyhof Wachter *in Fiss, einem kleinen Bergdorf, das dank seiner freien Plateaulage über 2000 Sonnenstunden im Jahr verzeichnet.* Der Dorfkern besteht aus Bauernhäusern aus dem 16. und 17. Jahrhundert im rätoromanischen Baustil, und auch der Ponyhof Wachter ist über 300 Jahre alt. Die geräumigen Gästezimmer und Ferienwohnungen wurden mit modernem Komfort, viel Holz und einem offenen Auge für Tradition eingerichtet, und besonders in der Tiroler Bauernstube mit dem Kachelofen bekommt der Gast die warme Atmosphäre zu spüren, die den Reiz alter Bauernhäuser ausmacht. Auf die Kinder wartet ein Abenteuerspielplatz mit Ponys und Streicheltieren, eine Spielecke in der großen Diele, eine Spielhütte und vom Mini-Maxi-Club im Dorf ein buntes Programm für Kinder und Jugendliche. Das dichte Wanderwegenetz führt bis auf 3.000 Meter

Land Selection
EUROPAS SCHÖNSTE FERIENHÖFE

Resi und Ludwig Wachter
Ponyhof Wachter
Obere Dorfstr. 38
A - 6533 Fiss
Tel.: 0043 - 54 76 - 64 19
Fax: 0043 - 54 76 - 6 41 98
www.pension-wachter.info
info@pension-wachter.info

Schaufensterlandwirtschaft

- Lamatrekking
- Tiroler Bauernstube mit Kachelofen
- Sauna
- Grillabende
- Frühstücksbuffet mit Bioecke aus hofeigenen Produkten
- Spielhütte
- Spielplatz
- Streicheltiere
- Wasserräder bauen
- im Sommer Seilbahnbenutzung inklusive, im Winter Lift und Loipe in 500 m
- **Ziegenpeterservice**
- **Tischlein deck' dich**
- Ab-Hof-Verkauf von Milch, Eiern, Kartoffeln, Erdbeeren und Marmelade
- Badesee in 1,5 km
- Reise-Regen-Bonus

in die Berge, und wer nicht wandern mag, sollte sich zumindest eine Trekkingtour mit den hofeigenen Lamas nicht entgehen lassen. Abends kann man dann in der Sauna entspannen, und einmal pro Woche gibt's einen gemeinsamen Grillabend im urigen Gartenhaus.

Preise ab EUR		
Wohneinheit	FeWo	Zimmer
Ü	38–145	19–35
qm	40–100	32–36

Gesamtzahl der Gästebetten: 24

Österreich: durch Berge und Seen

67 Lindenhof

Zerklüftete Felslandschaften und romantische Wiesentäler, warme, spiegelglatte Seen und donnernde Wasserfälle: *Das Salzburger Alpenvorland ist eine Landschaft voller eigenwilliger Kontraste.* Carl Zuckmayer schrieb über seine Jahre am Wallersee: „Einen Augenblick, gelebt im Paradiese." In diesem Naturschutzgebiet liegt der Lindenhof. Seine rustikalen Ferienwohnungen verbinden alte bäuerliche Architektur mit modernem Komfort. Zum Anwesen gehört eine Spiel- und Liegewiese, wo man im Schatten einer uralten Linde dösen kann, und weder Autoverkehr noch Abgase stören die Idylle, in der sich Kühe und Hühner ganz tiergerecht frei bewegen können und Gäste beim Kuhmelken dabei sein dürfen. Die zauberhafte Landschaft lädt zu jeder Jahreszeit zu Fahrradtouren und Wanderungen ein; Salzburg ist ohnehin eine Reise wert, und auch die Wunderwelt der Eisriesen sollte man sich nicht entgehen lassen. Nach den Erlebnissen des Tages ist der Grillplatz mit dem jahrhundertealten Troat-

Land Selection
EUROPAS SCHÖNSTE FERIENHÖFE

Familie Schober
Lindenhof
Brunn 101
A–5201 Seekirchen/Wallersee
Tel.: 0043 - 62 25 - 79 30
     oder   82 95
Fax: 0043 - 62 25 - 82 95 4
www.bauernhoferlebnis-lindenhof.at
schober.lindenhof@aon.at

Bio-Ferienbauernhof mit Milchkühen, Ponys, Katzen, Hasen

- Bilderbuch „Ferien auf dem Bauernhof" nach dem Vorbild des Lindenhofes • Wanderungen mit den Bauersleuten zu versteckten Naturschönheiten
- Video über die 10-teilige TV-Serie „Ferien auf dem Lindenhof"
- Planwagen-Traktorfahrten
- Spielscheune
- überdachtes Schwimmbecken im Sommer • Spielplatz • Radwanderkarte • Schlafen im Heu
- Rodelhang • viele Tiere zum Anfassen • **Tischlein deck' dich**
- **Ziegenpeterservice**
- Ab-Hof-Verkauf von Milch, Butter, Honig und Wein
- Badesee in 2 km
- Skigebiet in 10 km
- Staatspreis der Europäischen Umweltstiftung

Preise ab EUR

Wohneinheit	FeWo
Ü	34–74
qm	40–50

Gesamtzahl der Gästebetten: 18

kasten ein beliebter Treffpunkt. Ferien auf dem Lindenhof: Ein unvergessliches Bauernhoferlebnis

Österreich: durch Berge und Seen

68 Martenhof

Das Salzburger Land ist eine Urlaubsregion, die bei der Schöpfung besonders großzügig mit Naturschönheiten bedacht wurde. Die faszinierende Bergwelt mit ihren Schluchten und Gletscherflüssen, mit Stauseen und Eishöhlen, den Bergriesen und den artenreichen Wäldern des Nationalparks Hohe Tauern lässt sich kaum in einem einzigen Urlaub erkunden. Man muss schon öfter kommen. Dann sucht man sich am besten gleich ein Stammquartier, wo man sich beim Wanderurlaub im Sommer genauso wohl fühlt wie beim Skiurlaub im Winter. Zum Beispiel den Martenhof in Saalbach Hinterglemm. Das prächtige Bauernhaus in bevorzugter Panoramalage verbindet modernen Komfort mit uriger Gemütlichkeit. Seine Appartements sind ebenso wie die Gemeinschaftsräume mit viel Holz, mit Bauernmöbeln und bäuerlichem Kunsthandwerk eingerichtet, und die Wärme, die das Interieur verbreitet, setzt sich fort im Miteinander der Menschen,

Land Selection
EUROPAS SCHÖNSTE FERIENHÖFE

Theresa Feiersinger
Martenhof
Martenweg 427
A-5754 Hinterglemm
Tel.: 0043 - 6541 7940
Fax: 0043 - 6541 7940 30
www.Martenhof.at
info@martenhof.at

Bauernhof mit Rindern, Pferden, Hühnern

- Ponyreiten
- Streicheltiere
- Fahrradverleih
- geführte Wanderungen und Fahrradtouren
- Tischtennis
- Basketball
- Kutschfahrten
- Spielplatz
- Wintersport
- baby-u. kleinkindergerechter Ferienhof
- **Ziegenpeterservice**
- Ab-Hof-Verkauf von Milch Eiern, Butter
- See in 18 km
- Bonus für Clubmitglieder

die hier leben. Aufmerksam kümmert sich Familie Feiersinger um das Wohl ihrer Gäste, und Familien mit Kindern sind hier besonders willkommen. Auch wenn die Lage mitten im Skigebiet mit 68 Liftanlagen und 260 km bestens präparierten Pisten, die luxuriöse Ausstattung der Appartements und die Sauna mit Whirlwanne an teure Urlaubsfreuden denken lässt, kann man die Abendgarderobe getrost zu Hause lassen: Auf dem Martenhof darf jeder einfach Mensch sein.

Preise ab EUR

Wohneinheit	FeWo
Ü	31-82
qm	25-85

Gesamtzahl der Gästebetten: 34

Österreich: durch Berge und Seen

69 Moar-Gut

Das Großarltal mit seinen 35 bewirtschafteten Almen, seinen saftigen Wiesen, seiner intakten Umwelt und der noch unberührten Natur lässt jedes Urlauberherz höher schlagen.

Das Bauernhofhotel Moar-Gut bietet die großartige Verbindung zwischen einem 4-Sterne-Hotel, einer Wellnessoase und einem aktiven Biobauernhof. Es ist ein Hotel zum Wohlfühlen und wird mit viel Gastlichkeit und Liebe geführt. Was es so einzigartig macht, sind die großzügigen Ferienwohnungen mit Verwöhn-Halbpension, die hervorragende Kinderbetreuung (60 Stunden pro Woche), Kindervollpension und die ideale Lage abseits aller Straßen und die absolute Ruhe. Der Hof ist umgeben von unvergleichbarer Landschaft inmitten eines wunderschönen Gebirgspanoramas. Die liebevoll eingerichteten Ferienwohnungen sind mit hellen Vollholzmöbeln, Holzböden und aufeinander abge-

Land Selection
EUROPAS SCHÖNSTE FERIENHÖFE

Elisabeth und Josef
Kendlbacher
Moar-Gut
Bach 19
A–5611 Grossarl
Tel.: 0043 - 64 14 - 3 18
Fax: 0043 - 64 14 - 31 84
www.hotel-moargut.com
info@hotel-moargut.com

Wellnessoase am Bauernhof

• Sonnenterrasse • geführte Almwanderungen • eigene bewirtschaftete Hochalm • Wildgerichte und österreichische Hausmannskost • Kinderbuffet • Bauernbrot backen • Grillen am offenen Lagerfeuer • Kinderwander-Animationsspiel mit Preisen • Tennis, Basket- und Volleyball • Reitplatz • 200 qm Wellnesslandschaft, Massage • Freizeitraum • geführte Radtouren • Kinderbetreuung • biol. erb. Kinderspielhaus • Kinderspielhof • Tiere zum Anfassen • eigene Jagd mit dem Moar-Gut-Bauern • im Winter: schneesicher von Dezember bis April, Loipe ab Haus, Schlittenverleih, Rodelpartys • **Tischlein deck' dich** • **Ziegenpeterservice**
• Ab-Hof-Verkauf • Badesee in 16 km • Skigebiet in 2,5 km

stimmten Leinenstoffen ausgestattet. Noch vieles kann über das exklusive Bauernhofhotel und das Großarltal erzählt werden, aber nichts ist so überzeugend wie der persönliche Eindruck.

Preise ab EUR	
Wohneinheit	**FeWo**
HP/P	65–95
qm	35–78

Gesamtzahl der Gästebetten: 50

Österreich: durch Berge und Seen

70 Reisenhof

Im Tal der Almen und Bergbauern befindet sich auf einer kleinen Anhöhe in einem Seitental von Großarl der Reisenhof, umgeben von saftigen, grünen Wiesen.

Schon beim Frühstück auf der Terrasse oder auf dem Balkon mit frischem, duftenden Gebäck wird man von der wunderschönen Aussicht auf das Gebirgspanorama des Nationalparks Hohe Tauern verwöhnt. Die freundlichen Ferienwohnungen bieten allen Komfort, denn auf die Ausstattung des Hauses legt Familie Laireiter ihr besonderes Augenmerk. Rund ums Haus gibt es genug Freiraum zum Spielen und Toben für den Nachwuchs. Wer in der Heuernte oder im Stall mit anpacken will, kann das auf dem Reisenhof tun. Wer aber einfach ausspannen und im Liegestuhl in

Land Selection
EUROPAS SCHÖNSTE FERIENHÖFE

Margit und Martin Laireiter
Reisenhof 52
A - 5611 Großarl
Tel.: 0043 - 64 14 - 4 06
Fax: 0043 - 64 14 - 40 67
www.reisenhof.at
reisenhof@aon.at

Biologisch bewirtschafteter Ferienhof mit Milchvieh

- gemeinsame Wanderung auf eine Alm
- Grillabende
- Aufenthaltsraum
- Sonnenterrasse
- Sauna und Whirlpool
- Spielplatz
- einige Streicheltiere
- Fahrdienste möglich
- Jagdmöglichkeit
- im Winter: Lift und Loipe in 2,5 km, schneesicher von Dezember bis April, Schlittenverleih
- **Ziegenpeterservice**
- **Tischlein deck' dich**
- Ab-Hof-Verkauf von Eiern, Milch, Speck und Schnaps
- Badesee in 16 km

der Sonne faulenzen will, kann das genauso. Die vielen bewirtschafteten Almen rundherum bieten jede Menge Ziele für herrliche Ausflüge auf Schusters Rappen.
Im Winter sind die mit einer weißen Pracht bedeckten Berge ein Kleinod für alle Wintersportler und eine abendliche Rodelpartie am Hof bildet oft genug den fröhlichen Ausklang eines erlebnisreichen Tages.

Preise ab EUR		
Wohneinheit	FeWo	Zimmer
Ü	37–105	
Ü/F		21–25
qm	35–70	

Gesamtzahl der Gästebetten: 20

Österreich: durch Berge und Seen

71 Zwergerlhof

Auf ca. 600 m Seehöhe liegt im österreichischen Alpenvorland der Zwergerlhof der Familie Moser, ein echter Bauernhof mit vielen Tieren, die gerne gefüttert, gestreichelt und gepflegt werden wollen.
Der biologisch wirtschaftende Mutterkuhhaltungsbetrieb ist ein Paradies für Kinder, Naturverbundene und Wanderfreunde.

Es gibt eine Spiel- und Liegewiese, viele Streicheltiere. Die Kinder vergnügen sich mit Kinderrad und Gokarts.
Im hauseigenen Museum kann man agrargeschichtliches hautnah erleben. Die Berglandschaft bietet vielfältige Wandermöglichkeiten. Während draußen die kleinen Gäste toben oder mit Oma Moser die Tiere füttern,

Land Selection
EUROPAS SCHÖNSTE FERIENHÖFE

Sabine und Mario Moser
Zwergerlhof
Schwarzengrabengegend 3
A-3211 Loich
Tel.: 0043- 27 22 - 83 82
Fax: 0043- 27 22 - 83 82 34
www.tiscover.com/sabine.moser
sabine.moser@direkt.at

Biologisch wirtschaftender Betrieb mit Mutterkuhhaltung

- Kinder- und Babybauernhof
- gemütlicher Aufenthaltsraum mit Kinderspiel- und Bücherecke
- geführte Wanderungen nach Absprache
- Betriebsführungen
- gemeinsame Lagerfeuer
- Laternenwanderung, urige Traktorfahrt nach Absprache
- hauseigenes Bauernmuseum
- Badminton
- Spielplatz
- Kinderfahrzeuge
- Streicheltiere
- Fische füttern im hauseigenen Fischteich
- **Tischlein deck' dich**
- **Ziegenpeterservice**
- ab-Hof-Verkauf von Eiern, Honig und Schnaps
- Tropfsteinhöhle in 10 km

relaxen die Eltern in den rustikalen, neu eingerichteten Wohnungen. Wöchentliche Laternenwanderungen und Lagerfeuer sind beliebt bei Groß und Klein. Tropfsteinhöhlen, Wasserfälle, die Wachau an der Donau und die Mariazellerbahn sind beliebte Ausflugsziele. Neben dem Landduft kann man auch schnell die Großstadtluft Wiens schnuppern.

Preise ab EUR

Wohneinheit	FeWo
Ü/2-5 Pers.	40-60

Gesamtzahl der Gästebetten: 11

Österreich: durch Berge und Seen

72 Pension Zum Türkensturz

Im *waldreichen Hügelland des niederösterreichischen Mostviertels, der „Wiege Österreichs",* liegt die Pension Zum Türkensturz, deren Name auf eine Sage aus dem 17. Jahrhundert zurückgeht. Auf dem Vierkanthof der Familie Distelberger sind die Zimmer geräumig und gerade neu eingerichtet. Mit regionalen Gerichten, Wildspezialitäten und selbst gemachten frischen Mehlspeisen verwöhnt die Speisekarte den Gaumen auf ganz besondere Art. Für Kinder ist der Hof ein wahres Paradies: Die verschiedensten Kleintiere wie Kaninchen und Meerschweinchen wollen im neuen Streichelgehege gepflegt und verwöhnt, die Ponys geritten und der große Spielplatz erobert werden. Die Großen können sich ja derweil auf dem Fun-

Land Selection
EUROPAS SCHÖNSTE FERIENHÖFE

Josef Distelberger
Pension „Zum Türkensturz"
Hochriess 5
A–3251 Purgstall/Erlauf
Tel.: 0043 - 74 16 - 5 28 70
Fax: 0043 - 74 16 - 52 87 04
www.bauernhofurlaub.com/
hoefe/zum-tuerkensturz.htm
familie.distelberger@utanet.at

Bauernhof mit Pferden und Ponys

- Freizeitplatz „Fun-Court"
- Ausritte • Hüttenabende
- gemeinsame Wanderungen, Fackelwanderung, Wanderkarten
- Wildpark-Erlebnisfahrt • Dia- und Musikabende • Kinderspielraum • Swimmingpool im Freien
- Kinderbetreuung möglich • viele Tiere zum Anfassen • Dreirad- u. Tretautoparcour, Trampolin
- Spielplatz • Tennis • eigene Jagd • Wurftaubenstand
- Angelmöglichkeit • Traktor-Oldtimerfahrt • Aufenthaltsraum mit offenem Kamin • Luftgewehrschießen im Kellerstüberl
- Tagungsraum • regionale Küche mit Wildspezialitäten • **Ziegenpeterservice** • Ab-Hof-Verkauf von Honig, Fleisch, Schnäpsen, Wild- und Mehlspeisen • Reise-Regen-Bonus

Court tummeln, einem Freizeitplatz für alle möglichen Spiele von Fußball über Volleyball bis Hockey oder Badminton oder sich mit einem guten Buch zurückziehen. Wenn es allerdings mit den Gastgebern auf Erlebnistour in den Wildpark oder abends auf die Fackelwanderung geht, sind Kleine und Große gleichermaßen willkommen. Aber von alldem einmal abgesehen – ein Ausflug nach Wien sollte unbedingt auf dem Programm stehen!

Preise ab EUR

Wohneinheit	Zimmer	
Ü/F	24–27	
HP	32–35	
VP	35–38	

Gesamtzahl der Gästebetten: 26

Österreich: durch Berge und Seen

73 Hof Hanslbauer

Mindestens sieben- oder achttausend Dörfer gibt es in Europa – oder auch mehr. Aber nur eines, das sich vom Bauer-Point, der Dorf-Info-Zentrale im Tal, bis zum Hanslbauer auf 1000 Metern Höhe in Südhanglage, *ganz auf die kleinen und kleinsten Gäste eingestellt hat: Trebesing, Europas 1. Babydorf.*

Bei Familie Neuschitzer ist alles inklusive – und zwar nicht nur Essen, Trinken, Kinderbetreuung oder Kutschfahrten – vor allem gibt's *ein eigenes Urlaubspony für jedes Kind* zum Reiten und Gernhaben. In der dem Hof angeschlossenen Bauernhofschule erzählen Kuh Elsa, Henne Berta, Eber Franz und alle anderen Tiere ihre Geschichte. In der Kinderscheune trifft man schon mal auf Kasperl, im Fort Baby-City gibt's eine fast echte Goldmine und natürlich gibt's viele Tiere und verschiedene Spielplätze. Auf die Großen warten

Land Selection
EUROPAS SCHÖNSTE FERIENHÖFE

Sigrun und
Andreas Neuschitzer
Neuschitz 6
A–9852 Trebesing
Tel.: 0043 - 47 32 - 23 83
Fax: 0043 - 47 32 - 23 83 4
www.Babybauernhof.cc
info@pferdebauernhof.com

Österreichs 1. Baby-Bauernhof

Inklusiv-Bauernhof:
im Preis sind sämtliche Getränke, Reiten, Kutschfahrten, Urlaubspony und **HP** enthalten.
- geführte Bergtouren und Familienwanderungen
- gemeinsame Almausflüge
- Ausritte • Gartengrillhaus
- Kutschfahrten • Fondueabend
- Swimmingpool • Blockhaussauna • Kinderbetreuung täglich von Montag bis Freitag
- Abenteuer-Spielplätze • separate Kinderspielräume • Fort Baby-City • Bauernhofschule
- Traktorenspielstraße
- PlayMais-Spielpavillon
- Verleih von Rückentragen, Buggys und Liegewagen
- **Tischlein deck' dich**
- **Ziegenpeterservice** • Ab-Hof-Verkauf von Speck, Fleisch und Schnaps • Skigebiete in 25 km
- Reise-Regen-Bonus

Preise ab EUR

Wohneinheit	Zimmer
HP	50–72
qm	20–42

Gesamtzahl der Gästebetten: 20

Sonnenterrasse, Garten-Saunahaus und Reittouren auf kräftigen Norikern in die eindrucksvolle Bergwelt. Einsamkeit und Stille wird man hier vergeblich suchen, doch Eltern und Großeltern, die einmal hier waren, kommen mit ihrem Nachwuchs alle Jahre wieder zum Hanslbauern, um Leib und Seele rundum verwöhnen zu lassen.

Österreich: durch Berge und Seen

74 Nicklbauer

Auch der Nicklbauer gehört zu den Trebesinger Babyhöfen und bietet alles nur Erdenkliche für einen maßgeschneiderten Kinderurlaub. Das fängt bei den familiengerecht ausgestatteten Zimmern, Studios und Appartements an und hört bei der ganztägigen Kinderbetreuung noch lange nicht auf. Einen richtigen Kinderbauernhof gibt es hier, wo die kleinen Gäste säen, gießen und ernten, Tiere pflegen und füttern und auf dem Traktor mitfahren dürfen. Dann wären da noch der große Spielplatz, die Indianerzelte, das Waldhaus, die Reitponys, Elisabeths Bastelstube, wo auch Erwachsene sich an Seidenmalerei und Trockenblumenschmuck versuchen dürfen und immer wieder bunte Kinderfeste. Im Dorf wird einiges für Kinder organisiert, zum Bespiel ein Spaziergang auf der Märchenwandermeile, ein Spielenachmittag im Zwergennest oder eine Babydampferfahrt auf dem Millstädter See. Da werden die lieben Kleinen gar nicht viel Zeit für ihre Eltern haben, aber für die gibt es auch genug zu tun: Die Naturschönheiten der beiden Nationalparks Hohe Tauern und Nockberge sind von hier aus gut zu erreichen, das mittelalterliche Städtchen Gmund mit Porschemuseum ist einen Besuch wert, und der Millstädter See lockt mit Strandbad und Wassersportmöglichkeiten. Wenn abends die hungrige Meute in den Speisesaal einfällt, wartet Mutter Preis mit

Land Selection
EUROPAS SCHÖNSTE FERIENHÖFE

Heinrich Preis
Nicklbauer
Altersberg 9
A-9852 Trebesing
Tel.: 0043 - 47 32-38 68
Fax: 0043 - 47 32-38 68 3
www.allesbauer.at
info@allesbauer.at

Bauernhof mit Wald Schweinen, Rindern und Rotwild

- All inclusive-Pauschalwochen, **2 Erw. und 2 Kinder: ab 655,- EUR/W**
- Bauernstube mit Kachelofen
- hauseigene Kinderbetreuung (Mo–Fr. 9–17 Uhr)
- Kinderbauernhof
- Baumhaus • großer Spielplatz
- Indianerzelte • Waldspielplatz
- beheiztes Freibad
- Tischtennis
- Lagerfeuer mit Würstchen grillen • Ponyreiten
- Übernachtungen im Waldhaus
- geführte Waldwanderungen
- Traktorfahrt
- Rotwildfütterung
- Streicheltiere
- Basteln und Malen
- Grillabende
- Ab-Hof-Verkauf von Brot, Butter, Haus- u. Hirschsalami, Speck, Hartwürsten und Birnenschnaps
- See in 7 km

Preise ab EUR

Wohneinheit	Zimmer und App.
VP (all inclusive)	40–80

Gesamtzahl der Gästebetten: 24

ihren Kochkünsten auf. Nicht nur die wird man vermissen, wenn es – meist viel zu früh – wieder nach Hause geht.

Österreich: durch Berge und Seen

75 Ferienhof Hoffmann

Der Kärntner Weißensee ist einer der letzten intakten Naturschauplätze Mitteleuropas. Hier haben sich sechs Ferienhöfe zur Gruppe der „Weißenseer Naturnahen" zusammengeschlossen, die für ihre Gäste nicht nur umfangreiche Angebote zur Freizeitgestaltung bereithalten, sondern sich vor allem zum Ziel gesetzt haben, dem Gast das Erlebnis Land im Einklang mit der Natur zu bieten. Hier liegt, unmittelbar am See, die Pension von Familie Brandner. Bereits seit 300 Jahren im Familienbesitz, verstehen es die Gastgeber, Altes und Neues harmonisch miteinander zu verbinden. Es ist vor allem das viele Holz, das den Gästezimmern und Ferienwohnungen und dem gesamten Anwesen seine behagliche, ländliche Atmosphäre verleiht.

Bei großen und kleinen Gästen steht der See zu jeder Jahreszeit im Mittelpunkt: Im Sommer an faulen Badetagen oder als Erfrischung nach einer Wande-

Land Selection
EUROPAS SCHÖNSTE FERIENHÖFE

**Familie Brandner
Ferienhof Hoffmann
Neusach 2
A–9762 Weißensee**
Tel.: 0043 - 47 13 - 22 64
Fax: 0043 - 47 13 - 2 26 44
www.ferienhof-hoffmann.at
ferienhof.hoffmann@netway.at

Biologisch bewirtschafteter Ferienhof der Gruppe „Die Weißenseer Naturnahen"

• Grillfeste am See • gem. Wanderungen • Filmvorführungen • Kaffeejause mit selbst gemachtem Kuchen • Spielplatz • Angeln • Fahrradtourenvorschläge • Bauernstube mit Kachelofen • Gäste-Garage • regionale Küche mit Rind- und Schweinefleisch aus eigener Erzeugung • eigener Strand am See • Ruderbootverleih • im Winter: Familienskigebiet „Naggler Alm" in 500 m, Beschneiungsanlage; Eisstockschießen, Eishockeyplatz, Eislaufbahn und Loipe in 100 m, Skibustransfer • **Tischlein deck' dich** • **Ziegenpeterservice** • Ab-Hof-Verkauf von Säften, Most und Marmelade • **Fischerpauschale:** 7 Tage, Komfortzimmer, Balkon, Frühstücksbuffet und **viele Extras** EUR 240,-/P

Preise ab EUR

Wohneinheit	FeWo	Zimmer
Ü Kinderermäßigung	50,6–152	25,7–35
qm	25–95	14

Gesamtzahl der Gästebetten: 29

rung auf die eigene Alm, und im Winter als riesiges Areal zum Eislaufen, Eisstockschießen oder Eishockeyspielen, wenn man nicht gerade per Pferdeschlitten oder auf Skiern unterwegs ist. Bei Familie Brandner erwarten Alt und Jung erholsame Ferien mit viel persönlicher Zuwendung.

Österreich: durch Berge und Seen

76 Haus Jakober

Die Ufer des Weißensees sind in weiten Teilen noch völlig unbebaut. Hier werden alle Bauernhöfe naturnah bewirtschaftet, und so haben diese und weitere Maßnahmen dazu geführt, dass die *Region von der europäischen Union zum „Preisträger für Umwelt und Tourismus" gekürt* wurde.

Direkt am See liegt das Haus Jakober. In Ferienwohnungen, die mit allem Komfort ausgestattet sind, verbringen die Gäste ihre schönsten Tage des Jahres. Beim Frühstück auf dem Balkon hat sicherlich schon so manches kleine oder große Kind ein Bad im See hinter sich, und der Tag bietet alle Möglichkeiten: Von der Bergwanderung, nach der man sich in der Sauna erholen kann, bis zur gemütli-

Land Selection
EUROPAS SCHÖNSTE FERIENHÖFE

**Johann Knaller
Haus Jakober
Neusach 12
A–9762 Weißensee
Tel.: 0043 - 47 13 - 22 62
Fax: 0043 - 47 13 - 22 62 20
www.hausjakober.at
info@hausjakober.at**

Biologisch bewirtschafteter Ferienbauernhof der Gruppe „Die Weißenseer Naturnahen"

• gemeinsame Wanderungen • Traktorfahrt mit Frigga • Aufenthaltsraum mit Kachelofen • eigener Strand am See mit Einstieg für Kinder • Ruderbootverleih • Angeln • Sauna • Kinderspielzimmer • Spielplatz • Lauftreffs • im Winter: Familienskigebiet „Naggler Alm" in 1 km, Loipe am Haus, Eisstockschießen, Eishockeyplatz, Eislaufbahn auf dem See; Eisstöcke- und Schlittenverleih • **Tischlein deck' dich** • **Ziegenpeterservice** • Ab-Hof-Verkauf von Milch, Butter, Joghurt und Topfen

chen Schifffahrt auf dem Weißensee, von der Kräuterwanderung bis zur Kinderwanderung zum Wunderbaum. Und anschließend geht es mit dem Traktor auf eine idyllische Wiese, wo Frigga gekocht wird und die Kinder beim Würstchenbraten viel Spaß haben – und die Gastgeber gerne kleine und große Geschichten über Land und Leute erzählen. Wenn auch jeder seinen Urlaub anders gestaltet, ist eines gewiss: Der Urlaub bei Familie Knaller wird mit Sicherheit ein Knaller.

Preise ab EUR

Wohneinheit	FeWo
Ü	44 –100
qm	26–52

Gesamtzahl der Gästebetten: 30

Österreich: durch Berge und Seen

77 Ferienhof Neusacher-Moser

Auch der Ferienhof Neusacher-Moser gehört zur Gruppe der „Weißenseer Naturnahen" und auch *vor seiner Haustür liegt direkt der idyllische See, der sich im Sommer so herrlich zum Baden, Angeln, Ruderbootfahren oder Surfen eignet* und im Winter mit seiner dicken Natureisfläche ein buntes Bild mit Eisläufern, Eisstockschützen, Eishockeyspielern und Winterwanderern bietet.

Bei Familie Winkler hat man aus fast allen Gästezimmern einen herrlichen Seeblick und die Ferienwohnungen weisen eine gelungene Mischung aus rustikalen und modernen Elementen auf. Die ganze Familie kümmert sich liebevoll um ihre Gäste: Mit Opa geht's zu leichteren Wanderungen, und Petrijünger versuchen, ihm einige Geheimnisse über den See zu entlocken. Mit

Land Selection
EUROPAS SCHÖNSTE FERIENHÖFE

Brigitte und
Hans-Christian Winkler
Ferienhof Neusacher-Moser
Neusach 9
A–9762 Weißensee
Tel.: 0043 - 47 13 - 23 22
Fax: 0043 - 47 13 - 2 32 22
www.neusacher-moser.at
winkler@neusacher-moser.at

Biologisch bewirtschafteter Hof der Gruppe „Die Weißenseer Naturnahen"

- eigener Badestrand am See
- Ruderbootverleih • Angeln
- wöchentliche Hauswanderung
- Grillabende, Mühlenfeste
- Kinderspielzimmer • Spielplatz
- Kinderbetreuung nach Absprache
- mit Katzen und Hasen spielen
- gemütlicher Aufenthaltsraum mit Kachelofen und Ausschank
- kleine Bibliothek • Sauna
- Fahrradtourenvorschläge
- **Wintersport** • **Tischlein deck' dich** • **Ziegenpeterservice**
- Ab-Hof-Verkauf div. Produkte
- Reise-Regen-Bonus

Herrn Winkler geht es auf anspruchsvollere Bergtouren oder in den Stall und auf die Weide, wenn die Kühe gemolken werden. Frau Winkler bereitet das Frühstück mit allen möglichen leckeren Milchprodukten und Oma Winkler beherrscht das Käsen und Buttern. Die drei Kinder helfen fleißig mit und kümmern sich schon mal um die Kleinsten. Alle haben hier stets ein offenes Ohr für ihre Gäste und viele Ideen für einen abwechslungs- und erlebnisreichen Urlaub.

Preise ab EUR

Wohneinheit	FeWo	Zimmer
Ü 2–6 P.	59–157	
qm	28–75	
Ü/F		29–46
qm		20–30

Gesamtzahl der Gästebetten: 48

Österreich: durch Berge und Seen

78 Obergasserhof

Berge und Blumenwiesen so weit das Auge reicht und den See vor der Tür. Viel Platz für Groß und Klein.

Gleichsam zwischen Himmel, Wald und See liegt der Obergasserhof, ebenfalls ein „Weißenseer Naturnaher", der zu jeder Jahreszeit der ideale Ausgangspunkt für Wanderungen und Bergtouren ist. Wenn die Gastgeber eine solche Tour begleiten, erfährt man nicht nur eine Menge über die Natur und das Leben rund um den Weißensee, sondern findet auch so manchen Weg, der dem Unkundigen verborgen bleibt.

Hecht, Zander oder Forelle heißen nicht nur die Ferienwohnungen, die mit urgemütlichen Massivholzmöbeln eingerichtet sind und teilweise ein romantisches Himmelbett haben, sondern werden gewiss auch bei

Land Selection
EUROPAS SCHÖNSTE FERIENHÖFE

Familie Lilg
Obergasserhof
Neusach 19 + 84
A–9762 Weißensee
Tel.: 0043 - 47 13 - 2 26 50
Fax: 0043 - 47 13 - 22 65 60
www.obergasser.at
info@obergasser.at

Biologisch bewirtschafteter Hof der Gruppe „Die Weißenseer Naturnahen"

- geführte Wanderungen
- Almbesuch zum Melken
- eigener Badestrand
- Kinderfloß, flache Kinderbucht
- Bootsverleih • Angeln, Fischerbetreuung • Grillabende im Obstgarten mit Salatbuffet
- gemütliche Abende am Kamin oder im Garten • Sauna, Dampfbad, Whirlpool, Ruheraum mit Blick in den Garten
- Fischerwochen ab 242 EUR/2 Pers. • **im Sommer gratis**: Fahrrad- Ruderboot- Badestrand- und Saunabenutzung,
  im Winter gratis: Eisstock- und Rodelverleih, Saunabenutzung • **Wintersport**
- Ab-Hof-Verkauf: Milch, Speck, Honig, Schnaps

Preise ab EUR

Wohneinheit	FeWo 2-5 P	Zimmer 1 P
Ü	47–121	25–36
qm	28–65	20–32
Häuser/ 2-6 P 63–170		

Gesamtzahl der Gästebetten: 26

so manchem leidenschaftlichen Angler anbeißen.
Und den frischen Fisch kann man am Abend gemeinsam mit Familie Lilg und den anderen netten Gästen unter dem Birnbaum grillen.

Europäische Nachbarn

Ursprüngliche Landschaften, regionale Küche und eine familiäre Betreuung – der Reiz vom Urlaub auf dem Bauernhof hat sich längst auch bei unseren europäischen Nachbarn herumgesprochen. Als Alternative zur Pauschalreise oder selbst organisierter Rundreise garantiert Urlaub auf einem LandSelection-Hof in Dänemark, den Niederlanden, Frankreich, Spanien, Italien oder Polen Erholung und Freizeitvergnügen vom ersten Tag an. Die sorgfältige Auswahl der einzelnen Anlagen und ihre landschaftliche Lage machen sie zum perfekten Domizil für ausgefüllte Tage auf und um den Hof herum sowie für Ausflüge in die Umgebung.

Dabei unterstützen die Gastgeber ihre Gäste auf Wunsch bei der Gestaltung ihrer Freizeit. Zusätzlich zu den vielfältigen Aktivitäten, an denen die Urlauber auf einem vollbewirtschafteten Bauernhof mit Tieren, einem Reiterhof oder einem Landgut mit Obstanbau teilnehmen können, geben die Wirtsleute gerne ihre Geheimtipps

Polen

weiter: Lohnende Besichtigungsziele oder interessante Touren, die sich nicht in jedem Reisführer finden.

Urlaub auf einem LandSelection-Hof ist das ganze Jahr über möglich. Gerade in den heißen, südlichen Ländern lohnt es sich, einmal außerhalb der Saison zu reisen, wenn Hotels und Ferienanlagen Winterpause machen. So müssen die Urlauber die Kulturschätze der Toskana oder Andalusiens im Januar nicht mit Tausenden von anderen Touristen teilen. Vielleicht entdecken sie dann auch, wie schön ein Spaziergang am einsamen Strand ist im Vergleich zum Baden an einem überfüllten.

Italien

Dänemark

Fast 400 Kilometer lang ist die Westküste **Jütlands** von Romo Südstrand bis zur Landspitze Grenen. Ausgedehnte Sandstrände und breite Dünengürtel, dazwischen spektakuläre Unterbrechungen durch Lehm- und Kalksteinklippen machen den Reiz dieser Landschaft aus. Der **Ringkobing Fjord** mit dem 35 Kilometer langen Dünenwall **Holmsland Klit** ist der Höhepunkt der dänischen Haffküste. Den besten Überblick über die an die Seeseite brandende Nordsee, den breiten Sandstrand vor bis zu 30 Meter hohen Dünen und die Marschwiesen im Osten gewährt der Leuchtturm **Norre Lyngvig Fyr**. Die Anziehungskraft der dänischen Städte liegt in ihrer überschaubaren Größe und dem Bemühen um die Menschen: Wo immer es geht, sind die Zentren autofrei, so dass Einheimische und Besucher Leben und Kultur stressfrei genießen können.

Niederlande

Holzschuhe, Windmühlen und Tulpen, dazu ganz viel Wasser, Radwege und alte holländische Meister – es sind verschiedene Attribute, die die Niederlande zum beliebten Urlaubsland gemacht haben. An der deutsch-niederländischen Grenze liegen die Hügel Gelderlands mit der **Hoge Veluwe**, dem größten Nationalpark der Niederlande. Am besten lässt sich die abwechslungsreiche Landschaft aus Heide, Dünen und Wald mit dem Fahrrad erkunden. Von hier ist es nicht weit zur weltbekannten Rheinbrücke von **Arnhem**, nach Nijmegen, der ältesten Stadt der Niederlande, und zum **Kröller-Müller-Museum** mit der berühmten van Gogh-Gemäldesammlung.

Polen

Seit langem ist Polen ein lohnendes Reiseziel. Seit der politischen Wende von 1990 locken 1000 Jahre Geschichte, unzählige Möglichkeiten zur aktiven Freizeitgestaltung und die sprichwörtliche Gastfreundschaft immer mehr Urlauber an. Im Norden liegt **Masuren**, das „Land der tausend Seen". Sanfter Tourismus und die Schaffung von großräumigen Naturreservaten sorgen dafür, dass Flora und Fauna dieser großartigen Landschaft erhalten bleiben. Wer Masuren wandernd, per Fahrrad, Kanu oder Paddelboot entdeckt, trifft immer wieder auf Störche, denn die gehören zum Landschaftsbild. Mit etwas Glück sieht man in den Wäldern beispielsweise Rehe, Wildschweine oder Elche, an den Seeufern Reiher, Kormorane oder Kraniche.

In Niederschlesien lädt das sagenumwobene **Riesengebirge** im Sommer zum Wandern und im Winter zum Skifahren ein. Seine oft im Nebel verborgenen Gipfel, allen voran die 1602 Meter hohe **Schneekoppe**, übten eine große Faszination auf deutsche Maler der Romantik wie Capar David Friedrich aus.

Spanien

Was die Toskana für Italien ist, ist **Andalusien** für Spanien: eine mit wertvollen Kulturschätzen gesegnete Provinz. Grund ist die knapp 800 Jahre dauernde maurische Herrschaft. Sie hat vor allem **Granada**, **Cordoba** und **Sevilla** Kunstwerke von Weltruhm beschert. Wer genug Zeit hat, sollte sich jedoch nicht auf diese drei Städte beschränken, sondern unbedingt auch einer Auswahl kleinerer andalusischer Ortschaften einen Besuch abstatten. Für Abkühlung nach anstrengendem Besichtigungsprogramm sorgen kunstvoll angelegte andalusische Gärten oder ein Bad im Mittelmeer. Die **Costa del Sol** hat Sonne satt und alle Voraussetzungen für einen ungetrübten Badeurlaub. Abwechslung zum Strandleben findet sich in **Malaga**.
Neben maurischen Palästen wollen verschiedene Museen und Picassos Geburtshaus besichtigt werden. 

Frankreich

Frankreich ist das meistbesuchte Land auf der ganzen Welt. Das liegt sicherlich an der abwechslungsreichen Schönheit seiner Küsten- und Binnenlandschaften, seiner tollen Hauptstadt **Paris** und anderer charmanter Städte. Ein ebenso wichtiger Grund ist sicherlich die besondere

Lebensart: Die Kunst des Genießens und zwar weit über die Kunst der französischen Küche hinaus.
Im **Perigord**, östlich von **Bordeaux**, kommen Liebhaber von echten Trüffeln und Gänseleberpastete auf ihre Kosten. Das Perigord bietet aber auch eine sanfte grüne Flusslandschaft, sehenswerte Schlösser und vor allem die ältesten erhaltenen Kunstwerke der Menschheit, **prähistorische Höhlenmalereien**.
Noch weiter östlich erstreckt sich das **Massif Central**, ein einsames und ursprüngliches Hochplateau. Sein Markenzeichen sind die typischen kahlen Bergkegel, die sogenannten Puys. Zur faszinierenden Natur gesellen sich hübsche Ortschaften und im Tal der **Rhone** laden kleine Weinorte zur Weinprobe ein.

Italien

Zirka 8500 Kilometer Küste säumen den italienischen Stiefel. Von keinem italienischen Ort aus ist das Meer weiter als einen Tagesausflug entfernt. Kein Wunder also, dass das sonnenverwöhnte Land zwischen den Meeren eine enorme Anziehungskraft auf Badelustige und Wassersportler hat. Dazu kommen zauberhafte Landschaften, eine ungeheure Dichte an Kulturschätzen und die ausgezeichnete italienische Küche. Einfache aber frische Zutaten, Rezepte wie bei Muttern, das sind die Gemeinsamkeiten der so unterschiedlichen regionalen Gerichte.
Was den anderen, den Kunstgenuss, betrifft, ist die **Toskana** Spitzenreiter. Hier lebten die bedeutendsten italienischen Künstler und Dichter und hinterließen ihrer Nachwelt Kunstwerke und Stadtbilder, deren ausgiebige Würdigung mehrere Aufenthalte erforderlich machen würde.

Niederlande

79 Hof Mebelder

An der deutsch-niederländischen Grenze bei Kleve liegt der Ferienhof von Familie Mebelder in der Region de Achterhoek nicht weit von Doetinchem. Die Gegend bietet alle Voraussetzungen für einen erholsamen Urlaub: kilometerlange Fahrradwege, beschauliche Flüsse zum Kanuwandern und Angeln, Wanderwege durch Wald und Flur, Museen, leckere Wildgerichte auf den Speisekarten der Restaurants von Mitte Oktober bis Ende Dezember und eine Sagensafari. Für die Niederlande ist der Hof eher untypisch, denn hier gibt es noch fast alle Tiere, die auf einen Bauernhof gehören: Schweine, Kühe, Kälber, Bullen Ziegen und Geflügel, sogar Kaninchen und ein Pony. Was den Hof allerdings ganz besonders auszeichnet und im ganzen Land bekannt gemacht hat, ist der Honig vom Feinsten aus der angegliederten Imkerei. Der Hof ist umgeben von alten Bäumen und einem großen Garten, der mit viel Hingabe gepflegt wird. Im ehemaligen Landarbeiterhaus liegen zwei zweckmäßig ausgestattete Ferienwohnungen, die nicht luxuriös sind, dafür aber mit ihren offenen Kaminen eine behagliche Atmosphäre verbreiten. Wer das Landleben

Land Selection
EUROPAS SCHÖNSTE FERIENHÖFE

Marcel Mebelder
Ferienhof Mebelder
Westendorpseweg 10
NL–7004 JD Doetinchem
Tel.: 0031-314-631236
Fax: 0031-314-631122
www.bauernhofurlaub.com/
hoefe/hof-mebelder.htm
m.mebelder@planet.nl

Vollbewirtschafteter Bauernhof

- Waffelnbacken im offenen Feuer
- viel Spielraum für Kinder
- Fahrradtouren
- Wanderungen
- Grillabende
- Brotbacken
- Tiere zum Anfassen
- **Tischlein deck' dich**
- Ab-Hof-Verkauf von Honig
- Badesee in 10 km

Preise ab EUR

Wohneinheit	FeWo
Ü	37–49
qm	60–110

Gesamtzahl der Gästebetten: 11

kennen lernen will, wer Fahrradtouren unternimmt und wessen Kinder viel Spielraum brauchen, wird hier voll auf seine Kosten kommen.

Dänemark

80 Krywilygård

Wer die Nordsee einmal bei einem richtigen Herbststurm gesehen und gehört hat, bekommt danach am Kaminofen rote Wangen und freut sich auf urige Gemülichkeit.
Auf dem Hof Krywilygård in Ringkøbing erlebt man die Gemütlichkeit von West-Jütland.
Hoch zu Ross lässt sich die schöne und friedvolle Natur am besten entdecken. Breite Sandstrände, große Dünengebiete, Heideflächen und stimmungsvolle Fjorde kennzeichnen den westlichen Teil Dänemarks. Auf dem Hof stehen drei Pferde, die für Ausritte oder zum Training auf der eigenen Reitbahn kostenlos genutzt werden. Beliebt bei Jung und Alt sind die vielen Streicheltiere: Hühner, Hahn, Gänse, Enten, Zwergziegen, Kaninchen, Meerschweinchen und vieles mehr. Die Kinder vergnügen sich beim Eiersammeln und sehen auf dem Nachbarhof dem Bauern beim Melken der Kühe zu.
Das Angeln auf dem Krywilygård ist ein Erlebnis. Aal, Forelle, Meerforelle, Lachs, Hornhecht, Hering, Barsch und Brasse können gefangen werden. Der

Land Selection
EUROPAS SCHÖNSTE FERIENHÖFE

Hanne und Per Amby
Krywilygård
Ølstrupvej 11
DK-6950 Ringkøbing
Tel.:   0045-9733-5357
Fax: 0045-9733-5357
Mobil: 0045-4084-5357
www.fiskeferie.dk
per@fiskeferie.dk

Einzelhof

- Reiten kostenlos
- Fahrdienst
- Verpflegung auf Anfrage
- montags Gemeinschaftsabend mit Grillen, bei Regen in der Scheune
- Stockbrotbacken
- Fjord-Bootstour
- kleiner Angelteich
- Räucherofen
- Anfängerkurs Angeln
- Spielplatz, Spielscheune
- Fuß- und Volleyball
- Crocket, Boule
- Tennisplatz
- Badminton
- Tischtennis
- Wasserrutsche
- Trampolin
- Fahrräder inkl.
- Streicheltiere
- und vieles mehr

Ferienhof liegt mitten in einem El Dorado von Angelseen, wo man den ganz großen Fang machen kann. Ein absolutes Highlight ist das Angeln an der Hover Å, die zu den besten Stellen für Fliegenfischerei in Westjütland gehört.

Preise ab EUR

Wohneinheit	FeWo	Wohnwagen
Ü	42-138	39-109
qm	45-90	

Gesamtzahl der Gästebetten: 40

Polen: Riesengebirge

81 Ferienhof Ditterla

Lange Zeit waren die landschaftlichen Reize Polens hinter dem eisernen Vorhang verborgen; dies mag dazu beigetragen haben, dass sich die *Natur hier noch in ihrer ganzen Schönheit und Urwüchsigkeit erhalten* hat. Wer dieses unbekannte Land und seine Menschen entdecken möchte, wird sich auf dem Familienbetrieb von Familie Ditterla mit seinen stilvoll eingerichteten Gästezimmern sicherlich wohl fühlen.

Das Anwesen liegt in 560 m Höhe am Fuße des Riesengebirges, mit Blick auf die berühmte Schneekoppe.

Von hier aus kann man auf den Spuren Rübezahls durch unberührte Wälder wandern, Skiurlaub jenseits vom Massentourismus genießen und die zahlreichen kunst- und kulturhis-

Land Selection
EUROPAS SCHÖNSTE FERIENHÖFE

Fryderyk Ditterla
Ferienhof Ditterla
Przedwojów 64
skr. pocz. 6
PL–58-400 Kamienna Góra
Tel.: 0048 - 75 - 7 44 76 45
www.bauernhofurlaub.com/
hoefe/hof-ditterla.htm

Vollbewirtschafteter Bauernhof

- gesellige Abende
- selbst produzierte Lebensmittel
- landesübliche Küche möglich
- Aufenthaltsraum mit Spielen, Büchern und Landkarten
- Holzhütte
- Spielwiese
- **Ziegenpeterservice**
- auf dem Hof wird Deutsch gesprochen

torischen Schätze der Umgebung besichtigen.
Auf dem Bauernhof der Familie Ditterla verbindet sich westlicher Komfort mit herzlicher polnischer Gastfreundschaft, und für einen anregenden Plausch über Land und Leute finden die Gastgeber immer Zeit.

Preise ab EUR		
Wohneinheit	FeWo	Zimmer
Ü	11	11
Ü/F	18	18
HP	21	21

Gesamtzahl der Gästebetten: 10

Polen, Masuren

82 Herrmannshof

Masuren, das „Land der tausend Seen" im Nordwesten Polens, ist mit seinen weiten Wald- und Heideflächen und den zahllosen kleinen und großen Gewässern der masurischen Seenplatte eine Urlaubslandschaft von außergewöhnlicher Schönheit und Vielfalt. Weite Teile Masurens stehen unter Naturschutz und beheimaten selten gewordene Tierarten wie Wisente, Fischotter, Kraniche und Schwarzstörche. Inmitten dieser eindrucksvollen Landschaft liegt der Herrmannshof direkt am Ufer des 53 Meter tiefen Deyguhner Sees. Von den Balkonen der kleinen, gemütlichen Appartements blickt man auf die spiegelglatte Wasserfläche des Sees. Vom Hof aus führen stille Wanderwege durch die Wälder voller Pilze und Waldfrüchte; für Ausritte stehen Pferde zur Verfügung, und mit dem Auto erreicht man in kurzer Zeit die gotischen und barocken Bauwerke von Swieta Lipka, Suwalki und Olsztyn. Die umliegenden Seen laden zum Schwimmen und Rudern, zum Segeln oder Surfen ein. Oder zum Angeln in absoluter Stille – die Fische kann man dann abends im Garten direkt am Grillfeuer rösten!

Land Selection
EUROPAS SCHÖNSTE FERIENHÖFE

Cecylia Herrmann
Herrmannshof
Wies Kronowo 3
PL–11-520 Ryn
Tel.: 0048 - 87 - 4 21 44 67
Fax: 0048 - 87 - 4 21 44 15
www.ferienhaus-privat.de/herrmann

Vollbewirtschafteter Bauernhof

- großer Aufenthaltsraum mit Kamin
- Reitpferde, Ausritte
- Organisation von Schiffsfahrten bis 12 Personen
- Angeln mit eigener Ausrüstung
- Boot- und Segelbootverleih
- Tiere zum Anfassen
- **Ziegenpeterservice**
- **Tischlein deck' dich**
- Ab-Hof-Verkauf von Milch, Butter, Eiern, Kartoffeln und einigen Gemüsearten
- Familie Herrmann spricht sehr gut Deutsch

Auf dem Herrmannshof erlebt man einen Naturlaub, wie er erholsamer und vielseitiger kaum sein könnte.

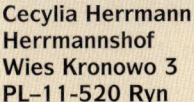

Preise ab EUR

Wohneinheit	**Zimmer**
Ü	12,5–16
F	+ 4

Gesamtzahl der Gästebetten: 22

Italien

83 Fattoria Montalbano

Oberhalb des Arno-Tals, an den Ausläufern des Pratomagno-Massivs, liegt bei Donnini die Fattoria Montalbano, umgeben von Wäldern und Weinbergen.

In den von wildem Wein umrankten Hofgebäuden erwarten den Gast stilvolle, typisch toskanisch eingerichtete Appartements, die mit antikem Mobiliar bestückt sind. Die Außenanlagen mit ihren Olivenbäumen, blühenden Sträuchern und Blumenkübeln vermitteln mediterranes Flair; lauschige Sitzecken im Schatten alter Bäume laden zum Verweilen und Ausspannen ein, und eine Poollandschaft mit einem Extrabecken für die Kleinsten sorgt für Abkühlung an heißen Tagen. Pony, Esel, Ziegen, Kaninchen, Federvieh, Katzen und dem Hofhund schenken die Kinder abgesehen von dem großen Spielplatz aber vielleicht noch mehr Aufmerksamkeit als dem erfrischenden Nass. Auf ausgedehnten Wanderungen oder Ausritten auf den Pferden des Nachbarn lassen sich die umliegenden Wälder des Vallombrosa mit ihrem Artenreichtum und ihren vielen Quellen erkunden. Und neben Ausflugszielen in Hülle und Fülle liegt Florenz, die Metropole der Kunst und Kultur schlechthin, nur 25 Kilometer entfernt.

Land Selection
EUROPAS SCHÖNSTE FERIENHÖFE

Daniela Kratzenberg
Fattoria Montalbano
Via Montalbano 112
I - 50060 Donnini
Tel.: 0039 - 0 55 - 8 65 21 58
Fax: 0039 - 0 55 - 8 65 22 85
www.montalbano.it
montalbano@montalbano.it

Ferienbauernhof in Einzellage mit Wald

- kleiner Wintergarten
- Poollandschaft mit Kinderbecken
- Weindegustationen
- geführte Wanderungen möglich
- gemeinsame Grillabende möglich
- Töpfer- und Kochkurse möglich
- Kinderbetreuung möglich
- großer Spielplatz
- viele Streicheltiere
- **Tischlein deck' dich**
- Ab-Hof-Verkauf von Chianti, Weißwein, Grappa, Barrique, Vin Santo, Olivenöl, Obst und Marmelade
- Gastgeberin ist deutschsprachig und spricht Englisch

Preise ab EUR

Wohneinheit	FeWo	Zimmer
Ü	53–133	22–32
Ü/F		27–37

Gesamtzahl der Gästebetten: 40

Italien

84 Il Tesorino e Gerfalco

Im Parco di Montini gehen die Ausläufer des toskanischen Apennins allmählich in das hügelige Hinterland der maremmanischen Küstenebene über.

Naturparks von atemberaubender Schönheit und weitläufige Landgüter mit frei lebenden Pferde- und Büffelherden prägen das Bild dieser uralten Kulturlandschaft. Im Hügelland zwischen Massa Maritima und Follonica liegen die Bauernhäuser von Il Tesorino e Gerfalco, umgeben von Olivenhainen und Weinbergen. Zu den einfachen, rustikalen Ferienwohnungen in den ehemaligen Stallgebäuden gehören kleine Gärten mit Pinien, Akazien und Rosenbeeten. Geballte Kultur von den Etruskern bis zu den Medici, unberührte Wälder mit glasklaren

Land Selection
EUROPAS SCHÖNSTE FERIENHÖFE

Giovanna Vecchioni Righi
Azienda Agr.
Il Tesorino e Gerfalco
Postfach Nr. 5
I – 58022 Follonica
(Grosseto)
Tel.: 00 39 – 05 66 - 86 00 00
Fax: 00 39 – 05 66 - 86 00 00
www.bauernhofurlaub.com/
hoefe/il-tesorino.htm

Landgut in Einzellage mit Wein-, Oliven- und Getreideanbau

- Grillabende
- Gruppenraum
- Kinderbetreuung möglich
- **Ziegenpeterservice**
- **Tischlein deck' dich**
- Ab-Hof-Verkauf von Öl und Wein
- Entfernung zum Meer 6 km
- die Gastgeber sprechen etwas Deutsch

Quellen und seltenen Wildarten und ein Meer, wie Homer es besungen hat, sind Grund genug, dieses Land zu besuchen. Und angesichts der natürlichen Freundlichkeit und Hilfsbereitschaft der Gastgeber fühlt man sich in Il Tesorino e Gerfalco schnell zu Hause.

Preise ab EUR

Wohneinheit	FeWo	Zimmer
Ü	44–85	
qm	57–150	

Gesamtzahl der Gästebetten: 32

Frankreich

85 Domaine de la Valette

Für den amerikanischen Poeten Henry Miller war *das Perigord im Südwesten Frankreichs, nahe der Atlantikküste, „das Paradies" der Franzosen,* und wie Recht er damit hatte, wird jeder bestätigen, der einmal in der Domaine de la Valette einen Urlaub verbracht hat. Eine private Allee führt durch Eichen- und Kastanienwälder, Wiesen und Parklandschaft zu dem mittelalterlichen Gutshof mit seinem Herrenhaus aus dem 15. Jahrhundert. Die alten Wirtschaftsgebäude wurden zu vier Ferienhäusern umgebaut. Sie bestechen durch ihre Natursteinwände und alten Holzbalkendecken, die kühlen Terrakottaböden und die luxuriöse Einrichtung. Von der Küche aus gelangt man direkt auf die Terrasse und in den Garten. Wer es gerne urwüchsig mag, kann im hofeigenen Bach schwimmen, aber der beliebteste Treffpunkt ist wohl der große beheizte Pool mit überdachter Grillstelle und Pizzabackofen. Die herrliche Landschaft lässt sich zu Fuß oder mit dem Fahrrad erkunden, und auf erfahrene Reiter warten sechs Haflinger. Ein Auto wird man allerdings brauchen, wenn man die Atlantikküste, die historischen Städte, die berühmten Höhlen und Grotten

Land Selection
EUROPAS SCHÖNSTE FERIENHÖFE

Danielle und Horst Benden
Domaine de la Valette
F- 24510 St. Felix de Villadeix
Tel.: 0033-5-53 63 11 33
Fax: 0033-5-53 63 02 49
www.la-valette.de
info@la-valette.de

Herrschaftlicher Gutshof (15. Jhd.) inmitten 80 ha Wald und Wiesen mit Pferden und biologischen Kühen

- luxuriöse Ausstattung
- Croissants und Baguettes inkl.
- eigene Pferde
- Gastpferdeboxen
- Angeln
- beheiztes Schwimmbad
- Tischtennis
- Billardsaal mit Bibliothek und offenem Kamin
- geführte Wanderungen
- Kutschfahrten
- Fahrradverleih
- Spielplatz
- Streicheltiere
- Grill- und Pizza-Abende
- Ab-Hof-Verkauf von Bio-Rindfleisch
- deutsch/französische Inhaber

Preise ab EUR	
Wohneinheit	Ferienhaus
Ü/Woche	500-1435
qm	50–130

Gesamtzahl der Gästebetten: 12

und die mehr als 1000 Burgen an der Dordogne besuchen will. Aber es ist wohl vor allem die absolute Ruhe und Abgeschiedenheit inmitten der intakten Natur, die den eizigartigen Reiz der Domaine de la Valette ausmacht.

Frankreich

86 Château de la Beaume

Im Südosten der Auvergne liegt eine der faszinierendsten Städte Frankreichs: Le Puy. Mit ihren drei steil in die Höhe ragenden Felsen vulkanischen Ursprungs ist Le Puy nicht nur eine berühmte Pilgerstadt, sondern ist auch seit Jahrhunderten für ihre kostbaren Spitzen berühmt.

Nur eine halbe Autostunde südlich liegt das Château de la Beaume mit seinen zwei mächtigen Türmen aus dem 14. Jahrhundert und gewährt einen freien Blick über die Hochebene. Die Gästezimmer sind einfach gehalten und schaffen eine wohltuende Ruhe. Pferdebegeisterte Gäste kommen ganz auf ihre Kosten und entdecken mit der Parelli-Natural-Horse-Man-Ship-Woche eine ganz besondere Beziehung zwischen Pferd und Mensch, denn der respektvolle Umgang mit der Natur und den Tieren liegt Frau Furrer am Herzen. Fröhliche Abende an der großen Gemeinschaftstafel im Gewölbekeller, Grillfeste im Freien, aber auch das Geplätscher des nahen Baches, Wanderwege durch unverfälschte Natur, Touren zum Kratersee und das wildromantische Tal der Loire gehören zu den zahlreichen Eindrücken, die man hier gewinnt. Und auch Kulturfreunde werden von diesem Stück Frankreich begeistert sein.

Land Selection
EUROPAS SCHÖNSTE FERIENHÖFE

Silvia Furrer
Château de la Beaume
F–43370 Solignac sur Loire
Tel.: 0033 - 4 - 71 03 14 67
Fax: 0033 - 4 - 71 03 14 26
www.bauernhofurlaub.com/hoefe/de-la-beaume.htm
silvia.furrer@wanadoo.fr

Reiterhof in Einzellage mit Grünland

- etwa 30 Pferde, Gastpferdeboxen, Wanderritte, Ausritte
- großer Ententeich
- Gewölbekeller mit Kamin
- Grillabende • Getränke in Selbstbedienung
- typische Küche der Auvergne, vegetarische Kost möglich
- einige Streicheltiere
- Outdoorspiele
- **Ziegenpeterservice**
- Loire mit Sandstrand in 1 km
- Ab-Hof-Verkauf von Linsen, Pâté und Honig
- Vermietung von 1. März bis 31. Oktober
- Gastgeberin spricht fließend Deutsch, Englisch und etwas Italienisch
- Reise-Regen-Bonus
- Pferdemuseum in Pradelles

Preise ab EUR

Wohneinheit	Zimmer
HP	64-95
qm	16

Gesamtzahl der Gästebetten: 8

Spanien/Malaga

87 Finca la Gavia

Das Valle del Guadalhorce in der Nähe von Alora ist das ganze Jahr über grün. In seinem milden, sonnenverwöhnten Klima (320 Sonnentage im Jahr) gedeihen vor allem Zitrusfrüchte, und im Januar und Februar erfüllt der Duft der Mandelbäume das Tal. Auf einer Anhöhe mit Blick auf das Flusstal liegt - 35 km von Malaga entfernt - die Finca La Gavia, wo nach biologischen Richtlinien Zitrusfrüchte und Gemüse angebaut werden. Aber die Liebe von Frau Sleumer gilt nicht nur der Natur, sondern auch den schönen Künsten. Bei der Ausstattung der sehr großen Gästezimmer, die alle über Bad, TV, Sitzecke, Heizung und Klimaanlage verfügen, des Kaminzimmers und der Bibliothek wurde die gesamte Einrichtung jeweils auf ein Originalgemälde abgestimmt, und die zum Teil antiken Möbel, Stoffe und Dekorationen sind die Ausbeute von 30 Jahren Reisen rund um die Welt. Die Liebhaber des guten Geschmacks werden auch die regionale und internationale Küche des Hauses zu schätzen wissen, in der überwiegend Bioprodukte aus dem eigenen Anbau verwendet werden. Für

Land Selection
EUROPAS SCHÖNSTE FERIENHÖFE

Nature Present
Frau Elly Sleumer
Finca la Gavia
Ctra. Valle de Abdalajis, km 41.5
E-29510 Alora (Malaga)
Tel.: 0034-952 496598
Fax: 0034-952 498744
www.bauernhofurlaub.com/hoefe/finca-la-gavia.htm
ellysleumer@eresmas.com

Bio-Obst-Bauernhof

- großer Auftenthaltsraum mit Kamin
- Ausstellung und Verkauf von renovierten Antiquitäten
- regionale und internationale Küche mit Bioprodukten aus eigenem Anbau • Bücherei
- Essecke im Innenhof mit Gartenmöbeln • Fahrdiest
- beheiztes Schwimmbad (7x14)
- Reiten nach Absprache
- Fahrradverleih
- Tischtennis • Angeln • Wanderungen • Kinderbetreuung
- Streicheltiere • Wildkräuter und Blumen pflücken, trocknen und dekorieren
- **Ziegenpeterservice**
- Biofrüchte, Gemüse, Marmelade, eingelegte Oliven kostenlos • Kinder bis 7 J. im Elternzimmer sowie Frühstück u. Abendessen **frei**

Gäste, die selbst kochen möchten, steht eine voll ausgestattete Küche mit offenem Kamin und Grill zur Verfügung. Im Innenhof liegt das besonders für Kinder geeignete Sitzschwimmbecken. Außerhalb des Hauses gibt es einen großen Pool. Die wildromatische Landschaft ringsum lädt zu Wanderungen und Radtouren ein. Die Finca ist ein idealer Ausgangspunkt für viele touristische Exkursionen.

Preise ab EUR

Wohneinheit	Suite/2 Pers.
Ü	60
Frühstücksbuffett	6/Pers.
Abendessen nach Absprache	

Gesamtzahl der Gästebetten: 12

Spanien: Andalusien

88 Finca Los Cerrillares

Zwischen **Sevilla** und **Cordoba**, im Naturpark der Sierra Norte de Sevilla, einer wunderschönen Hochebene mit spektakulärer Landschaft, ausgedehnten Korkeichenwäldern und Jahrhunderte alten Olivenhainen liegt die Finca Los Cerrillares - die Hügelige.
Das acht Quadratkilometer große Anwesen grenzt an einen See und bietet alle Möglichkeiten, abseits vom Massentourismus die Natur zu genießen.
Die geräumigen und gut ausgestatteten Appartements liegen im früheren Cortijo, dessen Natursteinmauern teilweise aus dem 17. Jahrhundert stammen.
Die deutschen Gastgeber verwöhnen ihre Gäste mit einem abwechslungsreichen Frühstücksbüffet zu flexiblen Zeiten. Auf Wunsch erhalten die Gäste auch Vollverpflegung mit typisch spanischen Gerichten – die frischen Zutaten und das ökologisch hergestellte Olivenöl stammen von der Finca.
Auf dem riesigen, eingezäunten Privatgelände führen mehr als 100 km Wander- und Spazierwege durch eindrucksvolle Schluchten und Täler zu An-

Land Selection
EUROPAS SCHÖNSTE FERIENHÖFE

Udo Eckloff
Los Cerrillares
Ctra. Las Navas, km 17
E - 41479 La Puebla de los Infantes (Sevilla)
Tel.:   0034 - 95 - 5956 - 130
Fax: 0034 - 95 - 5956 - 150
www.fincaparadies-andalusien.de
eckloff@retamail.es

Einzelhof

- absolute Ruhe zum Ausspannen
- großzügige Wohnmöglichkeiten
- großer Speiseraum mit Bar und Kamin
- herausragende, lokale Küche mit eigenen Erzeugnissen
- Fincarundfahrt mit dem Jeep
- Reiten und Wandern auf markierten Wegen
- Schwimmen, Segeln, Kanu fahren, Angeln im See, Fluss oder Quellwasserpool
- Streicheltiere, Wild, Schafe und Iberische Schweine
- Bogenschiessen
- Pilze sammeln
- Grillen am Fluss
- Hautkur mit frischer Aloe Vera
- ab-Hof-Verkauf von Schinken, Wurst, Olivenöl und Honig

Preise ab EUR	
Wohneinheit	FeWo
Ü/F 1 Pers. 4 Pers.	65 185
qm	30-50
VP/Pers/Tag inkl Getränke	30
Gesamtzahl der Gästebetten: 24	

höhen mit imposanter Fernsicht. Dort können in aller Ruhe freilebende Tiere in ihrer natürlichen Umgebung beobachtet werden. Erfahrene Reiter nutzen auf der Finca die fast 200 km Reitwege unterschiedlicher Schwierigkeitsgrade. Für alle, die Kultur erleben wollen: Sevilla, Cordoba und Granada mit ihren Sehenswürdigkeiten sind nur 1 - 2 Autostunden entfernt und auch das Mittelmeer und die Atlantikküste sind in kurzer Zeit erreichbar.

Spanien: Andalusien

89 Las Navezuelas

Ganz im Norden Andalusiens, in der Mittelgebirgslandschaft der Sierra Morena, liegt die ehemalige Olivenmühle Las Navezuelas, deren Ursprünge bis ins 16. Jahrhundert zurückreichen. Das Anwesen, von den jungen Gastgebern liebevoll restauriert, beherbergt heute stilvolle, rustikale Gästezimmer und kleine Ferienwohnungen. Und die hervorragende spanische Küche verwöhnt den Gaumen mit regionalen Spezialitäten.

Der nächste Ort ist weit weg; nichts stört auf Las Navezuelas die Ruhe und den Blick in die offene Landschaft der Sierra Norte. Sogar während der heißesten Sommertage versorgen die kristallklaren Wasser des Naturparks nicht nur die Olivenhaine, sondern auch den Swimmingpool mit dem kühlen Nass.

Land Selection
EUROPAS SCHÖNSTE FERIENHÖFE

Luca Cicorella
Las Navezuelas
Carretera A 432, km 43,5
E–41370 Cazalla de la Sierra
Tel.: 0034 - 9 54 - 88 47 64
Fax: 0034 - 9 54 - 88 45 94
www.bauernhofurlaub.com/
hoefe/las-navezuelas.htm
navezuela@arrakis.es

Buchungen direkt in Spanien
auch unter:
Tel.: 0034 - 9 50 - 26 50 18
Fax: 0034 - 9 50 - 27 04 31

Landgut in Einzellage mit Viehzucht

- großer Freiluft-Pool mit Liegezone
- Terrasse mit Gartenmöbeln
- Gartenanlagen
- Handwerkskurse in den eigenen Ateliers (Keramik, Korbflechten)
- Speiseraum mit offenem Kamin
- regionaltypische Küche mit Produkten aus der eigenen Erzeugung
- Kleinkindausstattung
- Kinderbetreuung stundenweise möglich
- eigener PKW erforderlich
- Gastgeber sprechen etwas Englisch, Französisch und fließend Italienisch

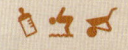

Preise ab EUR

Wohneinheit	Studio	Zimmer
Ü/F	63–71	26–28
qm		14–18

Gesamtzahl der Gästebetten: 26

Kreative können in den hofeigenen Ateliers traditionelle Handwerkskünste erlernen; per Pedes, Drahtesel oder hoch zu Ross lässt sich die Landschaft rund um Cazalla erkunden, und historische Städte wie Sevilla und Cordoba sind einen Tagesausflug sicherlich wert.

Service

Worauf Sie sich verlassen können

Wir sind keine Hotelkette. Bei uns gibt es weder das genormte Standardzimmer noch die „Exit"-Leuchtschrift am Ende des Flures. Dafür können Sie sich darauf verlassen, eine Vielzahl individueller Kleinigkeiten und Aufmerksamkeiten vorzufinden. Und Sie können sich darauf verlassen, dass uns *ausgelassene Kinder kein Dorn im Auge* sind.

In unseren Vergnügungsparks gibt es Rinder, Kühe, Kälber, Schweine, Hühner, Ponys und Kaninchen. Kurzum, eine Vielzahl – wenn auch manchmal etwas eigenwilliger – vierbeiniger Spielkameraden. Allerdings: Ausnahmen können schon einmal die Regel bestätigen – wie z.B. bei einem Forstbetrieb. Am besten Sie rufen uns an. Dann erfahren Sie nicht nur, welche Tiere wir haben, sondern auch, unter welchen Bedingungen Sie Ihre eigenen Haustiere mitbringen können.

LandSelection-Höfe haben ihre eigene Geschichte – und die erzählen wir Ihnen gerne. LandSelection-Höfe sind teilweise seit vielen Generationen im Familienbesitz, oft regionaltypisch gebaut und eingebettet in die umgebende Landschaft. Die charakteristische Form als Stall, Scheune oder Gutshaus beibehaltend, haben wir in unsere Gebäude mit viel Liebe moderne Ferienwohnungen und gemütliche Gästezimmer eingebaut.

Wenn's um die Wurst geht, wissen wir genau, um welche Wurst es geht, denn dass wir in unseren Küchen das Fleisch unserer eigenen Tiere verarbeiten und auch frische Produkte von unseren eigenen Feldern und Gärten verwenden, ist selbstverständlich. Und so ist es kein Wunder, dass unsere Küche auch bei Gourmets inzwischen schon als Geheimtipp gilt.

„Echt ätzend" ist bei uns gar nichts.

Wir leben in und von der Natur und bemühen uns, möglichst umweltgerecht zu handeln. Mit Wasser und Energie versuchen wir sparsam umzugehen, umweltbelastende Reinigungsmittel sind bei uns verpönt und Abfall wird sorgfältig getrennt; denn wenn's um „Mist" geht, lassen wir uns so schnell nichts vormachen.

Wir müssen natürlich bei jedem Wetter raus, um Haus und Hof zu versorgen. Aber *Matsch, Schlamm und Mist müssen nicht sein*. Draußen auf dem Feld oder im Stall hilft nur, wer Lust und Laune dazu hat: Stroh bergen, Kartoffeln sammeln, Heu stapeln oder Zuckerrüben hacken mag dem ein oder anderen zu anstrengend sein. Aber beim Füttern zugucken, den Weideauftrieb der Kühe beobachten, eine Runde auf dem Traktor mitfahren oder selbst mal versuchen, eine Kuh zu melken, ist schon weit weniger strapaziös.

Reihenweise Zusatzleistungen

Eine ganze Reihe von zusätzlichen Leistungen werden auf allen österreichischen und deutschen LandSelection-Höfen angeboten.

Wer zum Beispiel nicht mit dem Auto, sondern mit der Bahn in Urlaub fahren möchte, wird *von den Gastgebern gern am Bahnhof abgeholt*, und in den meisten Fällen werden für diesen Service nur die gefahrenen Kilometer berechnet.
Beim ersten Urlaub auf dem LandSelection-Hof möchten die meisten Gäste den Hof erst einmal genauer kennen lernen, und *alle Gastgeber zeigen den Betrieb gern*.
Ein geeigneter Zeitpunkt hierfür wird rechtzeitig abgesprochen,

Service

denn in jedem Stall gibt es Ruhezeiten, in denen die Tiere nicht gestört werden sollen.
Wer in einer Ferienwohnung unterkommt, ist fast immer Selbstversorger.
Für das Frühstücks-Brötchen muss man aber nicht extra früh aufstehen und den langen Weg zum Bäcker antreten: Für solche Fälle kann *mit den Gastgebern ein Brötchenservice abgesprochen werden*. Und für den Abend bietet sich auf jedem Hof die *Möglichkeit zu grillen oder ein Lagerfeuer zu machen*.

Hin und wieder muss man im Urlaub auch schon einmal kurz eine Maschine Wäsche waschen. Kein Problem: Eine *Waschmaschine, meistens an einem zentralen Ort, gibt es auf jedem Hof*.
Freizeitaktivitäten finden meist nicht nach einem festgelegten Plan statt, sondern nach individueller Absprache. Und nicht selten wird ganz spontan ein gemeinsamer Grillabend oder ein gemütliches Zusammensein am Kamin organisiert. Eventuelle Kosten für die verschiedenen Freizeitangebote sollten aber vorab geklärt werden, damit es keine Missverständnisse gibt.
Ein Freizeitangebot nahezu aller Höfe ist die Tischtennisplatte: manchmal überdacht, manchmal im Freien, manchmal sind Schläger und Bälle vorhanden und manchmal muss man diese mitbringen.
Bei der *Planung von Ausflügen und Aktivitäten sind die Gastgeber gern behilflich*. Denn die kennen sich am besten in der Umgebung aus. Sie sind über die aktuellen Programme der Fremdenverkehrsämter informiert, vermitteln Angebote von Nachbarhöfen, die auf dem eigenen Hof nicht möglich sind und können auch so manchen Tipp für einen interessanten Tag entlang der Deutschen Bauernstraße geben.
Darf es sonst noch etwas sein? *Scheuen Sie sich nicht, Ihre Wünsche zu äußern.* Denn Ihre Gastgeber sind jederzeit bemüht, Ihnen den *Urlaub so angenehm wie möglich* zu machen. Dafür steht LandSelection.

Happy Birthday

Kindergeburtstag zwischen Heu und Stroh

Die Augen strahlen um die Wette mit dem Licht der Geburtstagskerzen, wenn der Nachwuchs in aller Frühe die Geschenke auspackt. Und nach dem Mittagessen *kommen alle kleinen Freunde* und hoffen auf eine aufregende Geburtstagsfeier. Aber da gibt es manchmal Schwierigkeiten: Wann soll alles vorbereitet werden? Wohin mit allen Kindern? Und hoffentlich beschweren sich die Nachbarn nicht bei all dem Lärm!

Wir haben da eine reizvolle Idee, mit der Sie diese Probleme lösen können: Feiern Sie den nächsten Geburtstag auf einem Land-Selection-Hof.

Für nur 10,– EUR pro Nase bieten wir alles, was unter „Facts für die Kindergeburtstagsfeier" aufgeführt ist. Unsere Höfe mit Happy-Birthday-Service finden Sie in den Hof-Beschreibungen. Natürlich stimmen wir vorher alles mit Ihnen ab, damit der Tag auch eine gelungene Sache wird. Und viele von uns bieten dem Geburtstagskind und seinen Eltern sogar einen Sonderpreis, wenn das Erlebnis Bauernhof noch um einen Tag verlängert werden soll.

Facts für die Kindergeburtstagsfeier

Für eine Pauschale von nur 144,– Euro bieten wir in der Nebensaison:
- einen Nachmittag (4 Stunden) lang feiern mit 10 Kindern und 4 Erwachsenen
- ländliche Leckereien wie Saft, Kuchen, Kaffee; oder Lagerfeuer; oder Picknick
- Spiel und Spaß satt, zum Beispiel: Schnitzeljagd, Wettmelken an der Holzkuh, Hufeisenwerfen, Strohburgen bauen, Abenteuerwanderung, Foto-Rallye, Tiere füttern, Ponyreiten, Traktorfahrt, im Heu toben, Malen mit Fingerfarben, Basteln, …; alles je nach Witterung
- ein kleines Geschenk für die Kinder

Die An- und Abreise organisieren Sie selbst. Das Angebot ist direkt mit den LandSelection-Höfen abzusprechen und zu buchen.

Service

Tischlein deck' dich

Wer sich im Urlaub selbst versorgt, ist unabhängiger. Doch einen Nachteil hat die Sache:
Will man am Tag der Anreise nicht gleich wieder abreisen, um einzukaufen, muss man eine „Start-Ration" zwischen den Kleidern im Koffer verstauen. Das können wir Ihnen ersparen. Bei den entsprechend gekennzeichneten Ferienhöfen erhalten Sie schon mit der Buchungsbestätigung ein Formular, auf dem Sie Ihre Einkaufswünsche ankreuzen können. Die Bestellung schicken Sie vorab zurück und bei Ihrer Ankunft finden Sie dann alles vor, was man für die erste Mahlzeit braucht. Kurzum:
Das Tischlein ist gedeckt.

Reise-Regen-Bonus

Regnen kann es immer einmal. Aber nichts ist schlimmer als ein Urlaub, in dem man ohne Regenjacke und Stiefel nicht mehr vor die Tür gehen kann. Auf LandSelection-Höfen erhalten Sie daher für jeden richtig verregneten Urlaubstag einen Preisnachlass in Höhe von
1 Prozent, maximal jedoch für den gesamten Urlaub 5 Prozent.

Ziegenpeter Service

Gerade für Kinder sind unsere Bauernhöfe eine Welt voller großer Abenteuer und kleiner Wunder. Doch was tun, wenn die Kinder kurz vor Urlaubsbeginn krank werden? Auch in solchen Fällen *ist es uns ernst mit der Kinderfreundlichkeit*. Bei Vorlage eines ärztlichen Attestes fallen die sonst üblichen Stornogebühren nicht an. Einzige Voraussetzung: Sie holen den geplanten Urlaub auf dem gleichen Hof innerhalb von 6 Monaten nach.

Facts für Kleine

Alle unsere Höfe sind kinderfreundlich. Viele sind baby- und kleinkindgerecht. Und das garantieren wir Ihnen zum Beispiel, wenn unser Hof das Symbol 🍼 hat:

- 🍼 Gitterbett, Hochstuhl, Wickeltisch oder Wickelauflage, Windeleimer, Töpfchen oder WC-Brille, Babyphon, Ersatzschnuller
- 🍼 Ferienwohnungen mit getrennten Kinderzimmern vorhanden, verdunkelbar mit Notlampe
- 🍼 umfassende Sicherheit wie Steckdosensicherungen, Treppen- und Grubensicherungen
- 🍼 Waschmaschine steht zur Verfügung
- 🍼 umfangreiches Spieleangebot für drinnen und draußen und alle Altersgruppen
- 🍼 Tiere, Tiere, Tiere – verschiedene Arten von Tieren zum Anfassen
- 🍼 bei Fahrradverleih: Kindersitz und Fahrradhelm vorhanden
- 🍼 Preisvorteile bei Übernachtung in Zimmern und bei der Verpflegung: Kinder bis 3 Jahre frei, ältere Kinder ermäßigt
- 🍼 Ziegenpeterservice
- 🍼 Vermittlung eines Babysitters

Besondere Angebote

Die beste Zeit – zu zweit

Ein Urlaub auf einem LandSelection-Hof ist für die ganze Familie ein Genuss! Nicht nur für die kleinen Gäste werden viele Extras geboten. Auch die Großen werden in ihren Ferien einmal richtig verwöhnt. Lassen Sie einfach die Kinder ihren Ferienhof selbst entdecken und gönnen Sie sich eine gute Zeit zu zweit.

Reisen zu zweit

Sie reisen mit Freundin oder Freund an? Oder haben Sie ihre lieben Kleinen zuhause gelassen, um wieder einmal zu zweit ein paar ruhige Tage zu verbringen? Wollen Sie mit dem Partner aktiv das Land per Rad oder per Pedes erleben? Oder mit einem Wellness-Wochenende neue Kräfte sammeln?
Einfach abschalten, in der Sonne aalen, unterm Apfelbaum ein gutes Buch lesen, im Garten den Schmetterlingen nachlaufen, den Wind um die Nase wehen lassen, oder nach Lust und Laune mit netten Menschen über Unwichtiges und Alltägliches debattieren – wer träumt nicht von solch einfachen Urlaubserlebnissen. Und damit Sie ihre Reise zu Zweit auch richtig genießen, bieten viele LandSelection-Höfe eine besondere Überraschung während Ihres Aufenthalts, z.B. ein rustikal-romantisches Abendessen, ein Picknick im Grünen, einen Tea for Two...

Flitterreisen

Verliebt, verlobt, verheiratet – auf dem Land werden solche Feste immer gerne gefeiert. Als Flitter-Gäste werden Sie auf LandSelection-Höfen natürlich standesgemäß begrüßt mit einem Hochzeitsstrauß und einem kleinen Sektempfang in der Bauernküche. Und wenn Sie wollen, können Sie sich auch mit Ihren Hochzeitsgästen auf den Höfen einquartieren und dort ausgiebig feiern, mit ländlich-rustikalem Ambiente, auf der Tenne, im umgebauten Kuhstall oder sogar im Garten. Möglichkeiten gibt es unendlich viele und jeder LandSelection-Hof bietet seine ganz persönlichen Festspezialitäten an.

Junge Familien

Immer mehr Familien mit Kleinkindern zieht es aufs Land. Und das nicht ohne Grund. Wo sonst kann man ungestört auf der Terrasse ein Buch lesen, während das Baby fröhlich im Kinderwagen kräht. Oder der 4-jährige Max mit dem Trettrecker hinter Bauer Moritz her fährt. Und die kleine Lena der Bäuerin Martha beim Pfannkuchenbacken hilft. Eine besondere Urlaubszeit für junge Familien sind die Monate im Jahr, in denen keine Schulferien sind. Denn dann haben die Gastgeber die richtige Muße, den Allerkleinsten das Landleben nahe zu bringen. Außerhalb der Hauptsaison erhalten junge Familien mit nicht schulpflichtigen Kindern übrigens einen Preisnachlass in Höhe des Alters der Kinder. Wer z.B. mit zwei Kindern im Alter von 4 und 6 Jahren einen LandSelection-Urlaub macht, erhält 10 Euro Rabatt.

LandSelection-Shop

Für noch mehr Urlaub auf dem Bauernhof, zur Einstimmung auf Ihre Landferien oder als Andenken an die Reise, gegen die Langeweile oder als Geschenk für Daheimgebliebene haben wir die folgenden Bücher für Sie ausgewählt:

Raus aufs Land
Urlaub auf dem Bauernhof

rund 2 500 Angebote auf 750 Seiten, mit Straßenkarte
12,50 incl. Versand

Standardwerk für Landurlaub in Deutschland: Ferienhöfe und Privatquartiere auf dem Lande in Wort und Bild, mit Preisen, Freizeitangeboten, Anreiseweg und allen wissenswerten Einzelheiten.

Raus in die Berge
Ferienbauernhöfe in den Alpen

rund 500 Angebote auf 180 Seiten,
9,50 EUR incl. Versand

Wegweiser für den Berg- und Winterurlaub: Bauernhöfe in Bayern, Österreich, Schweiz und Südtirol in Wort und Bild, mit Preisen und Freizeitangeboten.

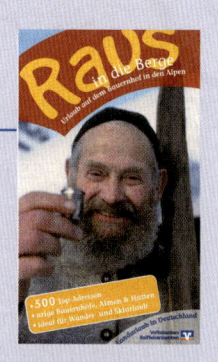

Raus an die See
Ferienhöfe entlang der Nord- und Ostseeküste

rund 100 Angebote auf 100 Seiten,
7,50 EUR incl. Versand

Wegweiser für Wassersportler und Küstenliebhaber: Ferienhöfe in Deutschland, Dänemark und Polen in Wort und Bild mit Preisen und Freizeitangeboten.

Raus mit dem Pferd
Sonderheft für den Reiturlaub

rund 150 Top-Angebote für den Reiturlaub,
6,00 EUR incl. Versand

von der Nordsee bis zum Alpenrand: In urgemütlichen Bauernbetten schlafen, jede Menge Tipps zum Wanderreiten

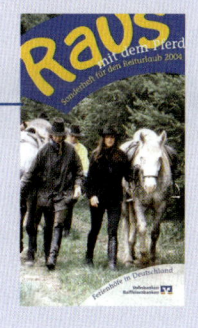

Landurlaub in Österreich
ausgewählte Bauernhöfe und Landgüter

rund 150 Angebote auf 150 Seiten,
9,50 EUR incl. Versand

Wegweiser für den naturnahen Österreichurlaub: Ferienhöfe in Wort und Bild mit Preisen, Freizeitangeboten und Ausflugszielen. Mit Reisetipps und Wissenswertem rund um das Reiseland Österreich.

Landurlaub in Italien
ausgewählte Bauernhöfe und Landgüter

über 500 Angebote auf 370 Seiten,
14,20 EUR incl. Versand

Wegweiser für naturnahen Italienurlaub: Ferienhöfe und Landgüter in Wort und Bild mit Preisen, Anreise, Freizeitmöglichkeiten, Ausflugszielen und allem Wissenswerten rund um den Italienurlaub.

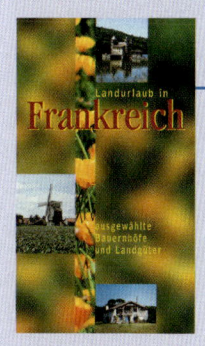

Landurlaub in Frankreich
ausgewählte Bauernhöfe und Landgüter

über 400 Angebote auf 300 Seiten,
14,20 EUR incl. Versand

Wegweiser für den naturnahen Frankreichurlaub: Ferienhöfe und Landgüter in Wort und Bild mit Preisen, Anreisewegen, Freizeitangeboten, Ausflugszielen und zweisprachigen Formularen für Anfrage und Reservierung.

LandSelection-Shop

Von nostalgischen Landmaschinen bis zum Bauernhof-Quiz haben wir hier Landwirtschaftliches für Groß und Klein zusammengestellt:

Traktor John Deere
43,50 EUR zzgl. Versand

Blech, Aufziehmotor, 4-Gangschaltung und Lenkung, Länge ca. 16 cm.

Kipper
15,90 EUR zzgl. Versand

Blech, passend zum John Deere, mit kippbarer Ladefläche, Länge ca. 19,5 cm.

Hänger
12,65 EUR zzgl. Versand

Blech, passend zum John Deere, Länge ca. 15 cm.

Sämaschine
12,65 EUR zzgl. Versand

Blech, Passend zum John Deere, mit beweglichen Teilen, Länge ca. 11 cm.

Kartoffelschleuder
8,70 EUR zzgl. Versand

Blech, passend zum John Deere, mit beweglichen Kleinteilen, Länge ca. 10 cm.

Bauernhof-Quiz
5,00 EUR zzgl. Versand

Spielfächer mit über 250 Fragen und Antworten rund um das Thema Bauernhof. In zwei Varianten (Erwachsene und Kinder) spielbar.

Holz-Puzzle
13,80 EUR zzgl. Versand

Puzzle „Stute mit Fohlen" mit 48 unverwüstlichen Holzteilen. Ab 4 Jahre.

Die grüne Ratebox
5,10 EUR zzgl. Versand

122 Fragekarten mit je 3 Antwortmöglichkeiten in stabiler Ratebox. Holzstecker zeigt die richtige Lösung.

Bauernhof-Tischset
6 Stück 11,00 EUR zzgl. Versand

Tierische Tischsets mit Gesichtern von Kuh, Esel, Schwein und Schaf. Abwaschbar, 43 x 60 cm.

Bauernhof-Servietten
Paket mit 20 Servietten 2,50 EUR zzgl. Versand

Witzige Servietten passend zu Bauernhof- Tischsets. in 33 x 33 cm

Lesezeichen Kuh
3,90 EUR zzgl. Versand

Muuhh! Das witzige, nützliche Lesezeichen für den Basuernhofurlaub≠.

LandSelection-Shop

Bestell-Coupon

Ausschneiden und absenden an: Zentrale für den Landurlaub
Heerstr. 73 • 53111 Bonn • Fax: 0228 - 9 63 02 33
Tel.: 0228 - 9 63 02 0 • info@bauernhofurlaub.com

Hiermit bestelle ich zur Lieferung gegen Rechnung an folgende Anschrift:

_____
Name, Vorname

_____
Straße

_____
PLZ, Wohnort

...... Expl. **Raus aufs Land 2005/2006** 12,50 EUR/Expl. incl. Versand
...... Expl. **Raus in die Berge 2005** 9,50 EUR/Expl. incl. Versand
...... Expl. **Raus an die See** 7,50 EUR/Expl. incl. Versand
...... Expl. **Raus mit dem Pferd** 6,00 EUR/Expl. incl. Versand
...... Expl. **Landurlaub in Österreich** 9,50 EUR/Expl. incl. Versand
...... Expl. **Landurlaub in Italien** 14,20 EUR/Expl. incl. Versand
...... Expl. **Landurlaub in Frankreich** 14,20 EUR/Expl. incl. Versand

...... Expl. **Traktor John Deere** 43,50 EUR/Expl. zzgl. Versand
...... Expl. **Kipper** 15,90 EUR/Expl. zzgl. Versand
...... Expl. **Hänger** 12,65 EUR/Expl. zzgl. Versand
...... Expl. **Sämaschine** 12,65 EUR/Expl. zzgl. Versand
...... Expl. **Kartoffelschleuder** 8,70 EUR/Expl. zzgl. Versand

...... Expl. **Bauernhof-Quiz** 5,00 EUR/Expl. zzgl. Versand
...... Expl. **Holz-Puzzle** 13,80 EUR/Expl. zzgl. Versand
...... Expl. **Die grüne Ratebox** 5,10 EUR/Expl. zzgl. Versand
...... Expl. **Bauernhof-Tischset** 11,00 EUR/Set zzgl. Versand
...... Expl. **Bauernhof-Servietten** 2,50 EUR/Paket. zzgl. Versand
...... Expl. **Lesezeichen Kuh** 3,90 EUR/Expl. zzgl. Versand

○ Ja, schicken Sie mir weiterhin unverbindlich interessante Infos zum Bauernhofurlaub.

_____

Datum   Unterschrift